自然保护区旅游生态补偿
——机理分析与路径探索

陈海鹰　著

本书是国家自然科学基金项目“海洋自然保护区旅游生态补偿：适应性、运作机理与实现路径研究”（41661111）、“南海岛屿旅游开发的区域自然环境风险：形成机理、评价模型及调控对策研究——以西沙群岛为例”（41561111）、“西南生态脆弱区河流保护地空间确定研究——以四川省为例”（41761111）、“社区特许经营视角下的自然遗产地旅游开发造血式生态补偿模式研究——以香格里拉普达措国家公园为例”（41161089）的重要研究成果，以及海南省工商管理省级重点特色学科、海南省全域旅游研究基地建设的支撑成果之一。

科学出版社
北　京

内 容 简 介

本书以作为旅游发展载体的自然保护区的自然-社会-经济复合生态系统为研究对象，选取已开展旅游生态补偿实践的若干典型案例地，借助相关理论和方法，采用“理论探讨—机理解析—框架构建—实践分析—路径选择”的逻辑架构，结合旅游生态补偿对自然保护区的适应性分析，深入解析自然保护区旅游生态补偿运作机理，尝试构建自然保护区旅游生态补偿路径基本框架；对国内外自然保护区（地）旅游生态补偿路径特征进行梳理和总结，并对若干典型案例地旅游生态补偿实施路径及其效应进行对比分析，探寻自然保护区旅游生态补偿基本实现路径。

本书可为自然保护区（地）资源保护管理者、旅游开发和经营者、旅游扶贫工作者等相关实践工作提供参照，也可作为生态旅游、旅游生态保护研究者及高等院校相关专业师生的参考用书。

图书在版编目（CIP）数据

自然保护区旅游生态补偿：机理分析与路径探索/陈海鹰著. —北京：科学出版社，2020.12

ISBN 978-7-03-067593-4

Ⅰ. ①自… Ⅱ. ①陈… Ⅲ. ①自然保护区-生态旅游-补偿机制-研究 Ⅳ. ①F590.75 ②S759.9

中国版本图书馆 CIP 数据核字（2020）第 268467 号

责任编辑：纪晓芬 周春梅 / 责任校对：赵丽杰

责任印制：吕春珉 / 封面设计：东方人华平面设计部

科学出版社 出版

北京东黄城根北街 16 号

邮政编码：100717

http://www.sciencep.com

北京九州迅驰传媒文化有限公司 印刷

科学出版社发行 各地新华书店经销

*

2020 年 12 月第 一 版 开本：B5（720×1000）

2020 年 12 月第一次印刷 印张：15 1/4

字数：307 000

定价：108.00 元

（如有印装质量问题，我社负责调换〈九州迅驰〉）

销售部电话 010-62136230 编辑部电话 010-62135397-2021

序

大约在2019年2月，陈海鹰博士将其新作《自然保护区旅游生态补偿——机理分析与路径探索》的书稿发给我，请我作序。受精力所限，我一直没有通读这部著作，因此，承诺交稿的时间总是一推再推，有负厚望。

陈海鹰博士通过自己的一系列相关研究课题，把自然保护区的旅游生态补偿问题作为一个重要的问题域展开研究，这无疑是一项具有显著意义的学术探索。在我国，很多资源的产权为国有或集体所有。在这种情况下，资源的价值补偿问题一直处在理论探索阶段，实践中也遇到很多问题。尤其是在旅游相关的自然保护区、国家公园及文物保护单位等领域，资源消耗的价值补偿问题日益成为影响其开发利用的可持续性的重要命题。1995年，我曾写过一篇题为《观光旅游产品的价值构成及其补偿问题初探》的短文，其中有这样的文字："对于依赖自然旅游资源而开发出的旅游产品来说，如果按照开发时的实际劳动投入来计算旅游产品的价值量，并依照这种认识进行产品经营，势必会导致掠夺性的旅游开发。社会一方面对来自经营者靠野蛮、粗放的方式掠夺资源形成的虚假效益进行虚假分配，另一方面却由于大量的资源赤字、价值补偿不足，导致生态环境急剧恶化，造成总体上的经济、社会和生态效益的惊人损失。这种忽视从整个社会的角度考察研究旅游资源价值补偿问题的做法，势必造成旅游产品价值构成不完整，使作为补偿消耗部分的价值 C 和新创造的价值 $V+M$ 之间缺乏合理的比例关系和清晰的数量界限，结果，使旅游产品的社会再生产和价值运动就像一个偏心轮一样做不规则运转。在这种情况下，由于作为生产要素之一的旅游资源的耗费被人为地排斥在旅游产品价值构成要素之外，不参与生产价值的运动，致使旅游产品市场上价格信号扭曲，并从而很难对市场上的总需求与总供给做出精确的计算和比较。"这些考虑传达了我对依托自然和人文资源开发出来的旅游产品的价值补偿（包括生态补偿）的关注。可以说，20多年过去，这些问题依然没有得到理论上的系统解决。这次读到陈海鹰博士的这部作品，发现他通过扎实的案例研究，已经触及了相关问题的解决路径。这是一个很好的开端。

最近，国家相关部门已经传递出明确的信息：中国将开展国家公园体系的建设工作。打造国家公园体系，是以保护自然资源的可持续发展能力为初衷的。在这种情况下，如何构造以自然保护区为主体的国家公园生态补偿机制，必然是一个十分重要的课题。相信陈海鹰博士在相关领域的探索会成为后来者前行的基础。

忝为之序。

谢彦君

2020 年 6 月

前　言

自然保护区是生态文明建设的重要空间载体，也是生态旅游发展的重要依托区域。随着人们回归自然等休闲需求的增强及先期旅游开发效益的显现，自然保护区在国内许多区域旅游发展战略中逐步占据重要地位，但许多自然保护区也因旅游开发和经营涉及的生态保护、资源管理、社区发展等领域问题的不断出现而备受瞩目，而保护管理资金不足、保护行为缺乏激励等现象与保护区旅游经济蓬勃发展的状况也常形成明显反差。这些情况的背后，折射出相关自然保护区旅游地域系统内部生态利益分配和生态责任承担的不对应关系，以及基于旅游发展的生态补偿机制建设不足等问题。这些问题的持续存在，将对自然保护区资源与环境可持续发展形成负面的影响，并与生态文明建设的愿景背道而驰。

生态补偿是以生态保护为根本目的而调节相关主体之间生态利益关系的经济手段和制度安排，也是国家生态文明制度建设的重要手段。当前，国内自然保护区生态补偿以财政转移支付等政府主导的公共补偿为主，市场化补偿手段较少；同时多存在补偿资金利用效益较低等问题。在众多保护区旅游开发和经营过程中，为弥补当地居民等主体因原有生态资源利用权利受限制或被剥夺导致的利益损失而实施的一次性征地赔偿，往往成为基本或唯一补偿方式。虽然可暂时缓解旅游发展带来的社区居民与外来开发经营者之间围绕土地问题的利益冲突，但难以解决由旅游开发增值效应等引致的长期利益矛盾；同时，也因其生态环境保护的激励和约束机制建设不足，难以改变保护区生态系统在持续旅游开发压力下遭受损耗或破坏而得不到有效补偿的状况。实践发展需要围绕自然保护区旅游发展而探索新型生态补偿机制。具体而言，如何基于旅游开发利用的外部性问题而构建相关主体生态和经济利益关系协调的旅游生态补偿机制，是自然保护区旅游可持续发展和生态补偿研究的重要命题。

旅游生态补偿是采用经济手段调节旅游开发和经营涉及的利益相关者之间生态和经济利益关系的制度安排，也是以旅游发展形成的资金等要素为重要依托、以市场化运行为基本特征的新型生态补偿途径。调查发现，国内一些自然保护区（或国家公园等）依托旅游发展而实施的针对自然生态系统或社区居民的补偿手段已取得一定实践成效，但补偿内涵认知不清、补偿标准构建不足、补偿资金使用不明、补偿政策难以执行等问题往往也成为旅游生态补偿实践中的突出问题，其实质多为人们对自然保护区旅游生态补偿机制科学构建的重视或认知不足的问题。

自然保护区属于自然-社会-经济多层面要素复合的复杂生态系统，也是利益主体多元化、利益关系多样化和动态化发展的人地关系地域系统。在旅游发展背景下，自然保护区生态系统服务价值的转化途径、生态功能维护要求、生态保护的依托力量等均会发生显著变化；而保护区社区居民、生态保护责任单位等主体围绕生态资源利用与环境保护的生态权利和义务、生态经济利益关系等也趋向复杂和多层次化。越来越多的实践表明，基于旅游开发利用而探索构建科学化、规范化的旅游生态补偿机制，既是维持自然保护区生态系统对旅游业的支撑力、协调旅游发展所涉及利益关系的必然要求，也是完善保护区生态补偿机制、推动区域生态文明制度建设的重要途径。如何根据生态文明制度建设的目标和要求，构建科学有效的旅游生态补偿机制，以及如何结合相关理论和案例研究，探寻合理可行的保护区旅游生态补偿实现路径，既是旅游生态补偿研究需要回答的关键问题，也是在当前生态保护与地方社会经济发展矛盾加剧的形势下，自然保护区旅游可持续发展研究与实践应关注的重要命题。

在查阅和分析国内外相关文献的基础上，笔者及研究合作者结合所承担的“海洋自然保护区旅游生态补偿：适应性、运作机理与实现路径研究”“南海岛屿旅游开发的区域自然环境风险：形成机理、评价模型及调控对策研究——以西沙群岛为例”“西南生态脆弱区河流保护地空间确定研究——以四川省为例”“社区特许经营视角下的自然遗产地旅游开发造血式生态补偿模式研究——以香格里拉普达措国家公园为例”等有关课题研究任务，先后对云南大山包黑颈鹤国家级自然保护区、云南丽江玉龙雪山省级自然保护区、云南西双版纳国家级自然保护区（国家公园），四川九寨沟国家级自然保护区，以及海南三亚国家级珊瑚礁自然保护区、海南东寨港国家级自然保护区、海南铜鼓岭国家级自然保护区、海南万宁大洲岛国家级海洋生态自然保护区等具有不同特色的自然保护区展开有针对性的实地调研。结合有关案例地旅游生态补偿实践状况及其理念和路径认知等问题，通过现场观察、深入访谈、问卷调查、座谈研讨等方式，对地域资源保护管理部门、旅游管理部门、旅游开发和经营企业、旅游者和当地社区居民等多种利益相关主体进行调查。这些调研活动不仅为本书的写作提供了丰富且有价值的基础资料，也使研究者对旅游的生态、经济和社会环境影响，自然保护区旅游生态补偿的必要性及所面临的问题等形成更深入的认识。

本书正是笔者在吸取国内外相关研究成果并结合有关案例地调研情况的基础

上，从理论与实证结合的视角对自然保护区旅游生态补偿运作机理（本书也称机制）与实现路径进行研究的成果。

本书的顺利完成，离不开笔者的博士生导师——云南大学杨桂华教授长期以来的关心、鼓励和指导。同时，云南大学的田卫民教授、吕宛青教授、李鹏副教授，海南大学的韦开蕾教授、谢彦君教授、胡涛教授、黄崇利教授等领导和同行，以及上述案例地相关职能部门人员、旅游企业管理者、社区居民及旅游者等，也为本书的写作提供了许多支持和帮助。在此，谨向他们表示衷心的感谢。

由于笔者水平有限，加之时间仓促，本书难免存在不足，敬请广大读者批评指正。

陈海鹰

2020 年 6 月

目　录

第1章 导　　论

自然保护区是生态文明建设的重要载体，也是生态旅游发展的重要依托。基于旅游开发利用而探寻科学合理的旅游生态补偿机制，是自然保护区生态文明制度建设的现实需求，也是当前我国自然保护区旅游可持续发展和生态补偿研究的重要命题之一。本书试图结合旅游生态补偿基本内涵的解析，通过对自然保护区旅游生态补偿实践背景的阐释，以及国内外相关研究动态的梳理，揭示自然保护区旅游生态补偿机理与路径研究的重要价值。

1.1 旅游生态补偿的基本内涵及理论分析视角

1.1.1 旅游生态补偿的基本内涵

1. 旅游生态补偿概念的提出

20 世纪中叶以来，随着经济社会发展过程中资源耗竭和生态环境破坏问题的日益突出，以及可持续发展思想的逐步深入人心，生态补偿的理念也开始萌发。20 世纪 90 年代以来，生态补偿作为促进资源环境保护的一种经济手段被引入经济社会发展的相关领域，其本质特征、功能意义、运作机制、实施路径等问题逐步得到许多国家和社会各界的关注，其基本含义也由最初的对人类行为产生的生态环境正外部性所给予的补偿，演化为对生态系统服务的付费、交易、奖励或赔偿的综合体，并可被理解为任何有助于提升自然资源管理效率的经济刺激机制（Pagiola et al.，2005）。

旅游生态补偿属于生态补偿的一个分支领域，也是以市场化运行为基本特征的新型生态补偿途径。尽管旅游生态补偿活动早已存在于国外国家公园等旅游地相关实践中，但国外学界并没有“旅游生态补偿”这一正式说法。在国内，随着旅游生态补偿实践活动在越来越多的区域开展，有关旅游生态补偿的理论问题也逐渐进入一些学者的研究视野。李建华（2009）基于森林旅游开发的生态补偿要求而提出了森林旅游生态补偿的基本内涵，是国内较早进行的旅游生态补偿相关概念的研究。但截至目前，国内对旅游生态补偿概念进行明确界定的研究还相对较少，现有概念主要有以下几种（表 1-1）。

表 1-1　现有旅游生态补偿相关概念一览表

作者（年份）	概念
李建华（2009）	森林旅游生态补偿的基本内涵是指对由于森林旅游资源开发利用而给生态、资源与环境造成的损害进行的一种补偿，或者说是对森林旅游行为进行收费，即对森林生态、旅游资源与生态环境的有偿使用
李亚娟等（2010）	旅游业中的生态补偿机制是指为保持旅游目的地生态平衡，缓解人与自然的矛盾，实现环境、社会和经济三大效益，促进该区域全面可持续发展，以生态系统服务价值、生态保护成本、发展机会成本为理论依据，以环境经济学、资源经济学、资源价值学为学科基础，运用经济和市场调节手段，旅游受益者（国家、旅游企业、旅游地居民）对保护和维持生态平衡的旅游活动及服务给予补偿，旅游活动的污染者和使用者对直接和间接损害或者降低旅游目的地生态平衡的旅游活动给予赔偿的一种经济补偿机制
吴耀宇（2011）	旅游生态补偿是以保护和可持续利用旅游地生态系统服务为目的、以经济手段为主要方式，调节利益相关者彼此间关系的制度安排
张一群和杨桂华（2012）	旅游生态补偿是指采用经济手段调节旅游开发经营所涉及的生态利益相关者之间利益关系的制度安排，其主要目的是保护旅游地生态系统、促进旅游业可持续发展
李丽娟（2012）	森林旅游生态补偿机制就是依据环境外部成本内部化原理，在坚持“谁利用谁补偿，谁受益（损害）谁付费”原则的基础上，对开发、利用森林生态景观和环境并从中受益的旅游利益相关者征收费用，用于森林生态景观和环境的保护，以及社区受损利益的弥补，以内化森林旅游活动产生的环境外部成本，为森林旅游可持续发展提供优质资源基础和良性社区互动的一种经济激励制度
蒋依依等（2013）	狭义的旅游生态补偿主要从旅游生态服务价值实现的角度进行界定，其实质是一种基于交换的支付行为，即就旅游生态服务的提供与受让而进行的交换行为；广义的旅游生态补偿则是通过运用政府调控与市场化运作，内化相关旅游资源开发活动产生的外部成本，调整相关利益者保护或破坏旅游资源活动产生的环境利益及其经济分配关系的制度安排

资料来源：笔者根据相关资料整理而成。

从上述有关概念中可看出，面对旅游生态补偿这一尚处于初期发展阶段的研究领域，不同学者对其基本含义的观察和分析视角存在差异，其概念界定至今也尚未统一；但同时也可看出，多数学者将旅游生态补偿视为生态补偿理念在旅游领域的应用拓展，因而对其概念界定也往往基于其对生态补偿内涵的认识而沿袭生态补偿概念界定的基本思路，有的甚至将生态补偿的概念进行简单套用。但总体上，上述有关概念的提出，能为人们认知旅游生态补偿这一新型生态补偿机制的本质属性提供帮助，对于旅游生态补偿研究理论与方法体系的探索与构建也具有一定参考价值。

从有关学者关于旅游生态补偿的上述不同概念中，可总结出国内学界当前在旅游生态补偿内涵特征方面的一些共识，具体有以下要点：第一，旅游生态补偿应以维护旅游地生态资源品质及生态环境服务功能，促进其与旅游业的协调可持续发展为根本目的；第二，采取有关手段促进旅游开发活动外部成本和旅游生态保护行为外部效益的内部化，是旅游生态补偿主要依据的原理；第三，旅游生态补偿从本质上来说是调节旅游地生态利益相关者之间利益关系的制度安排，其实施过程主要运用经济手段；第四，旅游生态补偿的基本内容包括对旅游生态保护行为的外部经济性补偿和对旅游生态破坏行为的外部不经济性补偿两大方面。

结合上述有关学者对旅游生态补偿内涵特征形成的基本共识，可对旅游生态补偿的概念界定如下：旅游生态补偿是指结合旅游开发利用对旅游地生态环境及利益关系格局等的影响，以维护旅游地生态环境的服务功能，促进旅游业与所在地生态资源与环境、社区等的协调可持续发展为根本目的，以旅游发展形成的资金、技术、管理等要素为依托，基于旅游开发利用和旅游生态环境保护等活动导致的相关损失性境遇，通过相应经济手段调整上述活动涉及的相关主体之间生态和经济利益关系的制度安排。

2. 旅游生态补偿的基本要素

构成旅游生态补偿关系域的基本要素包括补偿主体、补偿客体和补偿对象等。这些要素之间存在相互依存、相互作用、相互影响的有机联系（图 1-1）。明确旅游生态补偿关系域中的基本要素构成及其本质特征等，对于界定和确立旅游生态补偿的实施范围、途径和方式等，具有较强的实践意义。

（1）旅游生态补偿主体

根据“利用者付费、破坏者补（赔）偿、保护者受益”的生态补偿基本原则，旅游生态补偿的主要责任主体包括旅游开发和经营者、旅游者、地方政府及其相关管理部门等。其中，前两者均属于旅游开发利用背景下生态系统服务价值和生态效益的受益者；同时，这两类主体也会因不合理的旅游开发经营方式或不文明的旅游行为方式而成为旅游地生态资源与环境的破坏者。作为生态资源和环境的公共管理者和维护者的地方政府及其相关管理部门，不仅在区域旅游开发政策方面扮演着关键角色，在对公共资源类旅游景区的控制权和收益权方面，也多已进入相应的利益范围（刘敏等，2013）；另外，其不科学的旅游发展决策、不恰当的旅游开发监管等，也会导致旅游地生态环境遭破坏或相关主体的生态利益受损。

此外，一些常通过体现自身生态和社会责任的非营利性行为（包括对旅游地生态资源与环境保护、社区建设发展等公益性的宣传、捐赠、劳动、培训等活动），对旅游地生态系统产生正外部性的社会团体和个人，也可视为旅游生态补偿的一类主体，属于非责任主体范畴。

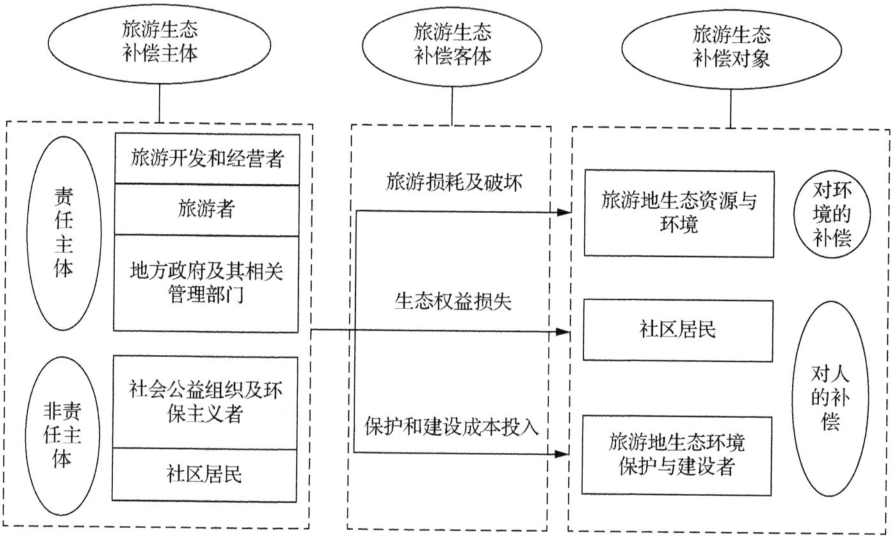

图 1-1　旅游生态补偿基本要素构成

（资料来源：杨桂华，等，2015．旅游生态补偿[M]．北京：科学出版社．）

（2）旅游生态补偿客体

旅游生态补偿客体是指旅游开发利用及与其相关的生态保护导致的、与生态经济利益相关的损失性境遇。结合相关研究及旅游发展实践，这样的损失性境遇主要包括 3 个方面：一是在旅游开发和经营过程中，旅游业所利用或依赖的旅游地生态资源与环境受到的损耗及破坏；二是旅游地生态资源所有权或使用权人相关权利的行使被旅游业发展所限制乃至取消而产生的损失；三是有关单位和个人为旅游地生态保护和环境建设所付出的成本或损失的利益。本质上讲，这 3 个方面的损失性境遇体现了在旅游发展过程中不同利益主体之间围绕生态资源利用的权利-义务关系的主要内容，因此可以将其视为旅游生态补偿客体（杨桂华等，2015）。

（3）旅游生态补偿对象

旅游生态补偿对象应以旅游生态补偿客体，即旅游开发利用及旅游生态保护引致的损失性境遇为主要确定依据，具体包括旅游地生态资源与环境，因旅游发展而遭受生态权利或利益损失的相关主体，以及通过非自身职责范围内的行为客观上对旅游地生态环境做出贡献的集体和个人这 3 类。其中，第一类既是旅游项目开发和旅游活动开展所依存的物质环境基础，也是旅游系统运营管理所产生损耗和破坏行为后果的承受主体；第二类主要涉及长期依托当地生态资源与环境而繁衍生息，因外部力量主导的旅游开发而产生传统的自然资源利用权利被剥夺、生产生活方式受限制等利益损失的社区居民；第三类主要包括通过公益性的宣传、捐赠、劳动、培训等活动参与旅游地生态建设的各类社会组织、环保主义者等，其应成为补偿对象的原因在于其行为不仅能为旅游生态环境功能的维护与提升做出贡献，在生态保护和环境建设过程中往往会付出相关成本或损失相应利益。此外，第三类补偿对象也包括通常通过有意或无意的个体或集体行为进行旅游地生态资源与环境保护的社区居民。

3. 旅游生态补偿范围

旅游生态补偿范围是指旅游生态补偿制度及行为的具体适用场合。对其进行确定，不仅应考虑旅游开发利用对象——旅游资源自身的性质及功能（如是否能提供生态和游憩服务价值），还应考虑在旅游开发利用及与之相关的生态保护过程中，旅游开发和经营活动是否在生态经济利益层面给相关利益主体带来相应的损失性境遇，以及这些损失性境遇涉及的范围、表现的形式及程度等。虽然旅游开发、经营和管理所涉及的范围越来越广泛，但现实中，并非所有的旅游发展区域、所有旅游开发和经营活动都会导致生态经济利益层面的损失性境遇。因此，合理界定旅游生态补偿的范围，是旅游生态补偿研究与实践开展的必要前提。

4. 旅游生态补偿的本质内容

（1）基于补偿对象属性的旅游生态补偿内容

根据补偿对象属性，旅游生态补偿实施内容可分为两个基本方面：一是对自然环境的补偿；二是对人的补偿（张一群和杨桂华，2012）。其中，对前者的补偿主要是体现旅游生态资源开发利用者、保护管理者等有关主体与自然生态系统之间权利-义务关系的物质层面补偿，其补偿目的在于通过生物措施、工程措施等生态环境维护管理手段，促进旅游地自然生态系统的保护、科研、教育、游憩利用等服务功能的综合维护和提升；对后者的补偿，体现的是补偿主体与受偿对象等利益主体之间围绕旅游地生态资源开发利用与环境保护的权利-义务关系的价值层面补偿，其补偿目的则是通过调节不同主体间围绕旅游资源开发利用和环境保护的生态和经济利益关系，纠正旅游开发利用过程中的不公正现象并对各种旅游生态保护行为形成激励。

（2）基于外部关系调节的旅游生态补偿内容

在旅游发展过程中，存在大量与生态环境相关的外部性问题。从外部性理论视角看，旅游生态补偿的基本任务在于通过调节旅游地生态利益相关方的关系，促进旅游开发利用行为的外部成本、旅游生态保护行为的外部效益的内部化，实现旅游地生态系统服务功能的维护和持续利用。进而言之，旅游生态补偿应注重旅游开发利用者和保护者与旅游地生态环境之间正、负外部性关系的调节，其基本内容包括对旅游发展过程中的正外部性行为的激励及负外部性行为的惩罚两大方面（张一群和杨桂华，2012）。其中，前者主要针对在旅游开发和经营过程中，能使旅游开发和经营者受益，也使游客从中受益，具有正外部性的旅游资源环境保护者、社区居民，以及其他生态保护和建设者等主体的生态保护行为，对于因这些正外部性行为而从中受益的主体而言，实施相应的价值支付行为，是对上述旅游生态保护贡献者所付出的资本、劳动等相关要素的价值补偿；后者则指可对旅游地生态资源与环境造成损耗或破坏的有关主体的不合理旅游开发利用活动。除资源与环境外，这些行为也会导致资源保护管理者、社区居民及旅游开发利用者自身都不得不承受的负面效应。因此，通过相应的制度安排，促使相关主体为其不合理的旅游开发利用活动造成的负外部性进行补（赔）偿，是旅游生态补偿的应有之义。

从本质上讲，旅游生态补偿就是为合理调节旅游开发利用及旅游生态保护所涉及的相关主体之间的生态和经济利益关系，促进旅游开发利用行为外部性的内部化的一种制度安排，其根本目的在于促使旅游地生态系统的服务功能获得持续有效的维护和提升，最终实现旅游业与生态保护和地方经济社会的协调可持续发展。

1.1.2 旅游生态补偿的理论分析视角

旅游生态补偿属于典型的交叉研究领域，涉及生态学、经济学、环境学、伦理学、法学和管理学等多个学科，因而其研究也具有多学科、多领域的理论分析视角。从内容实质、实现目标及补偿机制运作环境特征等角度来审视，与旅游生态补偿关系较为密切的基本理论主要包括环境资源价值理论、公共物品理论、外部性理论和环境正义理论。这 4 个理论的内涵要点各有差异，但对于旅游生态补偿机制的科学构建、补偿路径的合理选择等均具较强的指导和启示意义。上述理论作为旅游生态补偿理论分析视角的必要性主要体现如下（注：各理论的内涵要点及其指导和启示作用详见 4.1 节）。

1. 环境资源价值理论

环境资源价值是人类通过环境资源所在的自然生态系统的物质转换、能量流动和信息传递直接或间接得到的利益，其价值可从环境资源的稀缺性、劳动价值论、效用价值论、双重价值论、地租理论及自然资本等不同角度进行阐释。在旅游地生态资源开发利用与环境保护过程中，不同主体围绕该方面利益的获取与分配而形成的权责关系，是旅游生态补偿这一制度安排需要调整的主要对象。现实中，旅游生态补偿机制构建与路径选择均可从环境资源价值理论视角加以剖析。

2. 公共物品理论

作为旅游业可持续发展的物质基础，自然资源与生态环境所提供的生态效益和游憩服务功能是一种较典型的公共物品。现实中，这样的公共物品，以及以其为依托而开发的旅游产品，通常面临供给不足、拥挤和过度使用等问题。限制对自然生态系统这种公共资源的过度化旅游开发利用，同时激励旅游生态服务产品的供给，是旅游生态补偿作为调整旅游资源开发与环境保护所涉及利益关系的政策制度的目标指向。在这方面，公共物品理论可帮助人们进行不同地域、不同类型旅游资源利用背景下的旅游生态补偿范围、主体、对象及其权责关系等的界定，以及相应补偿政策路径的确定等。

3. 外部性理论

依托生态资源与环境的旅游开发利用过程通常存在诸多外部性问题，其中既有旅游开发、经营形成的生产外部性，也有旅游者消费行为形成的消费外部性；既有合理的旅游发展和旅游生态保护活动形成的正外部性，也有不恰当旅游开发利用和管理行为导致的负外部性。外部性的存在会导致资源配置的无效率，是旅游地资源破坏、环境污染的主要原因。从本质上说，旅游生态补偿的基本内容包括对旅游开发利用过程中的正外部性行为的激励及负外部性行为的惩罚两大方面。同时，作为旅游生态补偿机制构建的重要内容，旅游生态补偿标准确立依据亦可从正、负外部性的视角进行分类和评估。因此，着眼于解决经济活动外部性问题的外部性理论，可作为旅游生态补偿机制建立与实施的重要理论依据，为有关补偿途径和方式选择提供重要的理论启示。

4. 环境正义理论

旅游开发过程中经常存在由于利益驱使等造成的环境不正义现象，总体上可归结为旅游人际环境不正义和种际环境不正义两大方面。为纠正旅游发展过程中的各种环境不正义现象，需要在深入认识旅游与自然、社会和经济之间内在关系的基础上，建立体现环境正义本质特征和要求的政策制度。环境正义理论的核心问题就是如何公平地分配生态权利或分摊生态责任。基于环境正义理论而构建旅游生态补偿制度并开展有针对性的补偿活动，正是当今形势下纠正旅游领域环境不正义的现实选择；但如何通过保障旅游开发利用利益受损者的生态及相关权益，转嫁与分散生态保护者的生态成本等来实现和维护旅游领域的生态正义，则需从环境正义理论中获得启示。

1.2　自然保护区旅游生态补偿的现实背景

1.2.1　生态补偿是国家生态文明制度建设的重要手段

生态文明是以尊重和维护自然为前提，以人与自然、人与社会和谐共生为宗旨，以建立可持续的生产和消费方式为内涵的一种人类文明形态（吴秀荣，2013）。作为生态文明建设的关键途径，生态文明制度建设强调通过自然资源资产产权制度、生态环境保护的约束与激励机制等系列化的制度建设，把资源消耗、环境损害、生态效益纳入经济社会发展评价体系，建立体现生态文明要求的目标体系、考核办法、奖惩机制等（余谋昌，2014），实现生态文明建设从注重理念、理论建设到重视制度建设的新阶段。

生态补偿是以保护和可持续利用生态系统为根本目的，调整相关主体的环境及经济利益的分配关系，内化相关活动的外部成本并恢复、维护和改善生态系统功能的一种制度安排（任勇等，2008）。生态补偿的实质是通过资源的重新配置，调整和改善自然资源开发利用或生态环境保护领域中的相关生产关系，最终促进自然资源环境及社会生产力的发展（俞海和任勇，2008）。与其他只强调处罚的环境保护措施相比，生态补偿在内涵属性上更符合生态文明倡导的公正、高效、协调的发展理念和人-自然-社会相互依存、相互促进、共处共融的基本宗旨，以及建立可持续的生产和消费方式的内在要求；同时，作为以生态系统服务功能维护和可持续利用为根本目的的制度安排，生态补偿不仅强调利用相关经济手段对破坏环境的行为进行惩罚，也倡导建立合理的利益协调机制对环境保护和建设行为进行激励，以更好地调整相关主体之间基于生态资源利用的经济和环境利益分配关系（张一群，2015）。因此，生态补偿能够成为生态文明制度建设的重要手段。实践表明，生态补偿是解决传统经济增长模式下生态环境恶化问题的重要方式，不仅可减少经济增长的环境负效应，促进生态环境保护和资源可持续利用，也能通过相应的经济手段协调不同区域和群体间的生态利益关系，实现区域经济、社会、生态的互动持续发展。

随着生态文明建设的战略实施，生态文明制度建设也逐渐被国家和地方决策层关注；同时，将生态补偿作为生态文明制度建设的重要手段，也在一系列重要会议或纲领性文件中被提及。例如，党的十七大报告提出“建立健全资源有偿使用和生态环境补偿机制”的战略要求；党的十八大报告提出“建立反映市场供求和资源稀缺程度、体现生态价值和代际补偿的资源有偿使用制度和生态补偿制度”的战略目标；党的十八届三中全会提出“建设生态文明，必须建立系统完整的生态文明制度体系，实行最严格的源头保护制度、损害赔偿制度、责任追究制度，完善环境治理和生态修复制度，用制度保护生态环境”的战略路径；党的十九大报告提出“加快生态文明体制改革”“完善生态环境管理制度”“建立市场化、多元化生态补偿机制”；等等。这些都显著地体现出生态补偿对于生态文明制度建设的重要性。

1.2.2 旅游背景下的自然保护区需要探索新型生态补偿机制

自然保护区是生态文明建设的重要空间载体，也是生态旅游发展的重要依托区域。除维护和提供生态系统服务功能价值、开展相关科研和教育活动外，许多保护区还发挥着亲近自然类游憩活动的良好载体功能。随着人们回归自然等休闲需求的增长，以及先期旅游开发效益的显现，自然保护区在国内许多区域的旅游发展战略中逐步占据重要地位，但在实践中，由旅游开发和经营引致的涵盖资源利用、生态保护、社区发展等领域的诸多问题也不断涌现并被社会各界关注。与此同时，许多自然保护区一方面展现出旅游经济蓬勃发展的状况；另一方面却遭受保护管理资金不足、保护行为缺乏激励等问题的困扰，与前者往往形成显著反差。例如，针对海南三亚国家级珊瑚礁自然保护区（简称“三亚珊瑚礁自然保护区”）的有关调查和研究显示，该保护区内的活珊瑚覆盖率、群落结构等自 2006 年以来呈现逐渐下降和退化趋势，其中尤以大东海、亚龙湾、西岛等旅游开发规模较大的区域为甚（吴钟解等，2012）。然而，除必要的税收缴纳和少量社会捐助外，当地旅游企业经营收益转化为生态保护资金的渠道却十分缺乏。三亚珊瑚礁自然保护区管理处作为该区域资源环境保护管理的主要责任单位，通常只能以有限的公共财政拨款为依托实施日常的珊瑚礁生态资源管护和环境保护执法等工作，难以从经济效益显著的当地海洋旅游产业获得必要的资金及其他要素支持，进一步开展旅游背景下的珊瑚礁生态环境监测、生态系统修复等更深入的资源与环境保护工作。

现实中，国内许多其他自然保护区也存在类似现象。这些情况折射出相关保护区旅游地域系统内部生态利益分配和生态责任承担的不对应关系，以及基于旅游发展的生态补偿机制建设不足等问题。这些问题的持续存在，将对自然保护区资源与环境的可持续发展形成负面影响，并与生态文明建设的愿景背道而驰。

生态补偿作为以生态保护为根本目的而调节相关主体之间生态和经济利益关系的经济手段和制度安排，是自然保护区生态文明制度建设的重要手段。然而，当前国内自然保护区生态补偿以财政转移支付、生态保护项目实施等政府主导的公共补偿为主，基于“利用者付费、破坏者补（赔）偿、保护者受益”等理念和原则实施的市场化补偿方式较少；同时旅游生态补偿资金（简称“补偿资金”）利用效益较低等问题较为普遍和突出（赵翠薇和王世杰，2010）。国内众多自然保护区的有关实践表明，在旅游开发和经营背景下，以换取良好的旅游发展环境为目的的生态补偿方式，主要是以地方政府为主导、以旅游开发和经营企业为补偿主体、以传统的生态资源利用权益受限制或剥夺的社区居民为受偿对象而实施的一次性征地赔偿。作为当地既有生态补偿制度体系中的基本甚至是唯一的补偿方式，这种一次性征地赔偿通常可暂时缓解旅游发展背景下不同利益主体之间的短期性、集中性矛盾（主要为当地居民与地方政府、外来旅游开发和经营者之间围绕土地等资源利用及利益分配问题产生的矛盾与冲突），却难以解决因旅游开发增值效应等因素导致的上述主体之间长期性、间歇性的利益矛盾。此外，由于缺乏内在的生态环境保护激励和约束机制，以一次性征地赔偿为表征的生态补偿方式，对于持续的旅游开发利用压力下自然保护区生态系统遭受损耗或破坏的状况，也不可能形成及时有效的补偿效果。实践发展需要围绕自然保护区的旅游开发和经营探索新型生态补偿机制。具体而言，如何基于旅游资源开发利用的外部性问题而构建相关主体生态和经济利益关系协调的旅游生态补偿机制，是旅游发展背景下自然保护区生态补偿研究的重要课题。

1.2.3 探寻合理旅游生态补偿路径是自然保护区旅游可持续发展的重要命题

旅游生态补偿是采用经济手段调节旅游开发和经营涉及的利益相关者之间生态和经济利益关系的制度安排（张一群和杨桂华，2012），也是以旅游发展形成的资金、人力、物力等要素为重要依托，以市场化运行为基本特征的新型生态补偿途径。调查发现，以云南西双版纳、玉龙雪山、普达措，四川九寨沟，浙江天目山等为代表的自然保护区（国家公园）是国内已建立旅游生态补偿机制并开展相关实践的少有案例。这些自然保护区基于旅游开发利用而针对自然生态系统或社区居民开展的相关补偿措施，在维护自然保护区生态系统服务功能、保障居民基本生计并降低其对生态资源的依赖程度等方面，均已形成一定的效果。然而，许多利益主体对于旅游生态补偿的内涵认知不清，以及补偿标准核算不足、补偿资金使用不明、补偿政策难以执行等问题，也是上述自然保护区旅游生态补偿实施过程中面临的突出问题，其实质多为有关利益主体对于自然保护区旅游生态补偿的功能意义、机制构成、实现路径等的关注及认知不足的问题。

随着许多自然保护区成为旅游发展的重要载体，以及与旅游相关的生态保护和利益冲突等问题的日渐凸显，基于旅游发展与生态保护、社区建设等的关系协调要求而推行旅游生态补偿有关政策措施，成为越来越多的自然保护区实施资源环境管理的重要选择。另外，旅游发展背景下，自然保护区生态系统服务价值转化途径、生态功能维护要求、生态保护依托力量等均会发生显著变化。保护区社区居民、生态保护责任单位等主体围绕生态资源利用与环境保护的生态权利和义务、生态和经济利益关系等也趋向复杂化和多层次化。实践表明，基于旅游开发利用而探索构建科学化、规范化的旅游生态补偿机制，既是维持自然保护区生态系统对旅游业的支撑力、协调旅游发展所涉及利益关系的必然要求，也是完善保护区生态补偿机制、推动区域生态文明制度建设的重要途径。如何根据生态文明制度建设的目标和要求，构建科学有效的旅游生态补偿机制？如何结合相关理论和案例研究，探寻合理可行的保护区旅游生态补偿实现路径？这些既是旅游生态补偿研究需回答的关键问题，也是当前生态保护与地方社会经济发展矛盾加剧的形势下，自然保护区旅游可持续发展研究与实践应关注的重要命题。

本书以作为旅游发展载体的自然保护区这类自然-社会-经济复合生态系统为研究对象，基于旅游背景下保护区生态补偿机制创新和生态保护途径拓展的视角，选取已开展旅游生态补偿实践的若干典型案例地，借助生态经济学、可持续旅游及系统动力学等理论和方法，在进行自然保护区旅游生态补偿机理解析和有关案例地旅游生态补偿实践分析的基础上，探寻保护区旅游生态补偿实现路径，为旅游背景下自然保护区生态补偿机制的科学构建与合理调适提供新的研究视角；对于促进保护区旅游开发与生态保护、社区建设等的协调发展，以及旅游背景下保护区生态管理工作制度的完善，也有重要的理论价值和现实意义。

1.3 自然保护区旅游生态补偿的研究价值

1.3.1 运行机制与实施路径是生态补偿研究关注的重点

20 世纪 50 年代以来，为解决经济社会发展中的资源耗竭和生态环境破坏问题，一些国家和地区尝试采用经济手段调整人们的生产与生活方式，逐渐形成生态补偿这一资源环境保护的经济手段。经过半个多世纪的发展，生态补偿已从最初单纯的生态学概念扩展成为具有生态经济学、环境经济学和资源经济学内涵的概念，并从一种自然现象逐渐演变为一种社会经济发展机制（刘丽，2010）。

生态补偿研究始于国外。国外与“生态补偿”最近似的表达是“生态系统服务付费”（payment for ecosystem service，PES）或“生态系统效益付费”（payment for ecosystem benefit，PEB），它通常被认为是对人类行为产生的环境正外部性给予的补偿（Wunder，2005）。国外生态补偿研究最初围绕森林生态系统的生态服务而展开，目前主要集中于森林、湿地、矿产资源和流域等领域，研究内容主要涉及生态补偿政策的微观研究、市场化实现机制、相关主体补偿意愿研究及补偿效应评价等方面。其中，生态补偿市场化实现机制的相关研究主要集中于补偿利益相关者界定及其作用（Clements et al.，2010；Brown et al.，2014），补偿支付条件（Schomers and Matzdorf，2013）与补偿标准（Wünscher et al.，2008；Pham et al.，2009；Cabral et al.，2016）的确定，以及补偿方式（Pagiola and Platais，2007；Farley and Costanza，2010）、激励手段（Cranford and Mourato，2011；Zabel and Roe，2009；Galbraith et al.，2017）的运用和比较等方面。此外，生态补偿的意愿研究（Plantinga et al.，2001；Moran et al.，2007；Broch et al.，2013）、环境效应分析（Herzog et al.，2005；Dietschi et al.，2007；Aziz et al.，2015）、社会经济效果分析（Pagiola et al.，2005；Zbinden and Lee，2005；Wünscher and Engel，2012）及补偿效率评估（Morris et al.，2000；Sierra and Russman，2006；Calvet-Mir et al.，2015）等，是近年来国外该领域的研究热点。

国内生态补偿研究始于 20 世纪 80 年代。张诚谦（1987）在《论可更新资源的有偿利用》中首次探讨生态补偿的理论基础和具体方法。尽管我国生态补偿的研究晚于国外，但近年来国家在战略层面对生态环境问题的高度重视，也促使越来越多的学者从不同学科和视角对生态补偿研究予以关注：研究对象包括森林、矿产、流域、农田、自然保护区、海洋等多个领域，其中对森林资源生态补偿的研究尤为突出；研究范围涵盖全国、流域、区域和生态功能区等不同尺度空间；研究内容涉及生态补偿内涵辨析、补偿机制构建、补偿标准确立、补偿效果评价及生态补偿国内外对比等方面。其中，生态补偿的实现机制与路径研究涉及法律制度（孙力，2007；张燕等，2011；刘晓莉，2016；银晓丹，2018）、政策路径（孙新章等，2006；马爱慧等，2011；于法稳，2017）、市场运作（郑海霞和张陆彪，2006；李淑霞和周志国，2010；杨欣和蔡银莺，2012）、财政支付（孔凡斌，2010a；孔凡斌，2010b；王德凡，2018）、社区参与（杨芳，2013；栗明等，2011）、绩效评估（陈祥有，2014；徐大伟和李斌，2015；申开丽等，2018）等多个方面。此外，少数学者也对生态补偿运作机理问题进行了研究。例如，毛锋和曾香（2006）通过对生态系统的自组织与反馈机制剖析而探讨生态补偿临界值和区际权责等问题；宿丽霞等（2012）构建了水源保护区生态补偿机制影响因素的多级梯阶有向结构模型；杨向阳和明庆忠（2008）基于 DPSIR 模型分析，指出生态补偿机制运行始于生态环境恶化并以生态支付成本为纽带；杨欣等（2012）研究发现农户对农田生态补偿方式的选择偏好受多种人口统计学因素的显著影响；曾小红等（2017）的调查分析结果表明，多要素结合的补偿方式是农户接受农业生态补偿的主要偏好，加强政策、技术、知识、项目等的投入运用，有利于实现农业生态补偿由单一输血式向造血式转变；付意成等（2012）依据经济学原理进行影响生态补偿实现机理的相关性分析，并探讨了补偿形式多样化的原因；曾先峰（2014）分析了资源环境产权制度缺陷导致矿区生态补偿机制缺失与生态环境恶化的内在机理；等等；为人们深入理解生态补偿运作机理问题提供了有益参照。

综合来看，国外生态补偿的研究起步较早，经历了基础理论—应用理论—实践运用的过程并已形成较完整的研究框架。除政府转移支付外，国外研究更多侧重生态补偿的市场机制问题，包括生态补偿的经济原因、微观主体的行为与选择、补偿资金时空配置、补偿的具体方式等。在国内，由于人们对生态服务价值认知及利用理念、方式等的差异性，许多人发现仅遵循国外“生态服务付费”这一补偿正外部性行为的原则，难以有效遏制自然资源与环境的过度利用与破坏现象，不利于解决日益突出的生态环境问题。因而一些研究者和工作者提出“谁开发谁保护，谁破坏谁恢复，谁受益谁补偿，谁污染谁付费”的补偿实践原则，使生态补偿由“利用者付费”的单一理念演化为“利用者付费、破坏者补（赔）偿、保护者受益”等多元理念；其基本实质由原先仅对生态保护行为的外部经济性进行补偿进一步扩展并涵盖对生态破坏行为外部不经济性的纠正内容；补偿机制调整的关系范围由生态保护者和受益者的双向利益关系拓展至保护者和受益者、利用者和受害者等多元主体间复杂多向的生态和经济利益关系；补偿对象方面，从强调对自然环境的补偿转为同时注重对自然和人（生态保护者、因生态保护而利益受损的社区居民等）的补偿，形成物质补偿与价值补偿并举的格局。但总体上，国内关于生态补偿运作过程的内在机理等的研究成果尚不多见，对市场经济背景下新型补偿方式的探索也滞后于实践发展需求。

1.3.2 自然保护区渐成生态补偿研究的热点区域

自然保护区作为生物多样性保护和生态服务功能提供的重要区域，其生态补偿机制的作用是需重点关注的问题（闵庆文等，2007）。国外自然保护地（国家公园、自然保护区等）生态补偿实践与研究始于 20 世纪 70 年代。一些西方国家对一些污染性能源的消费和森林资源、矿产资源开发行为征收费用，用于对遭损失的自然保护区进行补偿。国外研究者一般从生态服务效益付费角度探讨自然保护区生态补偿的资金来源、补偿途径、政策制度、补偿标准和激励方式等机制运行相关问题。其中，森林保护地生态服务付费问题是国外学者十分关注的热点：Perrot-Maitre 和 Davias（2001）、Johnson 等（2001）、Pagiola 和 Bishop（2002）、Landell-Mills 和 Porras（2002）等人基于全球范围内多个森林保护地生态环境服务市场交易案例的调查和综合分析，分别就森林生态服务市场开发、经济激励机制及对穷人的影响等问题进行了研究。Perrot-Maitre 和 Davias（2001）还对保护地生态服务类型、服务提供和购买方、补偿手段、公共部门作用、制度影响等内容进行了系统的理论总结，并根据政府干预程度将经济激励机制归纳为 3 种补偿方式。另一些学者以不同保护地的生物物种及其生存环境为对象，对其补偿问题展开研究，较具代表性的有：Karin 等（2002）应用经济生态模型计算了德国物种保护的补偿费用，为物种保护政策的制定提供了科学依据；Cuperus 等（2001）针对荷兰高速公路等大型基础设施建设对动物栖息地等保护地生态环境的影响进行了研究，并提出相应补偿措施；Duellip 和 Obristm（2003）以瑞士农业景观地域中的生物栖息地为研究对象，探讨了按照生态贡献率实施生态效益补偿的标准问题；Pagiola 等（2007）基于对尼加拉瓜林草复合生态补偿项目的调查，提出以不同保护土地类型转变（如草地-森林）产生的机会成本制定生态补偿标准的依据。此外，部分学者还就保护地有关生态补偿政策制度的实施效应问题进行了研究。例如，Dietschi 等（2007）通过调查分析发现，农业环境激励付费政策有利于改善山地草场的物种丰富度和植被覆盖状况；Locatelli 等（2008）基于多准则模糊评价模型的评价结果表明，既有生态补偿政策的实施对哥斯达黎加北部地区森林覆盖率增加有积极影响；Pascual 等（2010）分析了生态补偿项目与社会公平、经济效率之间的联系，强调了合理的生态补偿制度设立的作用；Rubec 和 Hanson（2009）基于加拿大湿地保护和管理政策、法规和计划的实践状况调查，分析总结了该国湿地生态补偿方面的实施经验。为帮助人们更好地理解生态补偿作为一种解决生态环境保护问题的政策机制的潜力与局限性，McDermott 等（2012）构建了用于公平性评估的多维分析框架，以确定生态补偿模式对生态服务提供者的生计资本影响；Bennett 和 Gosnell（2015）则提出社会生态系统（social ecological system，SES）这一新的分析框架，认为该框架可提供对生态补偿众多影响因素的考察，并从不同学科视角促进生态系统服务管理知识的集成。

国内自然保护区生态补偿研究以生态环境保护和建设者财政转移补偿机制研究为起点。自20世纪90年代后期始，国内学者对自然保护区生态补偿的研究逐渐增多。从研究内容来看，主要涉及保护区生态补偿的政策制度、实施途径、资金来源、补（受）偿意愿、标准确立、效果评价等方面。其中，王作全等（2005）、甄霖等（2006）、王权典（2010）、王君和李锦宏（2017）、黄寰（2010）等分别从生态补偿的法律制度、实施途径和方法、融资渠道、利益博弈、优化管理等角度探讨了自然保护区生态补偿机制的构建问题；王一超等（2016）、孙博等（2017）、蒋姮（2008）、吴伟光等（2006）等分别对保护地生态补偿的参与意愿、补偿偏好、参与机制、合作机制进行了深入分析。同时，一些学者运用定性或定量方法进行保护地生态补偿的运行机制、补偿方式（措施）、标准测算、实施效果（影响）等的研究。例如，陈传明（2011）利用机会成本法和意愿调查法分析武夷山保护区生态保护的社区影响并依此探讨其生态补偿机制构建；姜宏瑶（2010）运用CVM（contingent valuation method，条件价值法）进行社区调研并设计了对湿地保护正外部性进行补偿的严格保护型湿地生态补偿模式；刘静等（2009）基于互动关系影响因素分析，对卧龙自然保护区与当地社区关系模式进行评价并提出相应补偿措施；张继伟等（2009）基于环境风险分析研究了自然保护区生态补偿标准的确立方法与模型；王蕾等（2011）提出"虚拟地"概念并发展了相应定量方法来确定保护区的生态补偿最低标准；蔡海生等（2010）、王亮（2011）基于生态承载力的静态评价补偿和动态评价补偿分析进行保护地补偿标准的研究；蔡为民等（2016）以实现生态补偿的空间差异性为目标，建立了基于空间级别范围的湿地保护区生态补偿基准价核算模型；李芬等（2017）从实际需求角度分析基于生态保护成本的生态补偿标准核算范围与指标体系，并采用费用分析法进行动态核算；李国平等（2013）基于成本-效用分析，探寻国家重点生态功能区生态补偿的理论标准并用以考察转移支付政策的实施效果；胡国建等（2018）以闽江源国家级自然保护区为例，分析生态补偿对自然保护区农户生计资本及其相关性的影响；等等，为我国自然保护区生态补偿机制研究提供了良好的方法借鉴。此外，刘菊等（2016）基于生态补偿保护成本的空间差异化研究，不仅为保护地生态补偿标准制定、空间选择及效果评价提供了科学依据，也进一步拓展了保护地生态补偿机制研究的视野。

总体而言，国外自然保护区生态补偿的理论研究与实践探索比我国起步早，研究者多从生态服务付费和生态效益付费的角度探讨保护地生态补偿的资金来源、补偿方式、政策制度、补偿标准和激励机制等问题，其中森林保护地是较受关注的研究领域。国内学界在自然保护区生态补偿的法律制度、实施方法、补偿模式、标准核算和评价方法等方面也渐有研究涉及，相关成果能为保护地生态补偿机制的进一步研究奠定理论、方法与实证基础，但多数研究较注重实证层面的描述性分析或定量分析，针对自然保护区生态补偿机制构建的理论与实证结合的研究成果较少；同时，国内现有研究对保护区市场化生态补偿路径的形成与约束机制关注不足，也较少考虑旅游发展对保护区生态补偿涉及的利益关系、补偿需求结构等的影响。

1.3.3 旅游生态补偿是体现市场化特征的新型生态补偿途径

旅游生态补偿是生态补偿的分支领域，也是叠加了旅游发展因素、以市场化运行为基本特征的新型生态补偿途径。它的伦理学价值在于通过及时偿还旅游开发行为的“自然债”，保障利益受损者的生态及相关权益，转嫁与分散生态保护者的生态成本等来实现和维护旅游领域的生态正义（杨桂华和张一群，2012a）。

文献分析显示，国外旅游领域生态补偿的研究并不多见。虽然通过景观娱乐文化价值实现的途径进行森林生态补偿已经被一些国家运用于实践，早期个别学者（Donnelly and Nelson，1986；Willis and Benson，1989）对某些特定类型旅游资源的价值进行核算的研究也被视为旅游领域生态补偿研究的基础或起点，但国外学界专门针对旅游生态补偿进行的研究较少见。一个可能的重要原因是，尽管旅游特许经营者被允许对游客收取观赏和娱乐费用，但国家公园管理者提供免费或低于市场价值的旅游与娱乐环境服务的行为削弱了私有土地所有者诉求补偿的能力；同时，这种服务需求更多依赖于游客的特定审美偏好和娱乐经验（Landell-Mills and Porras，2002）。从国外已有相关研究成果看，研究者多从“受益者付费”角度，以国家公园等保护地的游客、社区居民等群体为研究对象，运用意愿调查法进行旅游背景下的生态补偿政策、标准等问题研究。例如，Ranjith和 Clem（2002）针对斯里兰卡亚洲象保护费用进行的游客支付意愿调查；Mäntymaa等（2018）利用邮件调查的数据集和基于属性的条件估值方法，分析了森林所有者的参与意愿和接受补偿的意愿；Matthew 和 Susana（2011）根据保护地社区居民的意愿接受调查情况探讨旅游生态系统补偿标准制定；等等。此外，也有学者基于生态系统服务价值核算来分析旅游背景下的生态补偿标准问题。例如，Harold（2012）提出海洋生态系统的服务价值和功能“无净损失”指标并进行有关旅游活动的生态补偿标准核算。还有一些研究者以旅游费（Van and Eagles，1998；Logar and van den Bergh，2012；Pascoe et al.，2014）或旅游税（Bakhat and Rossello，2013；Rey et al.，2009；Gago et al.，2009）作为环境政策工具的价值，探讨国家公园等自然保护地旅游所引致外部性问题的解决途径。

国内对旅游生态补偿的研究近几年逐渐增多。随着生态补偿在相关领域实践与研究的不断升温，人们对旅游发展与生态补偿之间关系的认识也逐步深入。基于生态补偿视角探索旅游地生态系统及人地关系的可持续发展问题，进而寻求旅游生态补偿机制构建的理论、方法与途径等，逐渐受到一些研究者的关注。章锦河等（2005）基于生态足迹法研究旅游开发背景下自然保护区社区居民生态补偿标准的测度方法，是国内较早开展旅游生态补偿相关研究的尝试。此后，旅游生态补偿问题逐渐进入其他研究者的视野。一些学者开始探讨旅游生态补偿的理论意义及其实现机制问题。例如，米姗姗和阎友兵（2007）探讨生态旅游背景下生态补偿机制的建设意义并分析财政转移型等 4 种生态补偿模式的特征；文红和李建华（2007）、李柏青等（2009）、易艳（2011）、李丽娟（2012）针对森林旅游地，郑敏和张伟（2008）针对山地型旅游地，李静和黄远水（2010）针对都市自然遗产等，分别进行了旅游生态补偿必要性及机制构建研究；蒋姮（2009）、莫延芬（2010）、杨桂华和张一群（2012b）针对自然保护区社区居民的旅游生态补偿的补偿机制问题进行了分析。其中，杨桂华和张一群（2012b）提出通过“所有权、管理权、经营权”三权分离的旅游项目特许经营制度，将旅游生态补偿与社区特许经营结合并建立自然遗产地旅游开发的造血式生态补偿模式。此外，李建华（2009）、杨一容（2009）、黄圣霞和巫国富（2011）、李向明（2011）分别基于生态伦理学、制度短板理论、博弈论和自然旅游资源价值理论的视角进行旅游生态补偿机制构建分析，以及汪运波和肖建红（2014）运用生态足迹成分法进行海岛型旅游目的地生态补偿标准研究等，也为旅游生态补偿机制研究提供了良好的理论和方法借鉴。

对概念内涵及相关科学问题的界定是旅游生态补偿研究的重要基础。在这方面，张一群和杨桂华（2012b）基于旅游业与生态补偿之间关系的二重性，对旅游生态补偿的内涵和关系域进行了深入剖析，界定了 3 类补偿主体和两种补偿对象，并讨论了旅游生态补偿与一些相关概念之间的联系与区别；刘敏等（2013）指出概念内涵、利益主体、补偿标准、补偿渠道与机制是旅游生态补偿的 4 个核心科学问题，并围绕这 4 个理论问题进行国内相关研究的系统化梳理；蒋依依等（2013）基于国内外相关研究的分析总结，指出旅游生态补偿的空间范围及其等级区划、补偿标准及其时空分配、兼顾公平与效率的补偿机制及补偿绩效评价等是值得关注的问题；另外，陈海鹰等（2018）对旅游生态补偿视域下的自然保护区利益相关者的基本属性特征、层次类别及其关系结构特征等问题进行了分析探讨。在旅游生态补偿机制实证研究方面，张理英和薛跃规（2007）、喻庆国（2007）、马勇和胡孝平（2010a）、段锦和李玉辉（2010）、吴耀宇（2011）、张一群（2016）、蒋依依（2017）等分别基于广西阳朔龙颈河、云南哈尼梯田、湖北神农架、云南石林、江苏盐城、云南普达措国家公园、云南玉龙雪山等旅游地或自然保护地实践，进行补偿机制构建的实证研究。其中，马勇和胡孝平（2010）从旅游生态补偿的主客体、标准、方式及保障体系等方面对湖北神农架国家级自然保护区旅游生态补偿机制建立问题，张一群（2016）针对云南国家公园旅游生态补偿的动因、可行性及补偿机制的解析与构建问题，蒋依依（2017）针对旅游地生态补偿标准、空间选择、机制构建等问题，都进行了较系统深入的探讨。

此外，少数学者也对旅游生态补偿实施效应问题进行了研究尝试。例如，潘华丽（2013）构建了环境税背景下旅游生态环境效应估算模型并探讨了旅游环境税制的实施路径。孙琨和钟林生（2014）分析了青藏地区草原旅游生态负效益的补偿实施现状，指出应选择生态负效益小的旅游运营模式和适宜的收益分配方案以降低旅游生态负效益的补偿难度。也有部分学者针对旅游生态补偿主（客）体的补（受）偿意愿（态度）进行调查研究。其中，杨主泉等（2015）以桂林阳朔县为案例，分别开展了游客旅游生态补偿支付意愿，以及社区居民对旅游生态补偿的感知和利益诉求调查研究；胡欢等（2017）、卢佳欢等（2018）分别以黄山风景区、扎龙国家级自然保护区为案例，运用 CVM 对游客的支付意愿及其影响因素进行调查和分析；陈海鹰等（2015）以云南玉龙雪山为例，从当地居民视角进行社区旅游生态补偿不同实施方式的贡献度及继续受偿意愿调查分析，并探讨了社区旅游生态补偿需求的结构特征及政策优化路径；陆丹丹和陈思源（2017）以广西漓江流域为例，研究旅游地居民对生态补偿态度的维度、具体内容及影响因素。个别研究者还对国内外旅游生态补偿实践做法进行了对比分析（黄鹰西等，2014）。

总体来看，国内旅游生态补偿研究的发展脉络主要沿袭两条主线：一是基于区域及资源类型的保护视角，即研究者在对区域或特定旅游目的地的研究中，从保护与持续发展的视角关注旅游生态补偿；二是对生态补偿的应用拓展，即考虑旅游利用是某些生态系统重要服务价值的体现，进而延伸至旅游生态补偿研究（刘敏等，2013）。

已有研究表明，作为生态补偿和旅游可持续发展研究的新领域，旅游生态补偿研究理论与方法体系正处于探索构建阶段。尽管针对旅游生态补偿机制构建与实施相关问题的研究成果日渐丰富，研究方法也由定性分析趋向定性和定量方法的结合，但总体来看，国外对旅游生态补偿的相关研究多集中于旅游资源价值核算、旅游者和社区居民的支付或受偿意愿分析等方面，国内相关研究或侧重于旅游生态补偿的意义、概念内涵的阐释，或侧重于单个案例地旅游生态补偿模式、标准和政策的实证分析，着眼于深入揭示旅游生态补偿运作机理的研究较少，对旅游生态补偿效应评价方法的关注也不够；而结合典型案例地相关实践，基于补偿目标体系、运作方式、实施标准和保障机制等方面综合的视角探讨旅游生态补偿实现路径的研究，尚待进一步开展。

1.3.4 自然保护区旅游生态补偿机理与路径研究值得关注

自然保护区属于自然-社会-经济多层面要素复合的复杂生态系统，也是利益主体多元化、利益关系多样化、动态化发展的人地关系地域系统，其旅游生态补偿机制也因保护区生态系统的复杂敏感性和旅游开发效应的长期性而需进行系统研究和设计。随着保护区旅游业的深入发展，以及有关补偿实践活动的逐步开展，近年来，着眼于旅游开发与生态保护、社区发展等方面关系协调的自然保护区旅游生态补偿机制研究逐渐进入一些学者的研究视野。但总体上看，以自然保护区为研究对象，结合旅游发展实践而深入探讨的保护区旅游生态补偿这一市场化生态补偿机制的研究仍不多见。就既有相关研究而言，有关学者多侧重于自然保护区（地）旅游生态补偿机制构成要素的阐释或机制构建路径等内容，而着眼于深入揭示保护区旅游生态补偿运作机理的研究不足，尤其是对补偿所涉及的利益关系结构及其演化特征、补偿运作的影响因素及其作用机理、补偿实施过程的反馈结构等的研究更为鲜见，对其补偿实现路径等的研究也尚需更多关注和投入。

研究表明，生态补偿机制的市场创新对生态保护有重要作用。在以公共补偿手段为主的自然保护区生态补偿现有格局中，如何围绕旅游资源开发利用的外部性问题建立以市场化运作为主要特征的旅游生态补偿机制，是当前我国自然保护区旅游可持续发展和生态补偿研究的重要命题。自然保护区旅游发展与生态补偿之间存在何种互动机理？自然保护区旅游生态补偿的利益关系结构特征、补偿实施的影响因素和动力机制如何？补偿路径应如何设计与调控？等等。这些既是当前自然保护区旅游发展实践应关注的问题，也是自然保护区生态旅游及生态补偿理论研究亟待解决的问题。

第2章 旅游生态补偿对自然保护区的适应性

探寻旅游生态补偿作为自然保护区生态补偿新型路径的适应性，是进行自然保护区旅游生态补偿机理分析与路径探索的基本前提。基于旅游发展对自然保护区功能状态和利益格局的影响，结合自然保护区既有生态补偿机制的运作特征、问题及优化需求分析，通过保护区旅游发展与生态补偿机制的互适性探讨，明确旅游生态补偿对自然保护区旅游可持续发展及生态保护的意义和适应性。

2.1 旅游对自然保护区功能状态和利益格局的影响

2.1.1 自然保护区的功能及区域特性

国际上与自然保护区对应的通行概念是“protected areas”，即国际自然保护联盟（International Union for Conservation of Nature，IUCN）所定义的“以保护和维持生物多样性和自然资源及相关的文化资源为目的，并通过法定的或其他有效方式进行管理的特定的陆地或海域”（Wattage and Mardle，2005）。根据《中华人民共和国自然保护区条例》（简称《自然保护区条例》），自然保护区（nature reserves）是指对有代表性的自然生态系统、珍稀濒危野生动植物物种的天然集中分布区、有特殊意义的自然遗迹等保护对象所在的陆地、陆地水体或者海域，依法划出一定面积予以特殊保护和管理的区域。根据保护的主要对象，我国自然保护区可划分为自然生态系统保护区、野生生物保护区和自然遗迹保护区三大类别。尽管各类自然保护区的建立目的、保护对象和发展基础不同，但均以划定区域的自然特征保护为基本要求，并在不影响保护的前提下，将科研、教育、生产和旅游等活动进行有机结合，获得生态、社会和经济效益的综合发展。

建立自然保护区是人们在经济社会发展到一定阶段后，面对生态环境恶化的趋势而实施的一种理性抉择。自然保护区的合理建立和布局对改善区域生态环境、保护生物多样性、增强生态系统服务功能和维护国家生态安全具有重要意义（陈传明，2012)。作为生态保护和服务功能较突出的地域，自然保护区具有诸多方面的特性，主要表现如下。

1）自然保护区内多分布有典型生态系统和重要生物群落，其生态系统内部结构大多较为复杂，食物链相对完整；在缺少较强外力干扰的情况下，生态系统内的物质循环、能量流动和信息传递等生态过程一般处于稳定运行状态。

2）自然保护区多属于生态服务功能的富集生产区和生态效应外溢区，其生态系统通常具有丰富多样的生态服务功能。例如，森林保护区生态系统的服务功能主要包括涵养水源、保育土壤、固碳释氧、积累营养物质、净化大气环境、物种保育、生态防护、生态游憩等，其生态服务功能价值往往是一般生态服务区的 2～3 倍，同时生态服务功能的服务空间和时间跨度相对一般生态区域更大（郭辉军和施本植，2013)。

3)自然保护区生态系统提供的功能性服务产品涵盖了纯公共产品和准公共产品等不同类型，同时其生态服务功能价值通常具有空间流动性和异地实现性等特征（表 2-1)。

表 2-1　自然保护区生态系统服务产品类型及其空间流动范围

生态系统服务功能	空间流动范围	公共产品类型
涵养水源	功能区内/区外	纯公共产品
保育土壤	功能区内	准公共产品
固碳释氧	功能区外	纯公共产品
积累营养物质	功能区内	准公共产品
净化大气环境	功能区外	纯公共产品
物种保育	功能区内/区外	纯公共产品
生态防护	功能区内/区外	纯公共产品
生态游憩	功能区内	准公共产品

资料来源：郭辉军，施本植，2013．自然保护区生态补偿机制研究[J]．经济问题探索（8)：135-142.

4）自然保护区生态系统运行过程产生的外部性既有正外部性，也有负外部性。其中，正外部性主要指自然生态系统通过生态服务功能价值提供而创造的生态效益；负外部性则体现为野生动物觅食、迁徙等活动造成的农作物损害和人身伤害、房屋破坏等事件的影响。

5）自然保护区往往是自然、经济和社会多元复合的复杂地域系统。作为一种特殊生态区域，自然保护区不仅为自然生态系统、野生动植物种群提供了赖以生存和繁衍的物质空间；同时，自然环境优越、生态资源丰富的自然保护区也是集合了多种自然生产要素的特殊经济区域，既为许多传统生产活动（如采集、狩猎、伐木、耕作、放牧等）提供了丰厚的物质基础，也是观光游憩、康体养生、科普教育等现代经济和文化活动开展的良好载体。因此，自然保护区常成为人类经济活动的外部性与自然生态系统的外部性相互交织、相互作用的地域空间，在其发展实践中，往往存在生态资源利用、生态环境保护与地方社会经济发展涉及的多类型、多层次的矛盾运动，以及地域系统内外不同主体之间基于这些领域活动开展而形成的复杂利益关系。

《国务院关于编制全国主体功能区规划的意见》（国发〔2007〕21 号）将我国国土空间划分为优化开发、重点开发、限制开发和禁止开发 4 类区域。根据《国务院关于印发全国主体功能区规划的通知》（国发〔2010〕46 号），国家级自然保护区、世界文化自然遗产、国家级风景名胜区、国家森林公园和国家地质公园，以及依法设立的省级各类自然文化保护区域等，均被列为禁止开发区域。对此类区域而言，在国家主体功能区划战略背景下，采取有力的环境保护和建设措施提升生态承载力并形成区域乃至国家的生态安全屏障和生态文明建设示范区域，是其当前及未来发展的目标定位和主要任务。

2.1.2 旅游对自然保护区功能状态的影响

拥有丰富景观和优越生态环境的自然保护区，是生态旅游等休闲游憩活动开展的良好载体。随着人们回归自然等休闲需求的增强及旅游发展效益的显现，自然保护区在许多区域旅游发展战略中逐步占据重要地位。然而，规模不断扩大的旅游活动对于旅游地生态环境结构与功能的影响已经引起广泛关注（Jurado et al.，2012；King and Wan，2012）。实践中，旅游开发建设引起的原始地貌和植被状况改变，旅游经营和消费活动所产生的废弃物带来的环境污染和生态破坏，以及游客行为对生物种群结构及生存习性造成的人为干扰和威胁等，已成为旅游对生态环境负面影响的重要表征。依托自然保护区资源环境而开展的旅游活动，除了可能带来上述负面效应，还会给自然保护区生态系统的功能状态带来其他影响，包括自然保护区生态系统服务价值的转化途径、生态功能维护要求、生态保护的依托力量等方面。

1）旅游开发利用行为将对自然保护区生态系统服务价值的转化途径和方式形成影响。以森林保护区为例，其生态系统的基本服务功能包括保持水土、涵养水源、调节气候、美化环境、维护生物多样性等多个方面。这些生态服务功能价值使（享）用主体既包括保护区内部的集体和个人，也涵盖保护区以外、生态服务功能流动和价值实现所涉及空间范围的广大社会公众，其受益主体呈现出广布性、模糊性等特征；同时这些生态服务功能价值的传递一般需要借助保护区内外部自然生态系统之间的物质循环和能量流动来进行，其传递方式更多体现出间接性特征。随着自然保护区旅游活动的开展，上述生态系统的基本服务功能将部分转化或置换成为另一种价值形态——游憩服务功能价值。该类服务功能价值主要被自然保护区范围内的旅游开发和经营者、旅游者等主体所使（享）用，因此受益范围具有限定性，受益主体也较明确。其中，旅游开发和经营者主要通过对生态景观和环境的包装、加工（如修建辅助性服务设施）和展示等方式来利用保护区生态系统游憩服务功能价值；而旅游者则通过自身感官和心理体验来实现对该方面功能价值的使（享）用。相对而言，自然保护区生态系统游憩服务功能价值的使（享）用更多呈现出直接性特点；此外，受旅游活动规模、旅游景观知名度和产品形象等因素的影响，自然保护区生态系统功能转化为游憩服务价值还具备较大的价值弹性空间。

2）旅游活动开展将促使自然保护区生态系统服务价值维护的要求发生变化。生态系统一般具有自我组织和自我调节功能。在旅游开发或其他经济活动开展之前，自然保护区的生态系统完全按照自身的物质循环、能量流动和信息传递等生态过程来运转，其生态服务功能价值也在这一运转过程中获得自然化生产和传递，而这些生态服务功能价值的维护仅仅依靠生态系统的自我组织和调节作用就能得以实现。当自然保护区开展旅游开发和经营活动之后，各种旅游发展要素就与自然保护区原有的生态系统和社会经济系统共同组成了一个自然-经济-社会复合的旅游地域系统。相比而言，该类地域系统不仅具有更复杂的结构和功能，其发展目标也由维护自然保护区生态系统结构和功能的完整性转变为推动自然保护区生态保护、旅游发展和社区建设的协调可持续发展，进一步体现出多维性、协调化等特征。在这种情况下，自然保护区生态系统服务价值维护的目标将由单纯的生态效益提供转变为生态、经济、社会和旅游效益的综合性提供；生态系统服务价值维护的要求也由促进生态系统产出更多基本服务功能转为促使更多基本生态服务功能向游憩服务功能的转换或置换。

3）在旅游开发利用背景下，自然保护区生态保护和建设的依托力量将发生变化。开展旅游或其他经济活动之前，自然保护区生态保护和建设的任务主要由所在地方政府及行使资源管理权的行政部门来承担，虽然也有部分社区居民（注：自然保护区建设对原有居民的生态资源利用方式和权利多有限制，往往容易导致社区居民对生态保护和建设持消极态度）、社会组织和个人的参与，但从事自然保护区生态保护和建设的主体总体上较为单一。旅游活动的开展，一方面，能为自然保护区原有的生态系统和社会经济系统注入新的能量和发展要素，包括各种人流、物流、资金流、信息流等；另一方面，能为自然保护区生态保护和建设增添新的主体和力量。现实中，出于持续提供和享用优质生态旅游产品的要（需）求，不少旅游开发和经营者将投入资金、技术、人员和管理等多种要素实施生态资源保护与环境建设，许多旅游者也倾向于在旅游过程中实施生态保护和生态贡献行为；同时，随着旅游活动的持续深入开展，社区居民参与自然保护区旅游开发和经营的规模和水平将不断提高，通过旅游利益分享，以及有关部门、组织的引导和教育，越来越多社区居民的旅游环境保护意识将获得提升，其生态保护的态度与行为也将由被动转变为主动，由消极转变为积极。因此，旅游发展不仅为自然保护区生态系统功能维护注入新的变量，从本质上讲，也能增强自然保护区生态保护和建设的内生动力。

2.1.3 旅游对自然保护区利益格局的影响

作为自然、经济、社会系统及其构成要素复合的地域空间，自然保护区存在着生态环境保护的公益性与地方社会经济发展的私利性之间的矛盾运动，以及当地政府、资源管理部门、资源开发利用者和社区居民等不同主体围绕生态资源利用和环境保护的、以生态经济利益为基本内容的复杂利益关系。旅游发展要素的注入，将对自然保护区的生态经济利益格局产生影响，主要表现在以下几个方面。

1. 对自然保护区利益主体结构的影响

在自然保护区开展规模化、组织化的旅游或其他经济活动之前，地方政府、保护管理部门和社区居民是自然保护区人地关系地域系统的主要利益关系构成主体。在自然保护区建设和发展背景下，生态环境保护和建设与当地社区生计发展之间存在着矛盾冲突与协调过程，各主体之间的权-责-利关系也主要围绕这一主要矛盾运动而形成和配置。当实施规模化、组织化的旅游开发和经营活动后，旅游开发和经营者、旅游者等作为新的利益主体进入自然保护区自然-经济-社会复合生态系统，导致自然保护区原有的利益主体结构发生改变：一方面，着眼于生态资源利用与环境保护的生态经济利益主体将呈现多元化、复杂化的特征；另一方面，新型利益主体的进入及其带来的资金、物质、技术和信息等要素将会导致自然保护区原有利益关系结构发生实质性变化。具体表现为：地方政府、保护管理部门和社区居民等原有利益主体的发展目标和利益诉求将体现出与旅游经济、社会和生态效益的紧密联系；原有这些利益主体围绕自然保护区资源利用与环境保护的生态权利和义务将衍生出新的内容；不同主体的利益诉求内容受旅游发展过程的不同阶段、自然保护区生态系统服务功能效益变化等因素影响，因而基于不同利益诉求及其相互影响的自然保护区各类主体之间的生态和经济利益关系配置不仅具有层次化、网络化等特征，也体现出动态发展变化的特性。因此可以认为，旅游发展要素的注入及其作用过程，实际上也是对自然保护区不同主体之间利益关系结构的重构过程。

2. 对自然保护区利益构成内容的影响

1）旅游发展前后，自然保护区不同主体的利益体现或利益关注内容不同。旅游或其他经济产业发展之前，地方政府作为自然保护区资源与环境的公共管理者，其核心利益主要体现在自然保护区作为区域生态屏障的形象建设与功能发挥，其利益关注内容主要是如何通过有关政策制度来协调资源环境保护和社区生计维护之间的矛盾，以及和自然保护区资源管理有关的不同部门之间的利益关系。保护管理部门的利益关注内容主要为其管理权责范围内自然资源的环境和社会效益发展情况；其利益主要通过对生态资源与环境的保护和管理投入来实现。作为与自然保护区资源环境有长期共生关系的社区居民，如何在自然保护区建设和生态保护背景下维持和发展其家庭生计来源，则是其利益关注的基本内容。当旅游作为一种经济产业进入自然保护区地域系统之后，上述不同主体的利益体现或关注内容将在一定程度上发生变化：对于地方政府来说，如何在保障区域生态安全的前提下发挥自然保护区生态资源的经济和社会价值，成为其作为地方公共资源管理者的新的核心利益体现；同时，其有关政策制度的制定也将以此为导向而调整变化。就保护管理部门来看，如何规范旅游开发经营者的生态资源利用与环境保护行为并从自然保护区旅游发展收益中寻求生态保护资金的补充渠道，则构成其在旅游发展背景下新的利益体现内容。对于社区居民而言，家庭生计来源始终是其核心利益的体现。当外来力量主导的旅游业作为新的发展机会进入自然保护区之后，其维护自身核心利益的视角主要体现为两个方面：一是如何防止其原有资源权益遭受不合理剥夺或限制，在此基础上，获得其资源权益自身价值实现的新途径（方式）；二是如何更好地参与当地旅游业开发、经营和管理，以此寻求促进自身（集体和个人）发展能力提升的新途径（方式）。

2）旅游发展前后，自然保护区利益结构中的矛盾运动形式或内容存在差异。旅游或其他经济产业发展之前，自然保护区利益结构中的矛盾运动主要为区域社会经济发展与生态资源与环境保护之间的矛盾冲突。具体表现为，国家或地方政府及资源保护管理部门基于生态系统功能维护目标而建立自然保护区并实施制度化管理的行为，降低了当地居民利用自然保护区内生态资源的可能性，也改变了当地传统的社会经济基础（Lindberg et al.，1996）。在长期依存的经济基础被改变而新的经济增长点尚未形成的情况下，当地居民为寻求生计来源而进行的与资源保护管理制度相悖的非公开经济行为（如“偷猎”“盗伐”“私采”等活动），构成了地方社会经济发展与资源环境保护之间矛盾运动的重要表征；而部分居民通过集体上访乃至“聚众闹事”等形式实施的抗争行为，进一步提升了地方政府、保护管理部门与社区居民等主体之间生态经济利益矛盾运动的层次。随着旅游业发展要素的注入及自然保护区生态经济利益主体的多元化发展，自然保护区利益结构中的矛盾运动进一步趋向多向度、多层次化。在时间节点上，主要体现为不同主体之间围绕自然保护区资源利用与环境保护的不同形式或内容的利益矛盾。例如，社区居民与外来开发经营者之间围绕土地和其他生产资料利用及利益分配问题的矛盾冲突；林业、环保、国土、水利等行政单位基于旅游资源利用和管理问题的部门利益矛盾；等等。从时间跨度上看，则包括不同主体之间围绕同类问题的短期和长期利益矛盾。例如，基于自然保护区土地利用问题的利益矛盾，不仅体现为因旅游项目开发征地补偿而导致的社区居民与旅游开发商、地方政府之间的短期集中性利益矛盾，还包括旅游项目开发增值效应引致的这些利益主体间长期间歇性利益矛盾。

2.2　自然保护区现有生态补偿机制的运作特征及其不足

2.2.1　自然保护区现有生态补偿机制的运作特征

生态补偿作为以生态环境保护为根本目的，调整利益相关者因保护或破坏生态环境行为产生的环境及经济利益分配关系而实施的一种制度安排，已受到国内外学者的广泛关注。由于自然保护区地域系统内外之间生态环境二元化现象的存在，环境利益及其相关经济利益的不公平分配，产生了生态补偿问题（童华军等，2010）。

自 20 世纪 90 年代后期开始，国内有关自然保护区生态补偿机制的研究逐步增多，研究内容涉及生态补偿主体和对象界定、生态补偿标准核算、补偿方式和途径选择、补偿资金来源渠道、补偿政策法规制定等多个方面；同时，生态补偿相关实践也在国内不同地域、不同类型自然保护区的建设和管理中逐步开展。有关生态补偿实践涵盖森林生态效益补偿、重点生态功能区转移支付、土地有偿使用及损失补偿、水资源有偿使用、野生动物资源保护管理（含野生动物肇事补偿）等不同领域。总体上，国内自然保护区现有生态补偿运作机制具有以下主要特征。

1. 生态补偿资金来源方面

目前，国内自然保护区生态补偿资金来源主要有 3 个方面，即政府转移支付和补贴、国际组织援助和受益者支付。其中，政府转移支付和补贴包括国家财政和自然保护区所在地上级政府的纵向转移支付和补贴，以及生态服务提供区和受益区同级政府之间的横向转移支付和补贴；国际组织援助主要指有关政府间国际组织和非政府组织所提供的用于自然保护区生态环境保护和建设或社区扶贫发展的捐助资金；受益者支付指地方政府或行政管理部门按照现有相关法律法规［如《中华人民共和国森林法》(简称《森林法》)、《中华人民共和国土地管理法》、《中华人民共和国水法》、《中华人民共和国水土保持法》(简称《水土保持法》)、《风景名胜区条例》、《中华人民共和国野生动物保护法》(简称《野生动物保护法》)、《森林和野生动物类型自然保护区管理办法》、《矿产资源补偿费征收管理规定》等］或结合自然保护区建设管理要求制定相应规章制度，如《云南省大理白族自治州洱海保护管理条例》《玉溪市抚仙湖资源保护费征收管理办法》《西双版纳国家级自然保护区生态旅游景区（点）管理办法（试行）》等，针对利用自然保护区森林、土地、水资源、风景名胜资源、矿产资源等进行有关开发活动的主体所征收的不同形式生态环境补偿费。从国内自然保护区现有实践状况来看，政府转移支付和补贴、国际组织援助是生态补偿资金的主要来源（秦艳红和康慕谊，2007）。

2. 生态补偿运作模式方面

一般来说，自然保护区生态补偿是通过政府主导和市场作用共同实现的；无论在发达国家还是发展中国家，公共支付手段都是主要支付手段，也是社区积极参与自然保护区管理的有效方式（闵庆文等，2007）。对于生态补偿市场运作机制尚处于探索阶段的我国，情况尤其如此。因而，以政府主导的公共补偿为生态补偿的基本运作模式，就成为当前我国自然保护区生态补偿的基本选择和普遍方式。从国内自然保护区现有相关实践来看，以财政支付、政策倾斜、项目实施、(环境)税费改革等为主要形式的政府公共补偿一般居主导地位。从机制构成要素来看，该补偿模式主要以维护国家或区域生态安全、社会稳定或区域间协调发展等为目标，以国家、上级政府或生态受益区同级政府为实施和补偿主体，以公共财政资源、专项税费收入、特定的融资渠道及国际组织的援助资金等为依托，通过政府直接购买、财政转移支付、发放补贴或奖励等方式，对生态环境保护和建设中的直接经济利益或发展机会成本受损的单位和个人(包括自然保护区所在地方政府、资源保护管理单位及当地农牧民等补偿对象）给予经济或非经济形式的补偿。

3. 生态补偿实施内容方面

从已有相关实践来看，我国自然保护区生态补偿主要包括财政转移支付、差异化区域政策、生态保护项目实施、环境税费制度等内容。其中，财政转移支付是我国最重要的区域补偿政策，尽管生态补偿不属于当前该政策体系中10个最重要的因素之列（万军等，2005），但对于地处偏僻、社会经济落后、自我补偿能力有限的区域（尤其是国家级贫困县等财政困难地区）来说，依靠财政转移支付资金来补充自然保护区生态环境保护过程中的项目建设经费和日常管理费用，已成为此类区域所实施自然保护区生态补偿机制的主要手段。差异化区域政策是国家或地方政府通过政策倾斜的方式对自然保护区等重要生态功能区实施生态补偿的重要手段，包括优先安排生态功能区基础设施和生态保护项目投资政策、鼓励清洁项目和绿色产业发展的产业政策，以及配套实施的税收减免政策、实施生态优先的政绩考核政策等。相比而言，差异性的区域政策具有运作成本低、财政压力小、与地区实际情况易于结合等特点（李云燕，2011）。通过生态保护项目实施来实现区域生态系统功能维护，也是我国自然保护区生态补偿的重要内容。目前，我国已实施的全国性或跨区域的生态环境保护和恢复项目（如退耕还林还草工程、野生动植物保护工程、生态公益林建设保护工程、天然林保护工程、京津风沙源治理工程、“三北”及长江上中游地区等重点防护林工程等），都覆盖了相关的自然保护区。此外，地方政府及其有关部门依据现有法律法规或自然保护区建设发展要求制定相应规章制度，对依托自然保护区自然资源开展经济活动的主体征收诸如森林植被恢复费、土地有偿使用费、水资源费、水土流失防治费、风景资源有偿使用费、野生动物资源保护管理费、矿产资源补偿费等形式的生态补偿费，也逐渐成为自然保护区生态补偿的重要手段。但由于现行管理体制障碍、实施细则不足等因素，许多形式的生态环境补偿费征收仍未实现规范化和制度化。

2.2.2 自然保护区现有生态补偿机制的不足

自然保护区建设作为一种公共政策，其目标是实现一定空间尺度内的区域生态安全和资源环境可持续发展。建立规范化、制度化的自然保护区生态补偿机制对于协调利益相关主体间的环境及经济利益关系、实现自然保护区资源环境可持续发展有重要意义。有关实践表明，当前我国自然保护区以政府公共支付为主的生态补偿机制存在诸多不足，具体表现如下。

1. 补偿资金来源不足

我国自然保护区面临的最大困境当数建设资金与管护经费投入不足，缺乏稳定有效的资金筹措机制等（王权典，2010）。相比美国等西方发达国家，我国自然保护区的经费投入较为不足。例如，2012年美国对国家公园的单位面积经费投入为 55 307.44 万元/km^2。2013 年我国对国家级自然保护区的单位面积经费投入为 14 957.46 万元/km^2，仅占美国国家公园单位面积经费投入的 27.0%（钱者东等，2016）。究其原因，有以下几个方面。

1）我国自然保护区是在强大的人口资源压力和抢救性保护政策导向下得以建设和发展的，一直采取的是以公共财政为主的投入机制。尽管《自然保护区条例》等法规对建立保护区多种资金渠道有相应规定，但现实中，中央及地方（主要是省级）财政拨款几乎成为自然保护区建设与管护经费的唯一来源，其他收入对自然保护区的贡献微不足道。这种形式上多元、实质上单一的资金渠道，难以满足自然保护区的基本需求（王权典，2010）。

2）在区域社会经济发展的背景下，一方面自然保护区生态保护的压力日渐增大；另一方面，自然保护区生态建设的管护能力、科技手段支撑、人才队伍建设等方面与实际需求之间往往存在较大差距，这些都需要财政资金的持续投入作为保障；同时，为实现自然保护区生态保护和建设的基本目标，当地政府及管理部门不得不禁止或限制许多有经济效益的产业项目，导致当地经济发展机会及财政收入的减少，因而难以保证对自然保护区应有的公共资金投入。再次，在我国自然保护区生态补偿实践中，以重大生态项目建设的形式实施的补偿占有较大比重。这些生态建设项目运作管理的市场化程度很低，基本上完全依靠中央和地方政府的公共财力支撑，给各级政府带来了沉重的财政包袱。

3）我国中央与地方财政“分税制”与自然保护区“属地管理”为主的体制性矛盾，导致自然保护区建设和管理资金投入机制存在职责不清、各级政府间责任界定不明的问题，这也是自然保护区生态补偿资金投入不足的重要制度根由。

实践中，自然保护区建设及生态补偿资金不足问题，已产生了多方面的不利影响：用于生态保护的基础设施建设不足，无法坚持长期有效的生态监测和环境维护工作；自然保护区运作管理经费紧缺，日常巡护、执法等保护管理工作乏力而不到位，管护水平低；因补偿资金不足或不到位，当地部分居民迫于生计而不得不实施一些违反生态保护管理规定的生产活动，给自然保护区管理工作带来相应压力；等等。这些问题的存在，已直接影响到自然保护区生态和社会经济效能的积聚与发挥，严重制约着自然保护区的正常建设、规范管理和健康发展（王权典，2010）。

2. 补偿主体狭隘、方式单一

1）我国自然保护区主要实行以中央和地方政府为补偿主体的公共支付型生态补偿方式。尽管这种补偿运作模式彰显了政府作为公共生态利益维护者在自然保护区生态补偿方面的基本责任主体地位，但由于补偿主体过于狭隘，一方面政府财政负担过大；另一方面压制了市场化机制在自然保护区生态补偿领域应有的生长空间和作用发挥，并易于导致许多自然保护区生态服务功能价值的受益者［如旅游开发和经营者、生态农（渔）业经营者、药材种植企业等］作为非公共型生态补偿主体的责任意识弱化，以及自觉主动式生态补偿行为的缺失。

2）当前我国自然保护区主要依靠财政转移支付作为生态补偿的基本手段。尽管自 1994 年实施"分税制"以来，财政转移支付占我国中央财政总收支、地方财政总收入的比重均达 40%以上，已具备相当大的资金规模，但目前生态补偿尚不属于财政转移支付的重点科目，许多区域往往需要借助财政转移支付中与生态环境保护相关的支出科目对自然保护区建设和管理经费进行补充，因此以该方式获取的补偿资金不仅存在稳定性差、运行管理成本高、部门分割严重等弊端，还受政府在一定时期的职能目标和其他财政支出需要的限制（冯艳芬等，2009）；同时，该方式的补偿资金多按照财政收入的一定比例支出，自然保护区管理部门所能投入生态保护和建设的力量与水平在很大程度上取决于财政资金的供给量，这与受偿对象在生态保护工作中的贡献大小或实际利益损失关联度不强，无法对损益者所牺牲的利益进行全部性补偿，难以满足受偿者对补偿强度的现实需求（米姗姗和阎友兵，2007）；而且这种完全依赖外部公共资金输入的做法，也会导致当地生态保护和建设工作缺乏自我发展机制，生态保护的内驱原动力和内生支撑力不足。此外，在针对自然保护区社区居民的生态补偿方面，重视操作简便、效果直接的输血式补偿方式（如实施退耕还林还草、生态公益林效益补偿等方面，主要采取货币补偿方式）而忽视能增强社区自身发展机能、体现长期保护效果的造血式补偿方式，也是我国自然保护区现行生态补偿方式的一个弊端。

总体而言，目前我国主要依靠国家和地方政府为补偿主体、以财政转移支付为基本方式所形成的自然保护区生态补偿机制，已经越来越难以满足自然保护区的资源环境管理，以及生态保护和地方社会经济协调发展的需要。

3. 补偿标准不科学

补偿对象的多样性、补偿范围的不确定性，以及不同方法核算结果的差异性等原因，使标准制定成为生态补偿机制构建方面的一个难点问题。这一问题在我国自然保护区生态补偿实施过程中也有明显体现。就有关实践来看，国内自然保护区生态补偿标准的确立与实施主要存在以下几个方面的问题。

1）补偿标准不明确或采取"一刀切"标准。由于补偿开展时间的有限性及相关研究的滞后性，国内自然保护区生态补偿总体上缺乏明确的补偿标准。在少数已确立基本补偿标准的领域，如森林生态效益补偿方面，大多按照面积计算且实行全国统一的公益林补助标准（每年为 75 元/亩[①]），并未考虑各地实际情况特别是经济发展的差异（任诗君，2011）。在退耕还林补偿方面，则以两个大尺度区域的平均粮食产量为标准，向退耕农户提供粮食和现金补助（长江流域及南方地区每亩退耕地每年补助 125 元，黄河流域及北方地区每亩退耕地每年补助 90 元），这样的补偿对区域差异关注较少，补偿标准未能反映受偿者的真实成本，容易造成补偿额度与农户实际利益损失大多不符而产生矛盾，并导致了一些地区出现过度补偿，而另一些地区出现补偿不足的现象（陶然等，2004）。过度补偿和补偿不足两种问题并存，不仅影响资金利用效率，而且在项目补助停止后保护区域受到破坏的可能性较大，退耕土地至少有 1/5 在项目结束后会返耕（Michael and Bennett，2008）。即便是财政部 2011 年出台、2012 年修订颁布的《2012 年中央对地方国家重点生态功能区转移支付办法》（财预〔2012〕296 号）中，针对自然保护区等生态功能区的生态补偿纵向转移支付资金额度确定方面，也仅仅考虑了接受转移支付的县级财政收支缺口或生态功能区的面积和个数等因素，却没有真正考虑这些区域生态服务功能的溢出效应（郭辉军和施本植，2013），其尽管能弥补所在区域一部分政府发展机会成本，却未能解决生态建设的投入问题，也难以弥补农村居民为自然保护区建设付出的机会成本。因此，这种财政转移支付类生态补偿对于提高有关区域开展生态建设的积极性难以起到激励作用。

2）尽管目前自然保护区生态补偿标准的确定依据在表述方面包含了自然保护区建设和保护的（额外）成本和由此造成的利益主体发展机会方面的损失，但实践运作中的补偿标准仍体现为低端性（蒋姮，2008）。例如，自 2013 年起，在国内经济较发达的浙江省，对省级以上地方公益林实施每年最低 25 元/亩的生态补偿标准（至 2020 年，该补偿标准已提高至最低 33 元/亩），属于全国省级地区最高的补偿标准。其他各级公益林则由相应级别的政府自行解决；其中公益林面积最大的淳安县，农户人均公益林生态补偿收益可以达到 400 余元；但与农户原先利用集体林地发展林业经济的收益相比，该补偿标准仍处于偏低状态。经济发达的省份尚且如此，其他地区尤其是西部贫困地区的情况更不容乐观。例如，自 2008 年开始，贵州省按照每年 5 元/亩的标准，对省级以上自然保护区内集体林地实施生态效益补偿；从 2010 年开始，国家级公益林由中央财政按每年 10 元/亩的标准给予补偿；2012 年起，全面启动地方公益林的森林生态效益补偿工作，但仍维持以往的每年 5 元/亩的补偿标准，补偿资金则由省、市（州）、县（市、区）按 4∶3∶3 的比例安排投入[②]。

① 1 亩≈666.67m^2。

②《贵州省地方财政森林生态效益补偿基金管理办法》（黔财农〔2012〕85 号）。

3）补偿标准的制定缺乏利益相关者参与。生态补偿的对象、范围、方式和标准的确定，主要以政府决策为主，没有利益相关者参与协商的机制，是当前我国生态补偿存在的主要问题之一（欧阳志云等，2013）。这种状况在我国自然保护区生态补偿标准确定方面也不同程度存在，即自然保护区生态补偿标准的核算、确立和实施过程实际上成为政府的“单边行动”过程，既缺乏生态补偿所涉及利益相关主体的对话与协商，也缺乏对受偿区域的现实情况、生态服务提供者的成本和需求、（政府之外）其他补偿主体的支付能力和意愿等方面的考虑。这也是“一刀切”式补偿标准屡屡出现的重要原因。

4. 社区补偿考虑不足

在自然保护区建设和管理过程中，许多社区居民通过主动或被动实施的退耕还林（草）行为，以及停止其他传统资源依赖型生产活动等，客观上为自然保护区生态环境保护和建设做出了贡献。因此，实施针对社区居民的生态补偿，弥补其为保护生态所承受的直接和间接利益损失，成为自然保护区生态补偿的应有之义。然而，从国内自然保护区已有生态补偿实践来看，补偿政策内容过于强调维护自然保护区生态系统服务的生产需要，却往往忽视生态系统服务提供者的利益需求，导致生态系统服务提供者从保护生态转为破坏生态，给自然保护区管理带来相应压力。这也是引致自然保护区利益主体之间出现利益失衡、自然保护区保护管理效率低下的一个重要原因（李国平等，2015）。在针对社区居民的生态补偿政策制定与实施方面，通常只考虑居民微不足道的显性利益损失，其间接损失和隐性损失则往往被略去（蒋姮，2009）。然而与自身生计发展相关的生态补偿政策不完善，难以填补因生态保护损失的机会成本，容易导致利益受损的社区居民对自然保护区的建设和管理持有消极甚至反对态度，从而加剧自然保护区资源环境保护与区域经济增长之间的矛盾与冲突（Sirivongs and Tsuchiya，2012；Beedell and Rehman，1999）。同时，较低的补偿标准也会影响农户对自然保护区发展政策的信任度（韩锋等，2015）。

在以自上而下的“命令–控制”型政府决策模式为主导，缺乏利益相关者参与协商机制的生态补偿政策制定框架体系中，作为重要受偿对象和利益相关方的当地社区居民，在自然保护区生态补偿过程中经常处于被动状态，不仅未能参与生态补偿运作方式、实施标准等的协商与确定，缺乏应有的话语权，也缺乏作为重要利益相关者应有的知情权。现实中，许多自然保护区居民并不清楚所在区域生态补偿的流程，在补偿政策的制定、补偿方式与标准的选择方面，也没能表达自己的意愿，甚至有部分自然保护区居民不知道有生态补偿。在这种情形下，作为受偿主体的社区居民所得到的补偿往往是不充分的，不利于发挥生态补偿缓解自然保护区与社区矛盾的作用（任诗君，2011）。

除了以上几个方面的不足及影响，我国自然保护区现行的生态补偿机制还存在其他一些弊端。例如，中央或上级政府财政转移支付的生态补偿资金发放，一般要从上到下经过多个层级，容易造成资金拨付耗时过长和发放不及时，从而影响受偿主体的补偿政策认知及生态保护积极性；此外，自然保护区生态补偿资金时常被用于非正当用途（如作为自然保护区管理单位工作人员的工资福利发放，或购置一些非保护用途的设施设备），造成补偿资金使用效率低下。

从已开展旅游开发和经营活动的自然保护区生态补偿实践来看，以地方政府为主导，以旅游企业为补偿主体，基于当地居民传统生态资源利用权利受剥夺或限制的利益损失而对其实施的一次性经济赔偿，是当前我国自然保护区在旅游发展背景下实施的基本补偿方式。这种补偿方式对于因土地等资源利用及其利益分配问题而产生的自然保护区当地居民与外来旅游企业之间的短期集中性矛盾，通常可起到一定缓解作用，但对于由旅游开发增值效应等引致的上述主体间的长期间歇性利益矛盾，并不具备有效的调节功能。同时，该补偿方式缺乏基于旅游发展的生态保护激励功能和生态破坏约束机制，其对于旅游开发利用过程中自然保护区生态系统遭损耗或破坏却得不到及时有效补偿的问题，往往也无能为力。

综观上述自然保护区生态补偿机制的不足及影响，从表象上看，可归因于我国自然保护区建设和管理资金筹措机制的不畅或相关管理体制和政策制度的缺陷。但进一步分析，可发现众多问题背后的实质在于现有与自然保护区发展相关的“主体功能区规划”或“生态区划”未能将生态效益的提供者和受益者的范围界定清楚，在自然保护区资金筹措机制与自然保护区所要实现的生态、经济、文化等多重效益之间没有建立起合理的匹配关系，在自然保护区建设管护责任主体与自然保护区所提供多重效益的受益者之间也没有建立起匹配的生态对价关系（王权典，2010）。另外，从当前自然保护区生态补偿主体、方式和内容等角度审视，可看出在自然保护区等国家公共资源的现有行政管理体制下，补偿政策制定者主要是基于狭隘的“受益者付费”理念来考虑生态补偿机制的设计，即作为生态资源公共管理者、生态服务受益公共代表者的政府（含中央和地方政府），以及作为公共生态利益提供者的资源保护管理部门，在自然保护区生态保护和建设方面的责任主体地位应体现为基本性甚至唯一性，其他利益相关者在此方面的责任主体作用则可有可无，或至少应在政府主导的生态补偿政策框架内发挥。受此影响，在自然保护区生态补偿机制建立过程中，不仅普遍意义的“受益（利用）者付费”的生态补偿理念和原则难以得到充分体现，甚至“破坏者赔（补）偿”“保护者受益”等基本理念和原则也被弱化。同时，这样的生态补偿政策设计理念还直接导致了市场运作机制、社会参与机制在现有自然保护区生态补偿框架体系中的严重不足。因而，自然保护区生态补偿主体和方式单一、忽视生态服务提供者的利益需求、补偿政策制定缺乏利益相关者参与等诸多问题，或许均可从中得到解释。

2.3 自然保护区旅游生态补偿的适应性分析

2.3.1 自然保护区生态补偿机制优化构建的需求

生态补偿机制在自然保护区建设中的作用是目前需要关注的问题。分析表明，我国自然保护区建设发展与生态保护过程中面临着资金来源不足、不同主体间利益矛盾突出等现实问题；而在与其紧密相关的自然保护区生态补偿实践中，也呈现出诸多方面的矛盾运动，包括建设管理资金紧缺性和生态补偿资金渠道狭窄性的矛盾，补偿对象多样性与补偿主体单一性的矛盾，补偿客体复杂性与补偿方式和标准简单性的矛盾，等等。这些问题和矛盾构成了自然保护区生态、经济、社会协调可持续发展的障碍因素。因此，结合自然保护区这一生态-经济-社会复合地域系统的结构功能特性及生态补偿的理念和原则，积极探索现有自然保护区生态补偿机制优化路径，构建能体现不同利益相关者之间的权-责-利匹配关系、促进自然保护区资源环境保护与社会经济发展目标协调的生态补偿机制，既是解决自然保护区生态补偿所面临上述问题和矛盾的现实选择，也是当前我国自然保护区建设和发展的迫切需求。

自然保护区生态补偿机制建设是一项复杂的系统工程，需要在多个层面进行改进与完善，以形成有效运作的支持系统（王权典，2010）。具体而言，自然保护区生态补偿机制优化构建的需求可从以下两个基本层面来阐释。

1. 生态补偿机制设计层面的需求

生态补偿机制建设的基本推动力源于政府、市场及其他社会力量。对于自然保护区而言，亦可借助这 3 个方面的力量来共同推动其生态补偿机制构建及补偿目标的实现。相关实践表明，我国自然保护区现有生态补偿机制是在长期以来的公共资源行政管理体制框架内，基于政府及有关主管部门作为区域生态保护和建设的基本甚至唯一责任主体的理念来设计和实施的。由于政府主导作为一种“外部约束”力量，在实施过程中存在管理成本高、资金使用效率低、项目执行期后效果难以为继等缺点（蒋依依等，2009）。同时，以政府财政转移支付和补贴作为自然保护区生态补偿的基本资金来源，体现的仅是狭隘的“受益者付费”的补偿理念，不仅难以充分体现“受益（利用）者付费、破坏者赔（补）偿、保护者受益”的生态补偿普遍性原则，也造成补偿资金来源渠道过窄的现实。为解决这种体制性矛盾带来的生态补偿机制缺陷，应考虑对自然保护区现有政府主导型生态补偿模式进行优化调整，通过相应的政策引导与制度设计，积极探索构建体现融资渠道多元化、补偿主体和方式多样化等特征的自然保护区生态补偿机制。

依据公共物品与外部性等理论，自然保护区生态环境保护具有公共物品特性，单纯依靠市场机制难以进行有效配置，但生态保护带来的生态服务功能价值（生态效益）具有外部经济性，且呈现出整体性和流动性的特征（任诗君，2011），对其实施生态补偿所涉及的补偿者、受偿者和生态服务之间的关系与市场要素类似（赵翠薇和王世杰，2010）。已成功施行生态效益补偿政策的一些国家的实践经验表明，政府虽然是生态服务的主要购买者，但市场依然能够在生态补偿方面发挥重要作用，即政府补偿并非提高生态服务功能的唯一途径（沈满洪和陆菁，2004）。因此，在当前市场经济体制下，按照政府与市场两种基本途径结合的理念，积极引入市场化生态补偿机制，作为政府公共补偿机制的合理补充。这样不仅有助于形成多层次、协同化的自然保护区生态补偿运作机制，也能突破现有的狭隘型“受益者付费”补偿理念禁锢，充分体现上述生态补偿的普遍性原则。

2. 生态补偿实践运作层面的需求

生态补偿实践运作涵盖补偿主体、对象、方式、标准等多重要素，以及补偿资金筹集、使用管理和补偿参与协商机制构建等方面的内容，其实质是对补偿所涉及的不同主体围绕生态资源利用与环境保护的生态权利、责任和生态利益的重新分配过程。上述有关分析表明，尽管我国自然保护区表面上已建立起正常稳定的生态补偿运作机制，但由于对生态服务提供者和受益者的范围及其权-责-利匹配关系等缺乏清晰合理的界定和确立，涉及上述要素及内容的保护区生态补偿实践中仍存在不少突出问题。具体而言，建立完善自然保护区生态补偿实践运作机制，尚需满足以下几点要求。

1）进一步明确自然保护区生态补偿主体和对象。我国自然保护区现有生态补偿主要以国家和地方政府作为补偿主体，以自然生态系统和因实施保护而利益受损的社区居民等为主要受偿对象，而众多自然保护区生态服务受益者（包括在自然保护区范围内从事相关开发、经营和消费等活动的单位和个人），以及实施非自身职责范围内资源环境保护工作的生态服务提供者（包括社会环保组织及个人、自觉开展巡山护林等活动的当地居民等），目前基本未被纳入生态补偿的主体或对象范畴。这也是导致自然保护区生态补偿资金来源不足、涉及资源利用和生态保护的利益矛盾突出等问题的现实原因。有关实践表明，只有充分明确生态补偿的主体和对象及各自的权、责、利关系，才能建立有效的补偿途径和方式，促进生态保护和建设工作的落实。鉴于此，在自然保护区生态补偿工作实践中，除了现有的补偿主体和受偿对象等利益相关者外，还应关注其他诸多与自然保护区资源利用和生态保护所涉及生态经济利益相关的生态服务受益者和生态服务提供者，基于各自在现实中的生态利益分配和获取、保护成本付出或利益损失等情况，将其合理纳入补偿主体或对象的范畴。

2）确立合理的自然保护区生态补偿途径和方式。生态补偿实施途径包括政府主导、市场运作、社会参与等不同方面，每种途径又包含若干补偿方式。我国自然保护区当前实施的是以财政转移支付为主要途径、以生态保护工程项目为主要方式的政府主导型生态补偿实践模式。这样的生态补偿途径和方式不仅缺少市场运作和社会参与机制的构成要素，其实施内容也体现出不少问题。例如，以专项资金拨付和项目形式的补偿较多，以政策扶持、智力支撑等形式的补偿较少；以货币形式的物质补偿为主，缺乏精神和制度层面的补偿内容；等等。这不利于形成多元协调的生态补偿工作体系，以及促进有关主体开展生态保护和建设活动的全面激励机制。为此，应结合自然保护区生态资源保护和环境建设工作的具体要求，从优化现有生态补偿途径和方式的角度出发，按照“谁开发谁保护，谁破坏谁恢复，谁受益谁补偿，谁污染谁付费”的生态补偿多方面实践原则，分别从政府主导、市场运作、社会参与等层面，从资金、实物、项目、政策和智力补偿等多角度，探索合理可行的自然保护区生态补偿途径和方式，形成多渠道并存、多类型互补的补偿路径，引导更多的资金、人力、物力等投向自然保护区生态补偿工作，同时对有关主体的生态保护和建设行为形成充分激励，对破坏自然保护区生态资源与环境的行为进行有效遏止。

3）确立合理的自然保护区生态补偿实施标准。相关分析显示，我国自然保护区生态补偿现有实践中存在补偿标准缺乏科学合理性的状况，包括补偿标准不明确或采取“一刀切”标准、补偿实施标准总体体现为低端性等，其不仅难以激励有关受偿对象开展生态保护和建设的积极性，也会影响补偿资金利用效率。除当前生态补偿标准核算方法具有多样性、核算结果具有不确定性等客观原因外，对受偿区域差异关注较少、补偿标准未能充分反映受偿者的成本或利益损失，以及标准制定缺乏利益相关者参与等，也是自然保护区生态补偿标准确立与实施过程中存在的不足。因此，在自然保护区生态补偿机制建立与实施过程中，需综合考虑有关受偿区域现有生态系统功能及其服务状况、当地经济发展水平、不同社区分布及其与自然保护区建设的关联性、资源开发利用者的经营效益、受偿者的保护成本付出或利益损失等因素；同时，建立起补偿标准制定的利益相关者参与机制，在充分沟通与协商的基础上，结合有关补偿主体的支付能力及意愿，补偿对象的利益需求、受偿意愿及其时空分异性等，科学制定针对相关市场补偿主体的资金收取标准，以及针对相关受偿对象的补偿实施标准，使其符合自然保护区生态补偿供需实际并体现公平、公正的原则。

2.3.2 自然保护区旅游发展与生态补偿机制的互适性

1. 自然保护区是生态旅游发展的重要载体

在当前国家主体功能区划的总体格局中，自然保护区被界定为禁止开发区域。该类区域的功能定位是将生态环境保护列为区域发展第一要务，严禁影响生态环境的自然资源开发和污染项目的生产建设。从根本上看，将自然保护区划为禁止开发区的主要目的在于发挥该类区域的生态保护及相关的科学研究等功能，保障区域生态安全及人与自然的和谐发展。但有关研究表明，尽管保护是自然保护区的首要功能，但在实际运作中采取绝对的保护、纯自然主义的方式，并不利于资源与环境的保护，也不能很好发挥其作为保护地的综合功能，甚至会严重影响保护地自身的发展①。在国内众多区域的有关实践中，由于“自上而下”的生态保护政策制度与地方经济社会发展矛盾冲突的难以协调，被划定为禁止开发区域的自然保护区往往体现出限制开发区域的部分特征，即被动地赋予了经济功能以进行开发活动（许多为不合理开发活动），由此出现了一些生态问题。有学者认为，建立自然保护区使濒危、珍稀物种得到了有效保护，但不应因“保护”而剥夺人们欣赏自然保护区独特自然景观的权利；人们欣赏到大自然“美色”的机会越多，就越能增强环境保护意识（黄寰，2010）。因此，在不妨碍自然保护的前提下，以生态文明理念为指导，对自然保护区生态资源进行合理有序的开发利用，形成一种自养型的经济模式，是十分必要的（方躬勇等，2003）；而适度开发生态旅游并推行“以游养保”等可持续经营方式，应视为自然保护区发展的成功之道（郭来喜，1997）。许多生物多样性保护方面的专家和世界组织普遍认为，发展生态旅游是当前保护生态体系中的重要策略（林岚，2002）。世界旅游业发展实践显示，许多著名的旅游区位于保护地范围内，包括美国黄石国家公园、澳大利亚大堡礁、

① IUCN 保护地分类体系中，只有第 Ia 类保护地必须实施严格的保护而禁止开展旅游活动。但从我国的保护地体系来看，目前尚不存在该种类型保护地，有观点认为 Ia 类保护地相当于我国自然保护区的核心区。

俄罗斯贝加尔湖、日本富士山等。

自然保护区在自然和社会方面都具备了生态旅游开发的条件（雷鸣，2001）。从自然条件来看，自然保护区内大多蕴藏着数量和种类丰富、原生性强的自然旅游资源，包括多种具有特殊保护价值的自然生态系统、野生动植物景观、地质构造、地貌形态及自然遗迹等。自然保护区内的自然景观具有罕见性与稀有性，自然环境有天然性与感染力，并体现出多样的知识性与文化教育功能等（周天驹，1998），能充分满足旅游者回归自然、品味生态的旅游体验需求。从社会条件看，随着社会各界对生态保护关注度的提升和国家、地方政府对自然保护区建设和管理力度的加强，自然保护区生态保护和建设沿着社会化、法治化、规范化发展轨道不断前进，能为旅游等产业的开发活动提供必要和持续的资源基础；同时，生态旅游的大众化、普及化发展，也能为自然保护区旅游开发提供充足的客源市场。

当前，数量众多、类型多样、具有丰富的生态旅游资源的自然保护区，已渐次成为旅游开发和相关活动开展的“热土”。实践中，在自然保护区开展旅游活动几乎已成为全球范围内的普遍现象，而生态旅游作为自然保护区生态系统服务功能和社会经济价值发挥的一条重要途径，也成为 21 世纪世界旅游业发展的一个重要增长极并逐渐引领着可持续旅游发展的新方向。1997 年，中国人与生物圈国家委员会对全国 100 个省级以上自然保护区的调查结果显示，正式开展旅游业的自然保护区的比例已达 82%，年游客接待量在 10 万人次以上的自然保护区数量达到 12 个（于爱水，2005）。钟林生和王婧（2011）针对包括自然保护区、森林公园、地质公园、风景名胜区等在内的国内自然保护地的抽样调查研究显示，国内保护地旅游开发率已达到 93%，保护地生态旅游游客量呈不断上升趋势，其中 43%的保护地年生态旅游接待达 10 万人次以上，20.4%的保护地的旅游接待达 5 万～10 万人次。一些自然保护区已经成为带动当地旅游业发展的“龙头”。目前，自然保护区生态旅游开发涵盖观赏型、科学型、探险型、保健型、狩猎型及民俗型等多种形式，开发模式包括观赏型开发、参与体验型开发、研究型开发等不同方面。

今后，随着许多地处偏僻但生态旅游资源丰富的自然保护区的交通、通信及相关接待服务设施的建设与改善，国内自然保护区的生态旅游业将会迎来更好的发展前景。

2. 旅游生态补偿作为自然保护区生态补偿渠道的适应性

作为生态旅游发展的重要载体，自然保护区为旅游发展提供了良好的空间和物质基础；对于自然保护区来说，实施以生态旅游为形式的旅游开发和经营活动，则是借助自然保护区生态系统自身的游憩服务价值而发挥其经济和社会服务功能的有效途径。具体来看，自然保护区生态旅游具有以下功能：一是能满足人们亲近自然、回归自然的需求，发挥自然保护区多种自然资源的美学和观赏价值；二是为自然保护区建设筹措资金，夯实自然保护区自我发展的物质基础；三是通过社区居民的广泛参与，带动社区经济发展；四是对旅游者及社区居民进行环境教育，提高其生态保护意识（刘甜甜，2013）。因而，自然保护区与生态旅游的结合是互利条件下的必然（刘洋等，2005）。现实中，一旦自然保护区生态资源被开发为生态旅游资源，那么自然保护区生态旅游与生态环境保护便形成了既对立又统一，既相互影响又相互依存的矛盾统一体。

尽管由于管理制度缺陷（失）、理念认知偏差，以及客源群体大众化倾向等，当前许多自然保护区的生态旅游开发还存在不少问题，包括对自然保护区生态资源与环境的损耗和破坏，对当地传统文化的干扰及同化，经济、社会与环境效益难以统一等，但从本质上来说，以生态文明理念为指导，关注生态、经济、社会、文化多重效益，体现保护性、责任性和发展性协同一体的生态旅游业，仍不失为解决自然保护区生态资源利用与环境保护的矛盾冲突，推动区域生态保护和社会经济协调发展的有效途径。同时，以旅游发展相关要素为依托而建立旅游生态补偿机制，对于拓展自然保护区生态补偿渠道、优化自然保护区生态补偿机制方面，也具有多方面的适应性。具体可从以下几个方面来阐释。

（1）对自然保护区生态补偿机制构建的适应性

为缓解现实矛盾，自然保护区生态补偿机制应当结合当前主体功能区划的政策导向加以重新定位、构建和完善（王权典，2010）。在当前市场经济体制下，按照多层次、协同化生态补偿机制构建的要求，通过相应的政策引导与制度设计，积极引入市场化生态补偿机制，对现有的政府主导型公共补偿机制形成合理补充，是优化自然保护区生态补偿制度体系，缓解自然保护区建设和发展资金短缺、利益主体间矛盾突出等现实问题的必然需求。将市场化机制引入自然保护区生态补偿制度体系，其基本着眼点在于在自然保护区生态资源所有者（或传统利用者）与生态资源开发经营者、生态服务提供者与享用者之间建立起生态经济利益匹配关系，但该类型机制建立的前提是可供市场主体开发利用的生态资源产权易于界定、生态服务具有准公共产品或俱乐部产品性质且生态服务提供和受益主体较为明确、有必要的交易平台或协商机制等。自然保护区内的旅游活动具有明显的外部性，其开发经营空间一般较为明确，旅游资源产权、受益主体等也较容易界定，因此，基于旅游开发和经营而实施旅游生态补偿，完全可以作为引入市场化机制实施生态补偿的优先领域，成为自然保护区生态补偿制度建设的重要方面。

具体而言，在政府、市场和社会三方力量共同发挥作用，内涵特征分别体现在公共性、运营性和公益性的政府主导型、市场运作型和社会参与型 3 种补偿机制协同化发展的自然保护区生态补偿制度体系中（图 2-1），依托自然保护区生态旅游开发经营形成的资金、技术、管理等要素而实施的旅游生态补偿，作为一种具体的市场化补偿途径，一方面，可与依托自然保护区生态资源与环境而发展的其他行业领域（如水电开发、生态农业、生态渔业等）所实施的生态补偿一道，共同构筑自然保护区生态补偿市场运作机制的内容体系，并通过有关市场化要素向生态保护和建设领域的注入，对自然保护区当前以财政转移支付、区域政策倾斜、生态保护项目实施为主要途径的政府公共补偿机制形成有力补充，而自然保护区地方政府及管理部门则通过建立必要的交易平台或协商机制，为有关主体开展市场化补偿活动提供公共服务支撑；另一方面，科学化、规范化和制度化的旅游生态补偿机制的建立和运行，可为自然保护区旅游业持续发展并获得长期性的生态、经济和社会综合效益提供有力支撑；同时，通过市场化补偿机制的有效建立及其与政府公共补偿机制的密切配合，可形成自然保护区生态产业开发与生态环境保护的协同化效应及强大的社会辐射效应，引导更多的社会资金、智力、劳务等要素投向自然保护区生态环境保护和生态产业发展。总而言之，依托旅游发展要素建立的自然保护区旅游生态补偿机制所形成的微观领域生态-经济-社会循环，可带来自然保护区生态保护、经济建设和社会发展的良性大循环。

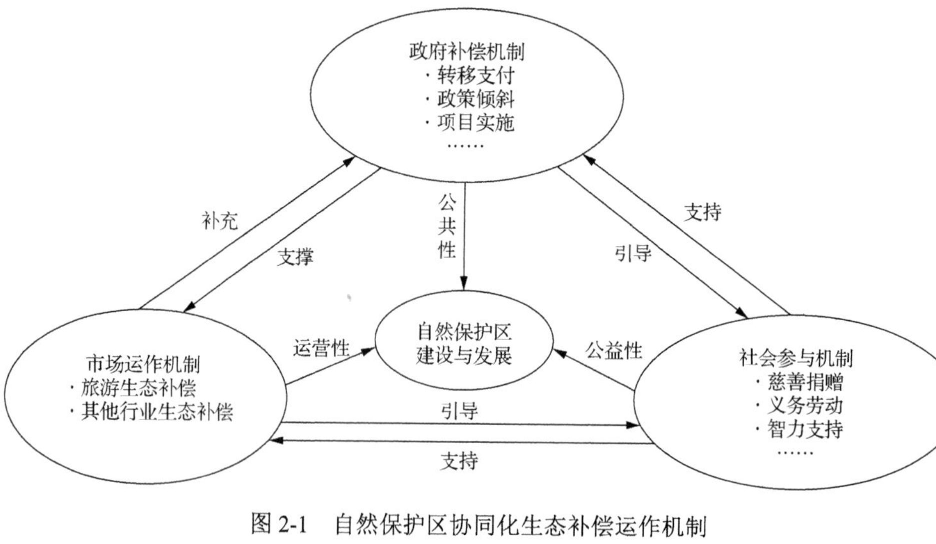

图 2-1　自然保护区协同化生态补偿运作机制

（2）对自然保护区生态补偿实践运作的适应性

自然保护区生态补偿实践运作的过程，也是不同主体间围绕生态资源利用与环境保护的生态权利、生态责任和生态利益重新分配的过程。尽管政府主导的生态补偿在我国自然保护区早已正常开展，然而自然保护区生态服务提供者和受益者、生态资源开发者与保护者等相关主体的范围界定及其权-责-利匹配关系确立等内容在自然保护区生态补偿实践运作过程中缺乏足够体现，这也是不同利益主体间矛盾冲突频繁、自然保护区生态资源利用、环境保护和社区建设发展等多方目标难以协调等问题的重要现实根源。基于旅游发展而实施旅游生态补偿活动，既是构建自然保护区市场化生态补偿机制的重要举措，在自然保护区生态补偿实践运作方面也有重要现实意义。具体表现如下。

1）有助于拓展自然保护区生态补偿资金来源渠道。将市场化机制引入自然保护区生态补偿制度体系的关键目标之一，在于开辟新的融资渠道，增加自然保护区生态保护和建设的经费来源。随着自然保护区旅游发展规模扩大和经营水平提升，依托旅游开发经营形成的资金等要素而实施的旅游生态补偿，则可成为实现这一关键目标的重要途径。具体来说，由当地政府利用一定的公共财政手段或政策工具，以自然保护区旅游项目开发者、旅游业经营者和旅游者等生态系统服务功能价值的受益主体为对象（在不当开发利用的情况下，这些主体同时具有生态破坏者的属性），基于有关主体的生态资源利用情况、生态环境影响程度、旅游项目发展效益或旅游消费活动特征等因素，按一定比例或金额对其征收旅游生态补偿费，将其纳入预算管理后用于自然保护区的资源保护、环境建设和社区发展等事业，由此拓宽自然保护区生态补偿资金渠道，弥补公共财政投入在这些方面的不足。作为消除自然保护区旅游开发、经营和消费行为外部不经济性的有效手段，该类收费不但凸显了旅游发展背景下的自然保护区生态资源价值与环境效益，还直接体现了有关主体利用自然保护区生态资源并造成环境破坏的社会成本，也是环境正义和社会公平原则在自然保护区旅游发展和生态保护实践中的体现。现实中，已有一些自然保护区、风景名胜区和世界遗产地等保护地（如四川九寨沟、浙江天目山、江苏云台山、湖北武当山、江西三清山、湖南武陵源等）在旅游开发过程中，通过向旅游企业、旅游者等主体征收资源有偿使用费、资源维护费、资源管理费等建立起旅游生态补偿相关制度并开展补偿实践活动，达到了拓宽自然保护地生态补偿主体范围和资金来源等良好效果，也在一定程度上彰显了旅游作为保护地生态补偿渠道的有效性。

2）有助于丰富自然保护区生态补偿方式和内容。从实施对象属性来看，生态补偿包括对自然环境的补偿和对人的补偿两大方面。在国内自然保护区现有生态补偿实践中，尽管这两个方面均有涉及，但无论是对自然环境的补偿还是对人的补偿，其补偿方式和内容均较单一。例如，对自然环境的补偿主要是通过较大规模生态保护项目（包括野生动植物保护工程、天然林保护工程及长江上中游等重点区域防护林工程等）的实施来进行，对于科普宣教、生态科研项目等能体现生态环境保护间接效应或社会导向功能的补偿手段却重视不够；对人的补偿（主要是实施退耕还林还草、生态公益林保护的社区居民）方面，主要采取实施方式简便、直接效果明显的输血式经济补偿手段，却忽视具有长期发展促进功能的造血式补偿方式的运用。基于旅游发展而实施市场化的旅游生态补偿，除了能够有效扩展自然保护区生态补偿主体的范围和补偿资金来源渠道，还能丰富自然保护区生态补偿方式和内容。例如，在自然环境补偿方面，除了相关管理部门可利用旅游生态补偿资金直接安排用于自然保护区资源环境保护的设施和项目建设，旅游企业基于生态补偿管理制度要求及生态旅游体验需求，也将在其开发或经营地域范围内投入必要的资金、人力和物力进行自然景观维护、生态修复和其他生态保护和建设活动等。同时，在自然保护区建设及生态旅游发展共有的文化、教育、科考等功能需求的推动下，自然保护区管理部门和旅游企业也将以旅游生态补偿资金或旅游经营收益等要素为依托，投入更多力量进行科普宣教设施建设、开展科普教育活动及生态保护科研项目等具有资源环境价值增值功能的间接生态补偿手段。这些补偿手段的实施，也有助于强化旅游开发和经营者、旅游者和社区居民等利益主体的生态保护意识和行为，推进自然保护区社会、文化等维度功能的发展完善。对人的补偿方面，除了对因旅游开发和经营而遭受生态经济利益损失的社区居民进行直接经济补偿，旅游企业还可配合地方政府以补偿资金为重要支持而实施的社区公共设施建设、村容村貌改造及其他社会福利发展项目，通过吸纳就业、捐资助学、带动居民开展旅游项目经营（或通过资源入股等形式参与企业旅游经营）、开展经营服务能力培训等方式，为传统生计发展方式受限制或剥夺的当地社区提供一条生态影响小、可持续性强的产业发展途径，从而解决以往只注意对社区居民不合理资源利用方式进行禁止而忽视为其寻找可持续的替代发展途径的政策引发的生态保护与社区发展之间的矛盾（吴耀宇，2011）。与自然保护区以往对社区居民［因退耕还林（草）、生态公益林保护而实施的］单一货币补偿手段相比，这些基于旅游发展的生态补偿方式更多体现为造血型特征，不仅在推动居民整体素质和社区发展机能提升方面具有输血式补偿难以替代的功能，也能通过多种补偿方式带来的利益分享，更好地缓解居民与当地政府、外来旅游开发和经营者等主体之间的利益矛盾。

除了拓宽自然保护区生态补偿的主体范围、补偿资金来源渠道、丰富自然保护区生态补偿方式和内容，旅游发展、以市场化运作为主要特征的旅游生态补偿机制引入及不同利益主体间的市场交易平台、协商对话机制等的建立，也有助于改变自然保护区当前以政府“单边”决策和行动为主，缺乏利益相关者参与的生态补偿实践模式，提高有关利益主体对补偿政策制定和实施过程的参与度，推动自然保护区生态补偿机制朝更加科学合理的方向发展。

总而言之，依托旅游发展形成的资金、技术、管理等要素而建立自然保护区旅游生态补偿机制，具备多方面的必要性和适应性。建立和实施科学化、规范化、制度化的旅游生态补偿机制，对于践行“谁开发谁保护，谁破坏谁恢复，谁受益谁补偿，谁污染谁付费”的生态补偿实践原则，优化和完善自然保护区现有生态补偿机制，缓解自然保护区建设和发展面临的资金短缺问题，缓和区域社会经济发展与生态环境保护之间的矛盾冲突，协调利益相关主体之间的环境及经济利益关系，实现自然保护区资源环境可持续发展等，均具有重要意义。可以认为，基于自然保护区旅游发展形成的资金等要素而建立的旅游生态补偿机制，既是自然保护区生态补偿运行机制从外援型向内生型转变的本质要求，也是自然保护区生态补偿运作模式由生态中心导向型向协同发展导向型转变的重要体现。当然，旅游生态补偿这种新型市场化补偿机制的引入，意味着针对自然保护区传统利益矛盾协调的行政管理手段也需要变革。这种变革需要充分考虑生态环境服务市场经济利益主体及其利益关系的多元化、复杂化，以及利益实现途径的多样化等（蒋姮，2008）。

第 3 章　自然保护区旅游生态补偿运作机理分析

旅游发展因素的注入，使旅游生态补偿在补偿关系域、补偿运作的影响机理与反馈机制等方面与一般生态补偿均形成差异。以旅游发展背景下的自然保护区这类自然-社会-经济复合生态系统为依托，基于旅游生态补偿对自然保护区可持续发展的适应性分析，深入探讨自然保护区旅游生态补偿所涉及的利益关系特征、补偿实施的内外部驱动机制及障碍因素等，有助于探寻其补偿运作的影响因子及作用机理，揭示自然保护区这一新型生态补偿途径的本质特征，并为自然保护区旅游生态补偿机制的构建与调适提供理论依据。

3.1　自然保护区旅游生态补偿的利益关系特征——以三亚珊瑚礁自然保护区为例

利益相关者（stakeholder）的概念源于企业。美国学者 Ansoff（1965）首先将这个概念引入经济学和管理学界，指出为制定出一个理想的企业目标，必须综合平衡考虑企业的诸多利益相关者之间相互冲突的索取权，他们可能包括管理人员、工人、股东、供应商及分销商。Freeman（1984）认为利益相关者是任何一个能够影响合作目的所达成的结果或受其影响的组织或个人。在资源管理领域，Reed 等（2009）将利益相关者分析定义为一个过程：首先界定影响决定、行为、社会和自然现象的有关方面；其次明确其影响或受其影响的个体或群体；最后定义决策过程中应优先考虑的个体及群体。

补偿是多个利益相关主体之间的一种权利、责任、利益重新平衡的过程，而明确有关利益主体在特定区域和事物发展情境下的角色及其互动关系，则是界定各利益主体的权利、责任和利益内容继而构建相应补偿机制的基本前提。随着生态环境问题的日益凸显，以生态保护为根本目的，以相应经济手段或制度安排来促进生态资源利用和环境保护相关活动的外部成本或外部效益的内部化为主要内容而建立起生态补偿机制，逐渐成为国家和区域生态文明制度建设的重要选择。

本质上，生态补偿机制的运行过程，就是调节生态资源利用与环境保护过程中不同主体间的生态和经济利益分配关系的过程（中国生态补偿机制与政策研究课题组，2007）。从与生态资源的关系角度看，生态补偿涉及的利益主体包括生态资源的保护者、破坏者和受益者等类别；从利益关系角度看，利益主体则可分为生态受益者（补偿费用的支付者）、受损者（补偿费用的获得者）及公共主体的利益分享者（籍婧等，2006）。现实中，生态利益及与其相关的经济利益在生态环境保护者和生态服务受益者、生态环境利用者和生态破坏受害者之间的不公平分配，往往导致生态服务受益者无偿占有环境利益、保护者得不到应有经济回报、破坏者不承担破坏环境的责任和成本，以及受害者得不到应有的经济赔偿等一系列问题（姜宏瑶，2010）。这一系列利益矛盾问题，需要通过生态补偿机制的科学建立和规范实施来协调解决。马国勇和陈红（2014）认为，不同利益相关者之间存在利益诉求相互矛盾的情况，因而需对各方的利益进行先后排序，为生态补偿机制提供决策依据。

旅游生态补偿机制作为以协调有关主体生态和经济利益关系为重要目的、以旅游背景下正外部性行为的激励和负外部性行为的惩罚为基本内容而建立的制度安排，其有关政策和措施的推行，将推进各主体之间利益关系的重新配置。以旅游背景下的自然保护区这类自然-社会-经济复合生态系统为研究对象，从旅游生态补偿的视域，深入探讨自然保护区旅游生态补偿实施所涉及的利益关系特征，包括补偿涉及的生态保护者和受益者、利用者和受害（影响）者等多主体、多层面生态和经济利益关系的表现形式、结构特征及变化趋势等，将有助于探寻其补偿运作过程的内在机理，揭示旅游生态补偿这一新型生态补偿途径的本质特征，并为自然保护区旅游生态补偿制度构建与政策实施提供理论依据。

本部分以正处于旅游生态补偿机制探索进程中的三亚珊瑚礁自然保护区为案例，根据该自然保护区的实地调研情况，旨在结合该自然保护区旅游生态补偿利益相关者的界定，通过对各利益主体的权-责-利关系及有关补偿措施对其利益结构内容的影响分析，解析在补偿实施过程中不同利益相关者之间的利益配置和影响制约关系，为该自然保护区旅游生态补偿机制构建提供科学参考，并为其他同类自然保护区旅游背景下多方主体利益关系协调路径的探寻提供有益参照。

为了解三亚珊瑚礁自然保护区旅游生态补偿实践状况及相关主体对补偿有关问题的看法，并在此基础上把握不同主体基于旅游生态补偿的利益诉求特征及其对补偿实施所产生利益关系变化的认知，2015 年 12 月—2016 年 3 月，笔者先后两次分别对亚龙湾、大东海、三亚湾、西岛、鹿回头等自然保护区有关地域进行考察调研。第一次调研的主要对象为三亚珊瑚礁自然保护区管理处、三亚市海洋与渔业局、三亚市旅游发展委员会（简称“三亚市旅游委”）等自然保护区管理单位及相关管理部门；第二次调研对象包括大东海 B 潜水公司等 5 家旅游企业、自然保护区内的主要社区——西岛的当地居民，以及到访亚龙湾、大东海、西岛等旅游区的游客等。

在两次调研过程中，笔者通过深入访谈法并结合座谈研讨、问卷调查等方式，对上述各利益相关者进行调查并获取有关信息。其中，深入访谈和座谈研讨为基本调查方法，主要以半结构化方式，通过预先设置好的标准问题（如“您认为谁应作为三亚珊瑚礁自然保护区旅游生态补偿的责任主体/受偿对象？”“您认为旅游生态补偿的合理实施对您的单位/您自身会带来哪些利益变化？”）和开放性问题（如“您对三亚珊瑚礁自然保护区旅游生态补偿政策制定有哪些看法/建议？”），分别了解个体和群体利益相关者对有关问题的看法，进而结合受访者的反馈情况进行追踪提问。问卷调查法（主要针对游客和当地居民）则为有关信息获取的辅助手段，主要考察受访者对自然保护区旅游生态补偿所涉及利益问题的态度或补（受）偿意愿的程度。以实地调研为基础，再运用归纳综合、逻辑推理等定性研究法，对调研所获资料进行解读，分析阐释有关主体对于三亚珊瑚礁自然保护区旅游生态补偿所涉及权-责-利关系问题的认知及其利益诉求特征，进而揭示该自然保护区旅游生态补偿利益关系的结构特征。

3.1.1 三亚珊瑚礁自然保护区旅游生态补偿利益相关者分析

1. 三亚珊瑚礁自然保护区旅游利益相关者及其利益诉求

针对旅游背景下的利益关系问题，国内外学者通常采用利益相关者理论进行研究。Ryan（2002）提出以经营者为中心的旅游利益相关者包括地方和国家吸引物、国家旅游组织、地方政府旅游营销部门等共 12 类。Okazaki（2008）针对社区利益保护，提出了旅游社区中的主要利益相关者包括私人部门、当地社会利益团体、政府和非政府组织等主体。除旅游利益相关者界定外，有关研究内容还涉及旅游规划开发中利益相关者的地位及影响（Murphy，1985；Burns and Howard，2003；保继刚，2003；Hudson and Miller，2005；吴志才等，2016）、旅游利益相关者的矛盾与协调（Jamal and Getz，1995；Douglas and Lubbe，2006；王兆峰和腾飞，2012；时少华和孙业红，2017）、利益相关者与社区旅游发展（Bramwell and Sharman，1999；Andriotis，2005；孙九霞和吴丽蓉，2013）等多方面。总体来看，旅游利益相关者的构成、属性特征和相互关系是许多研究者较关注的内容。

旅游发展相关要素的注入，将引致自然保护区原有利益主体结构和利益构成内容等方面的变化，形成新的利益关系格局。作为不同的目标载体，各利益相关者在自然保护区旅游开发利用，以及生态保护过程中均有相应的关注内容及利益诉求点。旅游背景下自然保护区生态资源与环境所体现出的价值多重性，也决定了各相关主体间生态和经济等方面利益关系的多元性和复杂性。针对旅游背景下自然保护区利益相关者属性及其关系问题，国内外学者均有相关研究探讨。Martha（1994）对加拉帕戈斯群岛等地的调查显示，生态旅游收入在不同利益主体间的分配存在显著不平衡，私营大企业是主要收入的控制和支配者。Bansal 和 Jaswinder（2011）以喜马拉雅国家公园为案例的调查表明，与其他主要利益相关者相比，当地居民对生态旅游的认知较为浅薄。谭红杨和朱永杰（2007）研究了自然保护区生态旅游利益相关者的层次结构及其利益关系，指出自然保护区生态旅游相关者利益既包括经济利益，也包括公共利益。方怀龙等（2012）以林业自然保护区为研究对象，探讨其生态旅游利益相关者的角色定位、利益矛盾起因及解决对策等问题。李星群（2011）以广西大明山国家级自然保护区为例，对生态旅游利益相关者的利益诉求及相互间的认识偏差问题进行了较深入的调查分析。

对于旅游背景下的三亚珊瑚礁自然保护区而言，其利益关系格局具有与旅游发展前的不同特征：一方面，围绕珊瑚礁生态资源利用与环境保护的利益主体结构进一步呈现出多元化、复杂化的特点，在地方政府、保护区管理处、当地渔民及其他生产者等利益主体的基础上，又增加了潜水公司、游船公司等在珊瑚礁自然保护区内部及周边进行旅游开发和经营的企业，以及参加相关活动的旅游者等利益主体；另一方面，自然保护区原有利益相关者的生态权利和义务将衍生出与旅游开发利用效益及其影响相关联的新内容。例如，对于作为地方公共资源管理者的三亚市政府来说，如何在保障珊瑚礁生态系统安全的前提下发挥其经济和社会价值，成为其新的核心利益体现；对于珊瑚礁生态系统保护管理单位——自然保护区管理处而言，规范旅游开发经营者对珊瑚礁生态资源的利用及相关保护行为，并能从自然保护区旅游发展收益中寻求珊瑚礁生态保护资金的补充渠道，构成其在旅游发展背景下新的利益诉求内容。此外，上述不同主体的利益诉求内容还将受珊瑚礁旅游发展过程的不同阶段、珊瑚礁生态系统服务功能效益变化等因素影响，使其利益诉求及生态经济利益关系配置体现出动态变化性。

在自然保护区旅游发展背景下，不同利益相关者自身往往体现出利益追求和行为约束的双重性。珊瑚礁生态系统功能效益的多样性、资源分配的有限性，以及旅游发展所带来相关利益的驱动，形成不同利益主体在自身发展目标定位、价值取向等方面的差异性，也决定了各自在三亚珊瑚礁自然保护区旅游发展格局中的利益立足点和诉求内容的差异性。综合上述国内外相关研究成果并结合三亚珊珊礁自然保护区旅游发展相关实践，可对旅游背景下该自然保护区主要利益关系主体的地位及其基本利益诉求特征总结如下（表 3-1）。

表 3-1 旅游背景下三亚珊瑚礁自然保护区主要利益相关者及其基本利益诉求特征

利益关系主体	在自然保护区旅游发展中的地位	旅游发展背景下的利益诉求特征
国家	自然保护区公共资源的所有者	追求社会发展的长远利益，要求生态资源的完整保护和可持续利用
三亚市政府	自然保护区公共资源的所有者代表，享有资源的所有权、处置权、收益权	作为自然保护区公共资源的实际控制者，利用资源换取地方经济发展机会的积极性很高；同时注重通过相关政策制度实现各主体利益关系的协调
三亚珊瑚礁自然保护区管理处	珊瑚礁生态资源保护管理实施者，担负着资源保护、生态建设、公共服务等多项任务	与当地政府及相关部门存在权力博弈，其利益主要通过环境和社会效益提高来实现；现实中生态保护和公共服务压力较大、保护资金存在不足，需从旅游收益中寻求补偿渠道
三亚市旅游委	旅游行业和市场管理者	未承担自然保护区资源管理和生态保护职能；通过区域旅游市场的监督管理而维持稳定的旅游业发展环境，是其基本利益诉求
旅游开发和经营者	珊瑚礁旅游资源开发者和经营者，通过资金、技术、管理等投入，取得资源开发经营权及相应收益权，生态利益分配与责任承担对等	追求经济利益的本性使其一般较注重生态资源的商业价值体现，对珊瑚礁生态系统保护的投入和相关主体（如社区）的支持，往往是为了换取更好的开发和经营环境
社区居民	地方生态资源的传统使用者和守护者，与珊瑚礁生态系统有长期共生关系；建立自然保护区并发展旅游后，传统生产生活方式受到影响并发生转变	关心旅游发展能否提高自身的生计水平，参与自然保护区旅游开发经营及生态保护的态度多取决于其参与活动近期能为家庭带来的经济利益
旅游者	珊瑚礁生态旅游资源与环境价值的享用者和付费者	对珊瑚礁生态资源的真实性、完整性有不同程度的期望；为满足期望，一般愿意通过付费获得其资源环境价值的享用机会

2. 三亚珊瑚礁自然保护区旅游生态补偿利益相关者界定

在利益相关者界定方面，Freeman（1984）按照所有权、经济依赖性和社会利益 3 个角度对企业利益相关者进行了分类，即所有持有公司股票者是对企业拥有所有权的利益相关者，对企业有经济依赖性的利益相关者（包括经理人员、债权人、雇员、消费者、供应商、竞争者、地方社区等），而政府领导人、媒体等则与公司在社会利益上有关系。Mitchel 和 Wood（1997）提出了一种用以界定利益相关者的“三要素评分法”，该方法基于 3 个属性对可能的利益相关者进行评分，这 3 个属性是：合法性（legitimacy），即某一群体是否被赋予或者特定的对于企业的索取权；权力性（power），即某一群体是否拥有影响企业决策的地位、能力和相应的手段；紧迫性（urgency），即某一群体的要求能否立即引起企业管理层的关注。此外，Clarkson 和 Max（1995）从运作层面上将企业利益相关者按照他们与企业关系的紧密性而分为首要的和次要的两个层次：前者是对企业的持续生存产生直接影响的群体，包括股东、投资者、雇员、顾客、供应商等；后者为间接对企业运行构成影响但对企业生存不起根本性作用的群体，包括环境主义者、媒体、学者和其他特定利益集团等。

作为调整旅游背景下自然保护区生态资源利用及环境保护所涉及的相关主体之间生态和经济利益关系的制度安排，自然保护区旅游生态补偿涉及的利益相关者较为多样。就三亚珊瑚礁自然保护区而言，既包括与该自然保护区生态资源利益分配和环境保护具有直接权利和义务关系的相关主体，如自然保护区所在的三亚市政府、三亚珊瑚礁自然保护区管理处、旅游开发和经营者、三亚市旅游委、社区居民及旅游者等，也包括位于该利益关系范围之外，但对三亚珊瑚礁生态资源利用和环境保护政策制定及活动实施有影响作用的单位和个人，如环保组织或个人、新闻媒体、珊瑚礁保护科研工作者、社会公众等。依据 Mitchel（1997）的“三要素评分法”，结合旅游发展过程中不同利益主体围绕生态资源利用与环境保护所呈现的权、责、利状态特征的一般判定，可对三亚珊瑚礁自然保护区旅游生态补偿利益相关者的基本属性特征进行初步界定，见表 3-2。其中，合法性（legitimacy）即某一群体是否被赋予或者特定的对于企业的索取权；权力性（power）即某一群体是否拥有影响企业决策的地位、能力和相应的手段；紧迫性（urgency）即某一群体的要求能否立即引起企业管理层的关注。

表 3-2　三亚珊瑚礁自然保护区旅游生态补偿利益相关者的基本属性特征

利益相关者分类	利益关注点	合法性	权力性	紧迫性
珊瑚礁生态系统	生态服务价值功能维护	高	—	高
三亚珊瑚礁自然保护区管理处	三亚珊瑚礁自然保护区资源环境的生态和社会效益实现及其保护投入	高	高	高
旅游开发和经营者	开发经营收益与成本、企业形象、持续发展机会	高	高	高
社区居民	资源权益、经济收入、就业机会和发展能力	高	低	中→递增
三亚市政府	珊瑚礁生态系统价值的综合利用、利益主体关系的协调	高	高	高
旅游者	珊瑚礁观赏体验需求的满足、自我价值实现	高	中	高
三亚市旅游委	旅游市场的规范、旅游发展环境的可持续性	高	高	高

续表

利益相关者分类	利益关注点	合法性	权力性	紧迫性
环保组织或个人	珊瑚礁生态保护的贡献度与投入成本、组织（个人）形象的树立	低	中→递增	中
新闻媒体	有关新闻报道的价值、环境与社会正义的宣扬	低	中→递增	中
珊瑚礁保护科研工作者	对珊瑚礁利用与保护决策的影响力、研究成果的应用推广	低	中	中→递增
社会公众	资源环境保护工作的参与程度及社会监督效果	低	低	低

注：① 分析框架参考了张一群（2015）《云南保护地旅游生态补偿研究》的有关内容；
② 递增表示根据相关群体现阶段的行为特征推测未来一段时间内其某一属性特征将逐渐增强。

从表 3-2 中可看出，三亚珊瑚礁自然保护区旅游生态补偿涉及的不同利益相关者在自然保护区旅游发展及生态保护格局中具有不同的利益关注点，在其合法性、权力性、紧迫性等方面也分别呈现出不同的属性特征。以该自然保护区内部及周边社区居民为例，其利益关注点主要体现为在外来力量主导的旅游发展背景下，其拥有的（土地、海域等）资源权益如何维护与实现，以及如何获取持续稳定的经济收入、就业机会和发展能力等。从利益相关者属性来看，该群体的合法性为高，权力性为低，紧迫性为中（呈递增性发展）。与此对应的现实状态是，作为三亚珊瑚礁自然保护区生态资源的传统所有者（特指有关生态资源归社区居民集体所有的情况）、利用者及守护者，社区居民对自然保护区生态资源开发的收益权拥有高度合法性；然而该群体在自然保护区旅游开发经营决策中经常处于弱势地位，甚至在其个人或集体拥有的资源产权处置方面也多处于被动状态，同时其在旅游背景下的维权和发展的要求一般难以立即引起三亚市政府、三亚珊瑚礁自然保护区管理处等决策管理层的关注，往往需要通过较长时间的博弈甚至矛盾冲突才能得以体现，因此该群体的权力性为低；此外，社区居民传统的捕捞、养殖、采挖珊瑚礁等资源依赖型生产行为能否转变，其参与珊瑚礁生态保护的意识与水平能否提升等，也与自然保护区旅游生态补偿的实施效果息息相关。

结合 Mitchel（1997）提出的合法性、权力性和紧迫性这 3 个界定利益相关者的不同属性，可对三亚珊瑚礁自然保护区旅游生态补偿的利益相关者的层次结构进行评析，将补偿涉及的主要利益相关者划分为核心层、紧密层和外围层 3 个基本层次（图 3-1）。其中，核心层利益相关者同时具有合法性、权力性和紧迫性三大属性特征，包括珊瑚礁生态系统、三亚珊瑚礁自然保护区管理处、旅游开发和经营者、社区居民、三亚市政府、三亚市旅游委及旅游者等；紧密层利益相关者具有合法性、权力性和紧迫性 3 个属性中的两个，包括环保组织或个人、新闻媒体、珊瑚礁保护科研工作者等；外围层利益相关者具有合法性、权力性和紧迫性 3 个属性中的一个，主要为有关活动范围在三亚珊瑚礁自然保护区之外的社会公众。

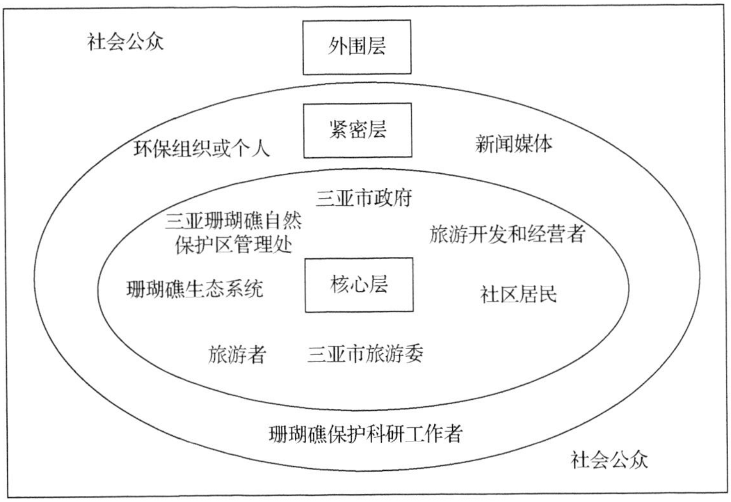

图 3-1　三亚珊瑚礁自然保护区旅游生态补偿主要利益相关者层次结构

3.1.2　三亚珊瑚礁自然保护区旅游生态补偿利益相关者的关系结构特征

1. 三亚珊瑚礁自然保护区旅游生态补偿利益相关者的权-责-利分析

旅游生态补偿合理实施的过程，既是借助旅游发展形成的资金及相关要素、通过经济或非经济手段促进旅游开发、生态保护和社区发展等方面协调的过程，也是对旅游背景下利益相关者之间权-责-利关系合理匹配与重构的过程。在旅游发展背景下，三亚珊瑚礁自然保护区各利益相关主体有着不同的利益取向和需求，其各自享有的权利和应承担的责任也存在较大差异。现实中，有关旅游生态补偿制度和政策的合理建立与实施，将促进该自然保护区不同主体利益结构与内容的变化，尤其是与珊瑚礁生态资源的旅游开发利用和珊瑚礁生态保护有直接权利和义务关系的核心利益相关者（表 3-3）。对这些利益相关者的权责关系及其在补偿实施后的利益变化情况进行分析，是探寻三亚珊瑚礁自然保护区旅游生态补偿利益关系结构特征的重要内容。

表 3-3　三亚珊瑚礁自然保护区旅游生态补偿机制中核心利益相关者的权-责-利内容

利益相关者	基本权利	主要责任	合理补偿后的利益变化
珊瑚礁生态系统	生态系统结构和功能的完整性、生态过程的可持续性	提供生态服务产品	生态服务价值功能的持续维护和提升
三亚珊瑚礁自然保护区管理处	珊瑚礁生态资源管理权、部分收益权	珊瑚礁生态系统保护及其修复	保护资金等要素来源拓展，保护责任落实，与相关部门、企业关系协调
旅游开发和经营者	区域旅游资源的合理使用权和收益权	资源使用付费、环境损害赔（补）偿，带动当地社区发展	经济收益减少，旅游发展方式调整，企业形象转变
社区居民	生产生活资料的获取权、集体和个人资源的处置和收益权、参与旅游发展的权利	参与珊瑚礁生态资源与环境保护	就业渠道拓宽，经济收入稳定，发展能力提升
三亚市政府	公共资源处置权和收益权、社会治理权	促进当地经济、社会与环境协调发展	生态保护资金收支趋衡，区域生态保护与经济社会发展协调
旅游者	享用旅游资源与环境服务价值的权利	资源使用付费、实施生态贡献	旅游体验价值提升，主客关系改善
三亚市旅游委	旅游行业指导和市场监督管理权	规范旅游开发经营主体行为，促进旅游生态环境优化	旅游行业管理压力减轻，与相关部门关系协调

表 3-3 揭示了三亚珊瑚礁自然保护区旅游生态补偿涉及的核心利益相关者在自然保护区旅游发展背景下拥有的基本权利和应承担的主要责任，以及合理的旅游生态补偿实施对其既有利益结构和内容的影响。以该自然保护区旅游开发和经营者为例，其拥有的基本权利主要体现为，在自然保护区范围内允许开展旅游等生产经营活动项目的地域，可对通过合法途径获取所有权或使用权的珊瑚礁旅游资源进行适度开发利用并取得相应经营收益。同时，还应自觉承担其对珊瑚礁生态系统保护，以及对当地社区应承担的相关职责。对于开发者，其责任主要体现为“谁开发谁保护，谁破坏谁恢复，谁受益谁补偿，谁污染谁付费”等方面；经营者的责任（尤其是传统的海域资源利用权利、生产活动等因旅游开发经营而受到剥夺或限制的当地渔民），主要包括以提供就业机会、带动相关产业发展、支持公共设施建设等方式，促进当地社区经济发展和社会福利提升。在自然保护区实施合理而严格的旅游生态补偿政策之后，旅游开发和经营者将通过缴纳旅游生态补偿金或提供人力、物力支持等方式，支持自然保护区珊瑚礁生态系统保护和社区发展等工作，其结果可能会导致其旅游经济收益减少；但基于上述责任目标的

补偿活动实施，也会促使这些旅游开发和经营者逐步采取环境友好型和社区和谐型开发与经营模式，从而推动其发展方式、企业形象等朝更好的方向调整和转变。

2. 三亚珊瑚礁自然保护区旅游生态补偿所涉及利益相关者的关系结构模型

旅游生态补偿过程实质上是补偿参与主体之间的合作和博弈过程，也是不同主体的相关利益形成、发展和相互影响的过程。将珊瑚礁生态系统、三亚市政府、三亚珊瑚礁自然保护区管理处、旅游开发和经营者、社区居民、旅游者和三亚市旅游委等核心利益相关者置于三亚珊瑚礁自然保护区旅游生态补偿的系统框架中，以补偿政策及有关措施推行对各主体的利益变化影响为切入点，分析补偿实施过程中不同利益相关者之间的利益配置和影响制约关系，构建各利益相关者在该自然保护区旅游生态补偿系统共生界面的利益关系结构模型（图 3-2），以此探寻各主体基于旅游生态补偿的利益实现途径和利益平衡点，为解决该自然保护区旅游背景下各主体围绕珊瑚礁资源利用及生态保护的权利和义务关系确立、利益获取和分配的协调等问题提供参考。

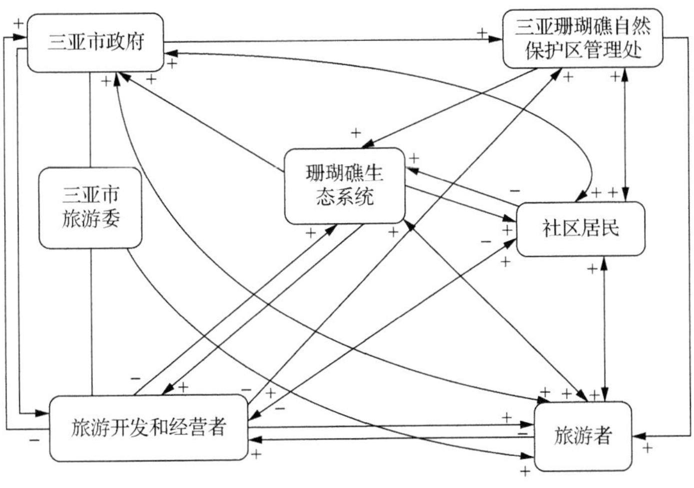

"+"表示旅游生态补偿及相关措施实行给利益相关者带来的利益增加状况；"−"表示旅游生态补偿及相关措施实行给利益相关者带来的利益损失状况。

图 3-2　三亚珊瑚礁自然保护区旅游生态补偿核心利益相关者的关系结构模型

图 3-2 展示了以珊瑚礁生态系统服务价值功能维护和提升为核心目标而实施的三亚珊瑚礁自然保护区旅游生态补偿系统内部各核心利益相关者之间呈现的较复杂的利益关系结构，具体可按以下几条线索进行描述。

1）在旅游者捐款资助或旅游消费项目中增加补偿费用的基础上，旅游开发和经营者向三亚市政府（或三亚珊瑚礁自然保护区管理处）缴纳旅游生态补偿相关费用（或支持海洋/珊瑚礁生态补偿基金建设）；以此为重要支撑，三亚市政府（或通过三亚珊瑚礁自然保护区管理处）增加对该自然保护区生态保护和建设的投入，并加大对于因旅游开发经营导致利益受损的当地社区的直接（经济补偿）或间接（公共设施建设、社会福利支持、捐资助学等）补偿力度；同时，组织社区居民开展以珊瑚礁生态保护为目的的社区共管活动。这一补偿实施过程可引致上述不同主体分别出现相应的利益增加和受损状况。例如，旅游开发和经营者、旅游者主要以经济利益受损为表征；三亚市政府、三亚珊瑚礁自然保护区管理处以生态和社会效益增加为表现；对于社区居民，则主要体现为经济利益和社会福利的提升。

2）旅游开发和经营者按三亚珊瑚礁自然保护区发展规划及旅游管理要求，自觉加大对开发经营区域的生态保护和建设投入，同时通过持续提供就业机会、带动产业经营、提升服务技能、支持公共事业等途径实施社区发展帮扶；另外，结合三亚市政府、三亚市旅游委或三亚珊瑚礁自然保护区管理处针对旅游者实施的公共服务和生态教育，引导旅游者开展生态贡献和社区服务活动。尽管旅游开发和经营者经济利益受损是这一补偿过程的重要表征，但从实施效果来看，该补偿活动既可促进珊瑚礁生态系统服务功能维护和社区发展能力提升，营造良好的旅游发展环境，还可增强旅游者生态体验价值。从矛盾关系处理来看，该补偿活动既有利于解决传统粗放型旅游开发和经营模式导致的该自然保护区人地关系不协调的矛盾，也利于缓解旅游开发和经营者与社区居民之间、旅游者与社区居民之间的利益矛盾。因此，该补偿实施过程的实质为上述不同主体利益关系趋向协调共赢的过程。

3）就该自然保护区旅游生态补偿的基本对象——珊瑚礁生态系统而言，上述有关主体依托旅游发展产生的效益而投入资金、人力或物力实施的资源保护、生态修复和环境治理等补偿方式，有助于促进珊瑚礁生态系统服务价值功能的维护和提升；以此为基础，珊瑚礁生态系统能持续地为旅游开发和经营者、旅游者、社区居民及自然保护区内外其他相关主体创造更多直接或间接的生态效益。对于社区居民来说，有关主体实施的各种直接或间接补偿方式，可帮助解决外来力量主导的旅游发展背景下其传统海域资源利用权利和方式受限制导致的利益损失问题，保障居民基本生计来源，促进社区传统生产生活方式的转变及自我发展能力的提升，由此降低社区居民对珊瑚礁生态资源的低价值消耗和不合理依赖程度，增强其保护珊瑚礁生态系统和珊瑚礁旅游发展环境的内生动力。这一正面影响可分别反馈至旅游开发和经营者、旅游者、三亚市政府和三亚珊瑚礁自然保护区管理处等多种利益主体，为其带来相应的利益增量。

3.2　自然保护区旅游生态补偿的动力机制

根据系统学原理，动力机制是指“致使特定系统向前发展的动力来源、结构与作用原理”。从这层意义上说，自然保护区旅游生态补偿动力机制是指“形成自然保护区旅游生态补偿这一制度安排的动力来源、结构与作用原理”。在分析阐释旅游生态补偿对自然保护区的适应性及其涉及利益关系特征的基础上，探究自然保护区旅游生态补偿的动力机制，有助于进一步深入解析自然保护区旅游生态补偿运作过程的内在机理，并为其补偿路径的合理探寻提供理论依据。

事物的形成与发展是内因与外因共同作用的结果。从这层意义上说，应从自然保护区旅游生态补偿机制建立与发展所依存的自然保护区旅游地域系统内、外部视角，对促进补偿形成的驱动力（因素）及其作用机理分别进行分析阐释。

以下内容以自然保护区旅游生态补偿动力机制概念模型构建为基础，着重对补偿的外部和内部驱动机制进行解析。

3.2.1　自然保护区旅游生态补偿动力机制模型

作为以旅游业发展与自然保护区生态系统服务功能维护、社区建设发展等方面协调为根本目的，以调整自然保护区旅游活动所涉及相关主体间生态和经济利益关系为基本途径的一种制度安排，自然保护区旅游生态补偿机制的建立是旅游发展背景下维护自然保护区这一生态文明建设重要空间载体功能的现实要求，也是自然保护区作为自然-社会-经济复合生态系统在旅游发展相关要素注入影响下系统自身功能演进过程的重要体现。具体来说，自然保护区旅游生态补偿机制建立是外部驱动因素与内部驱动因素共同作用的结果。其中，外部驱动因素源自人类生态文明发展，以及相关领域生态文明制度建设持续推进这一宏观背景，具体可从生态补偿研究与实践发展的推进、旅游生态环境保护路径探索的需求和自然保护区生态补偿机制优化的选择 3 个方面进行解析。这 3 个方面主要从自然保护区旅游地域系统外部对自然保护区旅游生态补偿机制建立产生影响，其驱动力主要表征为推动力。内部驱动因素则源于自然保护区旅游地域系统内部矛盾运动协调解决的需求，主要体现为自然保护区旅游背景下两个方面外部性问题解决的要求，即自然保护区旅游开发利用活动外部成本内部化的要求，以及自然保护区旅游生态保护和建设行为外部效益内部化的要求。这两个方面的因素主要从自然保护区旅游地域系统内部对自然保护区旅游生态补偿机制的建立发挥作用，因而可视为该补偿机制形成的内生动力，其驱动力主要表征为拉动力。

从内容范畴和表现形式看，上述各驱动因素均以单独的子系统形式存在，其对自然保护区旅游生态补偿机制的建立均有相对独立的作用机理和影响效应等。但在本质上，每种驱动因素均以人-自然-社会相互依存、相互促进、和谐共融的生态文明建设的基本宗旨为根本导向，同时也是现代生态文明制度建设要求在相关领域或层面的具体表征，因此各自的内涵实质具有同源性，并在自然保护区旅游生态补偿动力系统中相互协同，共同促进该补偿机制的形成与发展。

除以上外部和内部驱动因素的作用机制外，在自然保护区旅游生态补偿机制的建立和发展过程中，还存在一种反馈机制，即自然保护区旅游生态补偿政策制度的科学构建与合理实施，将促进旅游发展外部性问题在自然保护区旅游地域系统内部的有效解决；同时，在自然保护区旅游地域系统外部，将分别对生态补偿研究与实践发展、旅游生态环境保护路径探索和自然保护区生态补偿机制优化等方面产生正向影响，从而有效推进上述领域的生态文明制度建设。

自然保护区旅游生态补偿动力机制的概念模型见图 3-3。

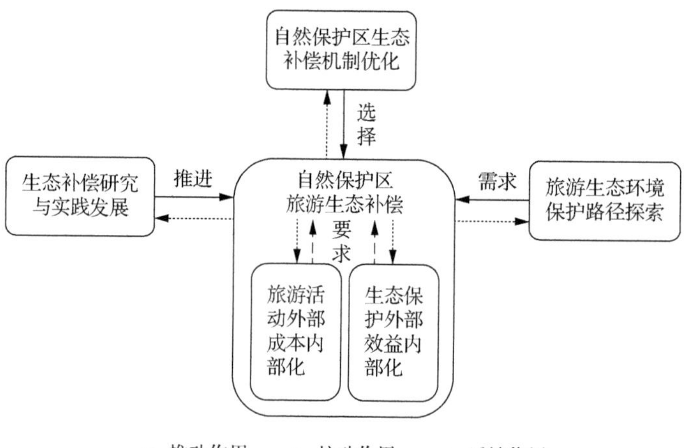

图 3-3 自然保护区旅游生态补偿动力机制的概念模型

3.2.2 自然保护区旅游生态补偿外部驱动机制

1. 生态补偿研究与实践发展的推动

随着经济和社会发展，资源合理利用与生态环境保护问题越来越为人们所关注，许多着眼于加强生态保护和建设的方法和措施也纷纷得以实施。然而，由于资源利用与环境保护涉及的利益关系往往具有多元性、复杂性和长期性的特征，相关方法和措施在实践中往往出现结构性缺陷、长效性不足等问题，如着眼于相关主体生态经济利益协调的经济政策短缺，生态保护和建设行为的激励手段不足，资源（土地等）开发增值效应引致的利益主体间远期矛盾的预警与协调机制缺失等。这些情况导致了基于资源利用和环境保护的生态及经济利益在保护者与受益者、破坏者与受害者之间不公平分配的现象。生态保护与经济利益关系的扭曲，不仅使相关主体的资源保护与生态建设行为面临困难，也影响了地区之间，以及其他生态保护与建设利益相关者之间的和谐（中国生态补偿机制与政策研究课题组，2007）。为解决上述矛盾，需按照资源开发与环境保护过程中不同主体的生态及其经济利益分配关系协调要求，建立相应的生态补偿机制，以促进不同区域、群体之间围绕资源利用和环境保护的利益分配与责任担当的平等与公正，实现相关区域资源环境保护和可持续利用及其与经济、社会的协同发展。

20 世纪 50 年代以来，一些西方国家开始尝试通过生态补偿政策制度的建立与实施来解决经济社会发展相关领域的资源利用与环境保护问题。自 20 世纪 80 年代开始，生态补偿机制与政策研究开始得到国内学者关注，有关实践也在不同地区得以展开并逐步涵盖森林、湿地、草地、流域、矿产、自然保护区、海洋、农田、公路建设等越来越广泛的领域。

近年来，随着我国生态文明建设战略的实施及生态文明制度建设重要性的逐步凸显，将生态补偿作为生态文明制度建设的重要手段，也逐渐被国家和地方决策层所重视。自《国务院关于落实科学发展观加强环境保护的决定》（国发〔2005〕39 号）明确提出“尽快建立生态补偿机制，完善生态补偿政策”的要求以来，在党的十七大报告、十八大报告、十八届三中全会决议、十九大报告，以及《国民经济和社会发展第十二个五年规划纲要》《国民经济和社会发展第十三个五年规划纲要》等一系列国家层面的纲领性文件中，有关生态补偿对于生态文明建设的战略意义，以及建立和完善生态补偿制度的战略要求等内容被多次提及。这不仅凸显了国家决策高层对生态补偿作为生态文明制度建设重要手段的关注度提升，为国内众多区域及经济社会发展相关领域生态环境问题的解决提供了清晰的政策导向，也为生态补偿这一环境经济制度在有关地区及领域的建立和推行营造了有利的社会环境、奠定了坚实的思想基础。

不同领域的生态环境问题及其生态和经济利益关系特征等的不同，决定了其生态补偿机制设计目标和政策制定要求的差异性。这就需要人们在对相关领域生态补偿的问题类型和性质进行科学界定的基础上，合理确定补偿范围、主体、对象、内容并选择适宜的补偿方式等。因此，尽管国内针对生态补偿机制和政策的理论研究与实践探索已持续较长一段时间，生态补偿作为调整相关主体的生态及经济利益分配关系的制度安排的基本内涵和重要意义也逐渐被更多人所认知，但随着社会经济和环境保护形势发展，以及生态补偿实践在更多新型领域的开展，“怎样建立生态补偿机制”这一基本问题不断被赋予新的内容，而已有研究成果越来越难以满足相关领域生态补偿决策和实践的需要（中国生态补偿机制与政策研究课题组，2007）。因此，结合一些新型领域生态环境问题而探索其生态补偿机制构建与政策实施的合理途径，也成为人们进一步开展生态补偿研究与实践的动力来源。

自然保护区旅游生态补偿属于生态补偿的一个新型领域。随着自然保护区作为生态文明建设空间载体和生态旅游发展依托区域的重要性日渐凸显，自然保护区旅游开发和经营涉及的资源利用、生态保护、社区发展等方面问题的社会关注度不断提升，其背后掩藏的自然保护区旅游地域系统内部生态经济利益分配与责任承担的不对等、生态补偿机制建设不足等问题及其对自然保护区资源环境保护与可持续利用形成的负面影响，也逐渐为人们所关注和认知。在此背景下，结合旅游开发利用的外部性问题而构建相关主体生态和经济利益关系协调的自然保护区旅游生态补偿机制，成为自然保护区旅游业发展与生态保护、社区建设等协调发展的现实选择，也是生态补偿研究与实践领域进一步拓展和深入的现实需要。

2. 旅游生态环境保护路径探索需求

旅游生态环境一般指旅游开发、经营、管理和旅游消费等活动所依托的物质环境，也是为旅游业发展提供生态服务功能支撑，与旅游活动存在“保护-促进”“破坏-抑制”等相互影响效应的环境系统。从系统结构来看，旅游生态环境是由大气、水体、土壤、地质地貌、植物、动物、微生物、景观等多种相互关联和影响的因子构成，具有动态性、系统性、综合性等特征的环境综合体。旅游活动对生态环境的影响主要通过这些因子的变化体现出来（石强和高文举，2007）。

在以往较长一段时期，旅游业一直被认为是对生态资源与环境影响破坏最小的“无烟工业”，但随着有关实践与研究不断深入，人们发现作为旅游业发展重要载体的生态资源与环境具有明显的稀缺性和脆弱性。随着旅游业在许多地区发展速度的加快和发展规模的扩大，以及人们旅游需求的拓展，这种稀缺性和脆弱性日渐显著并表现为诸多负面环境效应，具体包括：不合理的旅游开发和经营活动容易导致资源、能源过度消耗并对旅游地生态系统服务形成巨大压力；大量游客的到来及其产生的垃圾、污水、噪声等易于造成旅游生态环境污染并带来生态环境质量下降；不文明的旅游开发、经营和消费行为会引致旅游地地貌形态、物种结构、水体质量等的破坏并带来视觉污染，引起旅游生态环境功能退化；等等。此外，上述不合理的旅游活动还会对旅游地社区居民的资源权益、生产空间和生活环境等方面造成损害。迈克尼利等（1992）曾指出：旅游活动的过度拥挤、不合理的设施建设、各种污染、人类对动植物的不恰当行为，都会产生潜在环境影响，降低生态环境的舒适性价值并导致自然资产减损。从现实情况看，旅游业对其所依存生态环境的消极影响已呈现不断恶化的趋势（曹文等，2014），而旅游生态环境问题也日益成为旅游业发展品质和效益进一步提升的内生性障碍。

加强旅游生态环境保护，抑制旅游活动的负面环境影响，是旅游业可持续发展的必然要求。从已有研究来看，国内外学者主要从旅游环境承载力管理、旅游环境规划、旅游者管理方式、社区参与模式等角度提出旅游生态环境保护的方法和途径。实践中，一些西方国家率先推出的游客体验与资源保护（visitor experience and resource protection，VERP）技术方法、游憩机会序列（recreation opportunity spectrum，ROS）方法、游客活动管理规划（visitor activity management plan，VAMP）技术方法、游客影响管理（visitor impact management，VIM）方法、旅游最优化管理模型（tourism optimization management model，TOMM）等旅游环境管理技术方法，也对旅游生态环境保护产生了一定成效。总体上看，现有解决旅游生态环境的途径主要体现于技术层面。然而，从旅游活动外部性问题解决的角度来说，旅游生态环境问题解决不仅需要技术手段支持，还需要着眼于旅游地域系统内部利益关系协调、促进旅游开发外部成本和旅游生态保护行为外部效益内部化的政策制度建构；但就现有研究与实践状况而言，从旅游经济政策制度层面来探寻旅游生态环境保护路径的做法，尚不多见。

与一般旅游地相比，自然保护区有着更丰富的生物多样性和生态景观资源，以及更加敏感脆弱的生态环境，同时其生态系统服务功能具有显著的公共物品属性。随着生态旅游成为自然保护区生态服务功能和社会经济价值发挥的重要途径，越来越多的自然保护区逐渐成为旅游活动开展的“热土”甚至成为一些区域旅游业发展的重要依托。长期以来人们对生态环境服务价值认知不足，以及旅游业作为“无烟工业”的错误理念影响，加之自然保护区生态系统的公共物品属性及其生态服务效益外部性形成的“市场失灵”（市场难以有效进行生态资源配置，旅游企业、旅游者等主体往往出于自身利益最大化需要而实施开发经营和消费行为），以及不完善的自然保护区资源环境产权制度、不科学的生态环境管理体制、地方政府受经济利益驱动的旅游开发政策导向和行政干预行为等导致的“政府失灵”（张一群，2015），使自然保护区旅游发展过程中的重开发轻保护、重经营轻管理、重利益轻协调等情况十分常见，不仅经常引发相关主体间的利益矛盾冲突，也使旅游活动的负面环境影响表现更为突出。20 世纪 90 年代末的一项有关调查曾显示“目前有 22%的自然保护区因开展生态旅游而造成破坏，11%的出现旅游资源退化”（张广瑞，1999）。诸多迹象表明，在自然保护区作为生态旅游良好载体功能逐步凸显的同时，旅游生态环境问题也因自然保护区“市场失灵”和“政府失灵”的常态化呈现而日益成为自然保护区生态系统功能持续维护和旅游业健康发展的制约因素。基于这一背景而探索自然保护区旅游生态环境保护的合理路径，具有明显的必要性和迫切性。

旅游发展相关要素的注入，使自然保护区生态系统功能状态、保护要求等产生明显变化；同时有关主体围绕自然保护区生态资源利用与环境保护的生态权利和义务、生态和经济利益关系等也趋于复杂化。因此，为减少旅游活动对自然保护区生态环境带来的负面影响，维持自然保护区生态资源与环境对旅游业的支撑力，需要结合旅游背景下自然保护区生态系统功能持续维护，以及相关主体生态经济利益合理分配和协调的内在要求，建立起旅游发展系统对自然保护区生态系统的反哺机制，而这种反哺的持续有效实现，则有赖于以解决旅游开发利用的外部性问题为目的、以调节相关主体之间生态和经济利益关系的制度安排为手段的自然保护区旅游生态补偿机制的科学设计和有效运行。

3. 自然保护区生态补偿机制优化的选择

基于自然保护区建设发展过程中不同利益主体间的生态和经济利益关系协调要求而建立与实施规范化、制度化的生态补偿机制，对于解决相关主体之间生态和经济利益的合理分配问题，纠正自然保护区地域系统内外生态环境保护二元化现象并实现自然保护区生态资源与环境可持续发展，均有着十分重要的意义。

有关实践与研究表明，国内自然保护区现有生态补偿机制存在诸多不足，具体包括生态补偿资金来源渠道不足、补偿实施主体狭隘、补偿运作方式单一、补偿标准不明确或不科学、社区利益补偿考虑不足等诸多方面。这些情况对自然保护区生态保护和建设管理涉及的资金筹措、利益协调、行动激励等方面均产生了不利影响，形成了诸多现实问题，包括用于自然保护区建设发展的政府公共财政负担过大，生态保护设施建设和运营管理资金紧缺，市场化补偿机制在自然保护区生态保护和建设领域的发挥空间被限制，生态服务价值受益者自觉开展生态补偿的意识与行为缺失，补偿实施标准未能反映受偿者的真实成本而导致补偿主体与受偿对象之间利益矛盾突出，社区居民等利益相关方对补偿政策制定与实施过程的参与度较低等。前述分析表明，这些问题产生的主要根源在于：现有与自然保护区建设发展相关的“主体功能区规划”或“生态区划”未能清晰界定自然保护区生态服务功能价值的提供者和受益者的范围及其权-责-利关系，自然保护区资金筹措机制与自然保护区所能实现的生态、经济、文化等多重效益之间缺乏合理的互动匹配关系，自然保护区生态环境保护建设主体与生态保护效益的受益者之间缺少对应的生态经济利益转化机制，以及补偿政策制定者主要基于狭隘的“受益者付费”理念来设计生态补偿机制等。

通过调整优化现有补偿机制来解决自然保护区所面临的上述问题，是当前我国自然保护区建设和发展的迫切需求。从发展理念层面来看，应突破既有的狭隘型“受益者付费”补偿理念对自然保护区生态补偿政策的禁锢，按照“谁开发谁保护，谁破坏谁恢复，谁受益谁补偿，谁污染谁付费”的多元化生态补偿理念和原则，通过相关政策引导与制度设计，积极探索能体现融资渠道多元化、补偿主体和方式多样化等特征的自然保护区生态补偿机制。从制度构建角度来审视，应考虑在当前市场经济体制下，对自然保护区现有政府主导型生态补偿机制进行调整和补充，努力建立能体现自然保护区生态建设和社会经济发展所涉及不同利益相关者之间的权-责-利匹配关系，政府、市场和社会等多方力量共同发挥作用的多层次、协同化生态补偿运作机制，以此解决现行体制性矛盾导致的自然保护区生态补偿制度缺陷。从实践运作角度来分析，则需要在界定自然保护区生态服务效益提供者和受益者、生态资源开发者和利益受损者的范围及其权-责-利关系的基础上，基于各自在资源利用和环境保护过程中的生态经济利益分配和获取、保护成本付出或利益损失等情况，将其纳入补偿主体或对象的合理范畴，并结合有关主体的补（受）偿能力、意愿等现实因素及利益发展需求，实施类型多样、灵活方便的生态补偿方式和科学合理、切实可行的补偿标准等。

国内自然保护区生态补偿机制调整优化的迫切需求，为众多依托生态资源与环境发展旅游业的自然保护区建立与实施旅游生态补偿机制提供了良好契机和发展动力。由于自然保护区所开展旅游活动的外部性特征较为显著，加之旅游项目开发和经营空间一般较为明确，旅游资源产权、受益主体等也较容易界定，旅游产品及其开发经营效益也体现为明显的市场要素特征；同时，旅游发展及其带来的资金、技术、管理等要素注入，也为自然保护区旅游生态补偿活动开展奠定了坚实的基础。因此，基于旅游发展而建立实施科学化、规范化的旅游生态补偿机制，完全可以并应当成为引入市场化机制来优化调整自然保护区生态补偿机制的合理选择。具体而言，实施以市场运作为基本特征的自然保护区旅游生态补偿政策制度，既是完善以政府公共补偿为主要内容的自然保护区生态补偿制度体系的现实需求，也是拓宽自然保护区生态补偿主体范围和资金来源渠道，丰富自然保护区生态补偿方式和内容，缓解相关主体间围绕旅游资源利用和生态保护的利益矛盾等问题的现实选择。对于旅游经济效益显著且旅游开发和经营与生态环境保护、社区建设发展的矛盾突出、旅游利益关系复杂的自然保护区来说，尤其如此。

3.2.3 自然保护区旅游生态补偿内部驱动机制

1. 旅游活动外部成本内部化的要求

针对生态资源与环境破坏行为的外部不经济性，按照外部成本内部化的原则而实施相关补偿活动，是生态补偿的基本内涵之一。

根据外部性理论，在自然保护区开展的旅游活动，其外部成本主要体现在两个方面：一是不合理的旅游开发利用活动会对自然保护区生态资源与环境造成损耗乃至破坏；二是外来力量主导的旅游开发和经营、管理等活动往往容易使社区居民的传统生态经济利益受到损害。前者主要表现为旅游开发建设对自然保护区土地资源的占用、旅游运营过程中的资源能源消耗及旅游消费活动产生的废弃物等，经常不可避免地给自然保护区的自然资源和生态环境带来一定的损耗甚至破坏，不利于自然保护区生态系统服务功能的维护。现实中，一些旅游开发和经营者为追求短期经济效益而采取的粗放式开发、盲目化建设的非理性旅游资源开发利用行为，以及部分旅游者随意丢弃垃圾、胡画乱刻、攀爬触摸和狩猎采集、野炊露营等非文明旅游行为，给自然保护区生态环境带来的破坏已经远远超过其生态系统自我恢复能力。对于后者来说，主要体现为在外来力量主导的旅游开发利用活动影响下，社区居民对自然保护区生态资源的传统利用方式和权利容易受到限制或剥夺，社区传统的产业结构和生活方式也会受到冲击，从而在生态、经济乃至社会等层面形成相应的损失性境遇。与此同时，社区生态经济利益尤其是长期利益往往容易被地方政府及旅游开发和经营者所忽视。例如，将一次性征地赔偿作为社区利益受损的基本或唯一补偿方式，不重视社区居民参与旅游发展的机制设计及条件建设，依托旅游业发展的社区就业安置、替代产业发展不足等。结果通常是：社区居民与外来旅游企业、地方政府之间围绕自然保护区土地和其他资源利用及利益分配问题的短期矛盾冲突可暂时缓解，但旅游开发增值效应等引致的这些主体间的长期利益矛盾却呈现间歇性爆发状态。社区居民对外来旅游开发商和旅游者的态度也通常由初期的欣喜、期待转化为愤怒、漠然甚至对抗，甚至出现一些基于生计维持考虑而违背生态环境保护管理政策的行为，从而导致旅游开发和经营的社会成本大于私人成本，影响自然保护区旅游业发展的整体利益。这样的现象在国内众多自然保护区旅游活动开展过程中并不少见，包括云南玉龙雪山、四川九寨沟、浙江天目山等业界公认的旅游发展综合效益较显著的自然保护区。

从资源经济学与环境经济学的共同理论视角来看，旅游开发利用行为既要考虑其所能产生的经济效益和社会功能，又要考虑资源与环境价值的可持续利用，以及与地方社会经济融合发展等问题。按照外部成本内部化的要求，旅游开发利用者因其实施旅游开发、经营或消费活动产生的上述外部性成本，应当进入其生产经营或消费决策过程，通过承担与其资源环境利用权利（益）相对等的生态责任并实施对应的责任行为，以此弥补其私人成本与社会成本的差额，从而解决其外部不经济问题（张一群，2015）。鉴于此，针对不合理的旅游开发利用活动导致自然保护区生态资源损耗与环境破坏的外部性问题，应当在充分了解所在自然保护区生态系统功能特性的基础上，深入研究旅游开发利用与自然保护区资源环境保护之间的协调运行机制，探寻两者之间协调的衡量标准与方法，合理调节旅游经济再生产与自然再生产的物质交换关系；同时，通过相应的制度安排及生态保护和建设手段的实施，促使旅游开发和经营者、旅游者等相关主体对其不合理的旅游开发利用活动造成的生态资源损耗和环境破坏进行合理补（赔）偿。针对旅游开发和经营管理活动导致自然保护区当地居民的传统生态经济利益遭受损害的外部性问题，从建立社区利益长效保障机制、内化旅游开发社会成本的角度出发，需要在完善现有的旅游征地赔偿等经济补偿制度的基础上，以旅游开发与经营所形成的资金、技术、管理等要素为依托，构建符合旅游业可持续发展要求的社区利益补偿和居民参与（旅游）发展机制，在保障社区居民基本生存权益、降低居民对自然保护区旅游生态资源依赖程度的同时，帮助社区居民获得以旅游业为平台的传统产业替代发展途径和自我“造血”机能，以此增强当地旅游业持续发展的内生动力。

总而言之，无论是为减少旅游开发对自然保护区生态资源与环境的负面影响而建立的以自然生态系统为对象的旅游生态补偿机制，还是基于社区生态权益保障和自我发展能力提升的目的而实施的社区旅游生态补偿措施，都是为了解决旅游开发利用行为对于自然保护区资源环境及当地社会的外部不经济问题、增强旅游业发展的可持续性而采取的相关制度安排，也体现了自然保护区旅游活动外部成本内部化的本质要求。

2. 生态保护外部效益内部化的要求

自然保护区旅游发展过程中的外部性，不仅表征为不合理的旅游开发利用活动导致的自然保护区资源环境破坏和社区居民生态经济利益受损而形成的外部不经济性，还体现为有关主体通过自身有意识或无意识生态保护行为而创造出旅游业发展所需的外部效益，即外部经济性。具体来说，自然保护区旅游生态保护外部效益主要来自以下 3 个方面：一是自然保护区资源保护管理单位按照有关生态资源与环境保护的政策法规和管理制度要求而实施自身职责范围内的生态保护和建设行为，为自然保护区旅游发展奠定了良好的资源与环境基础；二是一些生态保护组织和个人通过非自身职责范围的公益性保护和建设行为（如捐赠、宣传、劳动、培训等），促进了自然保护区生态环境服务功能的维护；三是自然保护区部分社区居民基于长期以来的人-地和谐共生意识而自觉对当地生态资源与环境实施的守（保）护行为（如自发的巡山护林活动等），有效保护了当地生态系统的原真性和完整性。

尽管上述有关主体实施生态保护和建设行为的根本目的并非为了自然保护区旅游业发展，同时其生态保护和建设相关投入要素的经济价值与自然保护区资源环境所提供生态服务功能价值在现实中存在不一致或不对应的情况，但这些主体实施的自觉或非自觉性生态保护和建设行为，在客观上均可对自然保护区旅游发展所依托的生态环境外部效益提升产生贡献：一方面，各种生态保护和建设投入要素大部分可直接或间接地转化为自然保护区生态系统服务功能价值；另一方面，自然保护区生态系统的部分功能价值可通过旅游活动开展而转化或置换为旅游开发和经营者、旅游者所利（享）用的游憩服务功能价值，为自然保护区旅游效益的获取和提升提供必要保障。此外，上述有关主体自觉实施的生态保护和建设行为，不仅可以对旅游开发和经营者、旅游者等产生一定的示范效应，也有助于为自然保护区生态保护事业营造良好的社会氛围，为自然保护区旅游业发展塑造和谐的社会人文环境等。这些都是自然保护区旅游生态保护行为外部效益的重要体现。

由于自然保护区生态系统服务功能价值（包括其转化或置换而成的游憩服务功能价值）大多具有公共物品的属性，缺乏较为清晰的产权；同时其价值实现通常体现出空间流动性和异地消费性等特征（郭辉军和施本植，2013），而生态服务功能受益地区、组织或个人一般不会主动提供补偿而更愿意采取“搭便车”的行为。因而，上述不同主体的生态保护和建设行为产生的外部效益在自然保护区相关旅游活动中或者未能得到显著有效的体现，或者被旅游开发和经营者、旅游者等主体无偿使（享）用，从而造成社会边际收益与私人边际收益出现背离，使旅游发展背景下的自然保护区资源环境保护领域难以实现帕累托最优[①]效果（张一群，2015）。以玉龙雪山为例，尽管该地旅游经营收益近年来已达到较大规模并持

① 帕累托最优是指资源分配的一种理想状态，假定固有的一群人和可分配的资源，从一种分配状态到另一种状态的变化中，在没有使任何人境况变坏的前提下，使至少一个人变得更好。帕累托最优状态就是不可能再有更多的帕累托改进的余地，换句话说，帕累托改进是达到帕累托最优的路径和方法。

续增长，但由于现有管理体制形成的管理主体间权责不对等，作为生态环境保护的重要主体、为当地旅游生态环境功能维护做出长期贡献的玉龙雪山省级自然保护区管理局（简称“玉龙雪山管理局”），却难以从当地旅游管理部门和企业获得必要的资金支持用于环保设施购置、生态环境监测等，从而与该地旅游经济蓬勃发展状况形成明显反差。

按照庇古税[①]理论，为了纠正这种正外部性导致社会经济资源配置出现无效率的状况，应当依据私人边际收益和社会边际收益对等的要求，对正外部性的生产者给予相当于其所产出外部经济性价值的补贴，以此鼓励他们将产量扩大到社会需要的最有效率水平，从而实现外部效益的内部化，达到资源配置的帕累托最优并提高整个社会的福利水平。

采取有关经济手段和制度安排促进有关生态保护行为外部效益内部化，是协调自然保护区旅游发展所涉及相关主体间生态和经济利益关系，促进该领域资源配置达到帕累托最优的必然要求。现实中，为改变有关生态保护行为的正外部性在自然保护区旅游开发利用过程中有效体现不足或被旅游开发利用者无偿占用的局面，应当以有关生态保护行为所涉及资源产权、生态服务提供者和使（享）用者之间利益关系的清晰界定为基础，建立起以生态经济利益补偿为基本内容的旅游生态补偿机制。具体来说，可通过旅游生态效益提供者的生态贡献程度与生态效益使（享）用者的受益程度的衡量与相关主体间的协商，由受益者以直接付费或其他市场交易形式对效益供给者进行补偿；也可通过制定旅游生态保护奖励制度和措施，对旅游生态效益提供者实施生态保护和建设活动的机会成本进行合理弥补等。这样既有利于实现自然保护区旅游生态环境功能维护领域的私人收益和社会收益相等，也能促进自然保护区旅游发展过程中各种生态服务价值提供者与使（享）用者之间生态经济利益分配和责任担当的对等，从而体现自然保护区旅游开发利用过程的环境正义理念和要求，并对有关主体的旅游生态环境保护和建设行为形成有效激励，提升自然保护区旅游业可持续发展的内生动力。

3.3 自然保护区旅游生态补偿的障碍因素

由于体制、法制、理念和技术等方面因素的影响，自然保护区旅游生态补偿

① 由英国经济学家庇古最先提出，庇古税是指根据污染所造成的危害程度对排污者征税，用税收来弥补排污者生产的私人成本和社会成本之间的差距，使两者相等，从而降低污染物的排放水平，实现整个社会福利的最大化。

在实践中通常会面临诸多障碍，对自然保护区旅游生态补偿制度建立与政策实施往往将形成不同方面的制约。在探析自然保护区旅游生态补偿所涉及利益关系的基础上，深入分析补偿实施过程中的各种障碍因素，可为探寻多方利益关系协调的自然保护区旅游生态补偿路径提供重要依据，并为科学合理制定自然保护区旅游生态补偿政策制度奠定理论基础。

杨桂华等（2015）在《旅游生态补偿》一书中分别从体制、法制、理念和技术等方面对旅游生态补偿的实施障碍进行分析与探讨。总体来看，这些障碍在自然保护区旅游生态补偿机制构建与实施过程中也不同程度地存在。以下结合该书有关内容，对自然保护区旅游生态补偿所面临的障碍进行阐释。

3.3.1 体制障碍：多头管理下分而治之的补偿政策格局

长期以来，管理体制不顺始终是我国生态补偿政策制度建立与实施的一个重要障碍，其基本表现为：由于政府在生态环境保护和自然资源管理方面的公共职能分散在多个管理权责存在相互交叉的行政部门，不同部门制定的生态补偿政策也多基于其部门管理权责、围绕某一生态要素功能价值的持续利用和保护目标而设计，各领域的生态保护和建设项目一般由相关部门各自组织、分头建设和管理。这种多头管理、条块分割的补偿管理体制，分散了有限的人力、物力和财政资源，使生态补偿在资金投入、项目实施和监督管理方面难以形成合力，导致补偿活动分散零乱、实施成本过高、效率低下且缺乏政策的稳定与长效性（杨桂华等，2015）。此外，由于权责分割和利益导向的影响，各部门往往注重对补偿项目和资金的争夺，其结果往往是对生态环境的治理和利益相关者损失的补偿不再成为生态补偿的关注焦点，取而代之的是补偿所涉及利益在部门之间及内部分配的途径，这就使生态补偿失去了其应有之义（萨础日娜，2010）。

由于旅游资源开发利用及旅游生态环境保护涉及旅游、林业、农业、水利、环保、国土等多个行政管理部门，生态资源与环境的多部门“分割式”管理格局及其引发的问题在自然保护区旅游生态补偿机制构建与实施过程中同样存在。现实中，尽管各有关部门也能结合自然保护区生态资源与环境保护需求而制定实施旅游生态补偿相关政策，但因为缺少补偿工作的统一规划、管理和协调，以及利益制衡机制，各部门所出台的旅游生态补偿相关政策制定往往体现出较强的部门色彩，甚至存在部门利益化和利益部门化的倾向，其政策运行空间也多限于与该生态要素相关的部门管理权责范围内，体现出特定性、局部性的特征。例如，在同一保护地域内，往往出现建设部门制定风景名胜资源有偿使用费的有关规定，林业部门出台森林自然保护区旅游生态补偿指导意见，水利部门实施水资源有偿使用管理制度的状况。这种分而治之、缺乏协调性的补偿管理体制割裂了自然保护区旅游生态系统各组成要素的内在联系，难以实现补偿政策对生态、经济和社会领域多种资源的优化配置功能；而缺乏从自然保护区复合生态系统的整体性角度建立的部门化补偿政策，也常会导致不同管理主体之间的利益矛盾冲突，并容易引发旅游生态补偿费用重复收取、补偿资金使用和管理分散等问题（杨桂华等，2015）。

此外，自然保护区旅游生态补偿所面临的体制障碍还有其他方面的体现。例如，在现有行政管理体制格局下，一些拥有政府背景和相应行政级别的国有旅游企业，其开发和经营管理决策往往直接受到地方政府的行政干预，自然保护区的资源管理和保护部门对其旅游开发和经营活动及旅游生态补偿行为往往只有名义上而非实质性的监督管理权。

3.3.2　法制障碍：相关法制建设滞后于补偿实践发展需求

有关法制基础薄弱、立法进程滞后于实践发展需求，是长期以来制约我国生态补偿发展的一个重要瓶颈。具体包括：国家层面尚缺乏针对生态补偿的统一立法；涉及生态补偿的法律规定目前只散见于一些资源和环境保护单行法（如《森林法》《中华人民共和国草原法》《水土保持法》《野生动物保护法》等）的个别法律条款当中；有关单行法往往只涉及其规制领域资源与环境要素的保护问题，对于生态补偿的规定通常只有原则性的描述，缺乏有关主体权、责、利的界定及其他具体规定等。同时，涉及不同领域资源与环境保护的管理制度及相关政策规定一般由不同职能行政部门制定。这种带有较强部门色彩的立法容易导致部门间利益冲突而依靠自身无法协调的情况（黄润源，2009），也是导致生态补偿政策难以落实到位和整体优化的重要原因。

随着旅游业战略地位提升及旅游生态环境保护需求的进一步凸显，建立一套与自然保护区旅游生态补偿机制构建与运行相配套、现实针对性强的法律制度，是促进自然保护区旅游生态保护和旅游业健康持续发展的必然要求。然而，作为一种探索中的新型生态补偿机制，自然保护区旅游生态补偿现有的法制基础，与实施多年的传统生态补偿相比更显薄弱。在已制定实施的《中华人民共和国旅游法》中，仅个别条款有涉及旅游资源保护的监督检查、合理控制景区游客接待量等方面规定，缺乏对旅游生态补偿这一新型旅游生态保护机制的法律界定及相关规定。虽然一些行政法规和部门规章（如《自然保护区条例》《风景名胜区条例》《旅游资源保护暂行办法》等）中有涉及旅游生态保护和建设的具体条款，也部分涵盖了旅游生态补偿的相关理念，但对于旅游生态补偿的实施目标和原则、补偿主体和对象、补偿途径和方式等基本问题却缺乏具体明确的规定。此外，在我国当前旅游法制体系中，体现旅游生态补偿的较高层次理念并具有较强实践运作性的“受益者补偿”“保护者获益”等原则，目前尚未获得一席之地。

3.3.3 理念障碍：补偿意识不足或观念偏差问题普遍存在

近年来，多种形式的旅游生态补偿政策制度在国内许多自然保护地得以建立和实施。从总体上看，尽管许多保护地的补偿政策制度基本符合旅游生态补偿的理念和原则，也能在不同程度上达到预设的实施目标，但补偿意识不足或观念偏差的问题在实践中仍普遍存在。具体表现如下。

1）自然保护区旅游生态补偿的内涵及意义被曲解。生态环境的公共物品属性所引发的“环境无价”观念，通常会引致旅游生态补偿工作在自然保护区难以得到有关主体的有效配合。同时，对旅游生态补偿性质及其重要性的认知偏差，在旅游开发和经营者等群体中表现得较为突出。此外，旅游生态补偿还被视作一种在社会道义层面、主要面向弱势群体进行的扶贫和恩赐行为。

2）自然保护区旅游生态补偿政策制定缺乏整体全局性考虑。基于生态系统保护的目的，需要从维护生态系统整体服务价值功能的角度来制定自然保护区旅游生态补偿政策。然而，在国内许多自然保护区，有关部门所制定实施的有关旅游生态补偿政策制度，通常既缺乏从整体性、协同化视角考虑与其他部门相关补偿政策的协调与衔接，也往往忽视“保护者受益”这种更高层次的补偿理念在实践中的运用（一般基于“利用者付费”的传统理念和原则来制定和实施补偿政策），由此导致针对社区居民、社会组织及个人等主体非自身职责范围内的生态环境保护行为的补偿激励政策与标准缺失等问题。

3）自然保护区旅游生态补偿资金使用理念存在偏差。自然保护区旅游生态补偿实施对象包括自然（旅游地生态系统）和人（社区居民等）两大类，既有相关实践表明，针对两大对象的旅游生态补偿资金使用政策均存在一定程度的理念偏差。主要表现为：自然保护区旅游生态补偿资金的使用往往未能真正体现基于旅游背景下自然保护区生态资源利用与环境保护的利益关系协调发展需要；地方政府及相关管理部门制定旅游生态补偿政策的出发点多为消除社区居民与外来旅游开发和经营者之间的矛盾、为地方旅游业稳定持续发展营造有利的社区人文环境（张一群和杨桂华，2012）。在这样的理念驱使下，补偿金通常成为社区居民与相关部门或旅游企业之间矛盾冲突协调的工具，而补偿金发放标准及其变化往往是社区居民与其他利益主体之间利益博弈结果的体现。

4）在自然保护区旅游发展背景下，有关决策者时常忽视公众参与的旅游生态补偿机制建设；与具体补偿主体相关的旅游生态补偿资金收取、使用和管理政策，往往会受到非正常的行政干预；旅游生态补偿标准确立未充分考虑地域条件差异及人群差异等，也是自然保护区旅游生态补偿所存在理念障碍的表征。

3.3.4　技术障碍：补偿理论研究不足与技术方法体系薄弱

自然保护区旅游生态补偿机制建立与运行，除面临以上障碍因素外，还需克服诸多技术方面的障碍。这些技术障碍既包括自然保护区旅游生态补偿相关技术和方法体系构建的不足，也包括自然保护区旅游生态补偿相关理论研究滞后等。与自然保护区旅游生态补偿工作相关的技术和方法（如自然保护区生态系统游憩服务功能价值核算方法、旅游开发利用外部环境成本测算方法、旅游生态补偿标准核算方法、补偿项目实施效益测算方法等）的发展滞后甚至缺失，对自然保护区旅游生态补偿政策制度的制定，以及补偿工作的实施均有不利影响。其中，尤其是自然保护区生态系统所提供的游憩服务功能价值评价方法及与其相关的旅游生态补偿标准核算方法的研究与应用不足，成为自然保护区旅游生态补偿当前及未来急需克服的技术障碍。同时，学界对旅游生态补偿基础理论的研究目前仍处于探索和发展阶段，对旅游生态补偿的概念内涵、基本性质、功能特征、运行模式等重要理论问题尚未形成基本共识，这样的理论研究不足同样体现在自然保护区旅游生态补偿领域，在很大程度上导致了自然保护区有关决策管理者存在补偿政策制定和实施理念偏差、许多重要利益主体及普通社会公众对自然保护区旅游生态补偿认知不足、补偿政策制定和实施参与意识和水平较低等问题。

第 4 章　自然保护区旅游生态补偿实现路径的理论依据、框架构建及基本阐释

自然保护区旅游生态补偿实现路径并非单纯的实践层面的概念，其更应被视为解决自然保护区旅游生态补偿运作过程所涉及理论与实践问题的一个多层面、多视角的分析框架。对自然保护区旅游生态补偿实现路径的分析与构建，需要以旅游生态补偿的基本理论依据为指导，基于自然保护区旅游生态补偿的基本目标定位，从整体和关联的角度，对关乎自然保护区旅游生态补偿运作实施效果的多层面内容进行阐释，包括补偿运作机制、实施方式、实施标准和支撑体系等。

4.1　自然保护区旅游生态补偿实现路径选择的理论依据

4.1.1　环境资源价值理论及其对自然保护区旅游生态补偿路径的启示

1. 环境资源价值理论的基本要点

环境资源既包括土地、森林、草地、空气、阳光等自然要素，也包括这些要素整体构成的自然景观，以及通过其自身调节能力提供的环境容量等（冯俊，2009）。环境资源价值可从稀缺性理论、劳动价值论、效用价值论、双重价值论、地租理论等不同理论视角来阐释。从稀缺性理论角度看，环境资源是一种基本生产要素，随着经济社会发展，其供需矛盾日趋紧张，这种稀缺性构成了自然环境资源的价值基础和市场形成的基本条件。马克思劳动价值论认为，商品价值取决于物化在商品中的社会必要劳动；而环境资源价值即为凝结在其中的人类抽象劳动，即人们对环境资源的发现，以及利用、保护等经济再生产过程中所直接或间接投入的物化劳动或活劳动。按照效用价值论的观点，环境资源价值的实质为人们对其所能满足人的欲望能力的感知与评价，其衡量尺度是其边际效用。双重价值论则认为，自然资源环境的价值主要包含两部分：一是天然产生的、未经人类劳动参与的那部分价值，即自然资源环境自身的价值；二是人类在自然资源环境开发利用过程中的劳动投入所产生的价值（李金昌，1994）。从地租理论来看，地

租就是一种资源租金，环境资源的价值就体现在资源租金中，环境资源的优劣程度不同造成的等量资本投入等量资源体上产生的个别与社会生产价格的差额，则为资源级差地租。

环境资源价值具有多元性。根据环境经济学的价值二分法，其价值可分为两大部分：一是有形的、物质性的商品价值（资源价值）；二是无形的、舒适性的服务价值（生态价值）。按照当前学界较认可的观点，环境资源价值还有一种分类，即由利用价值和非利用价值构成：前者包括直接利用价值（含直接实物价值和直接服务价值）、间接利用价值（生态功能价值）和选择价值（潜在利用价值）；后者包括遗产价值和存在价值（图 4-1）。

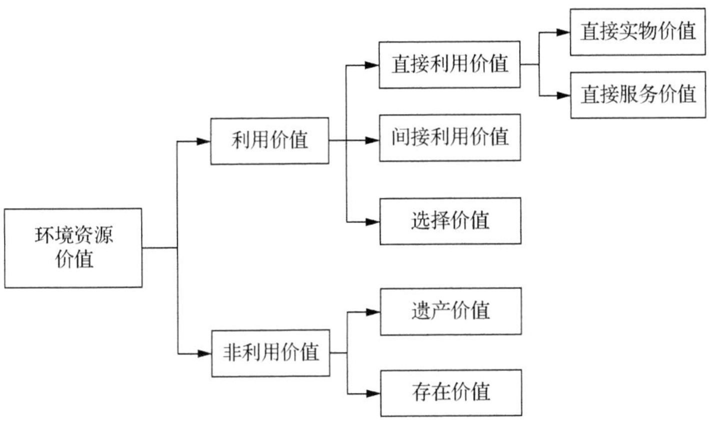

图 4-1　环境资源价值的构成

（资料来源：刘玉龙，2007．生态补偿与流域生态共建共享[M]．北京：中国水利水电出版社.）

除内容多样性、整体有用性外，环境资源价值还表现出其他一些方面的特性：时间演变性——随着社会的发展，因主体、时间、场合的变化，其价值具体表现也会变化；空间差异性——不同地域的环境资源往往不同，而相同的环境资源在不同区域也有不同的可利用方式及环境效应，因而其价值体现也不同；外部共享性——环境资源在使用时多具有（准）公共物品特性，其价值不仅可被所在地域的人群共享，通常还可服务于该地域空间之外；人为创造性——人类可通过相关技术手段和设备对环境资源进行加工而创造出新的价值，同时环境资源只有借助人类劳动才能实现有益于经济社会发展的更大价值（冯俊，2009）。对于环境资源的基本功能，一些学者基于不同视角提出其看法。Groot（1992）认为，环境资源功能包括调剂功能、承载功能、生产功能和信息功能。Costanza 等（1997）将环境资源功能划分为17类，即调节大气、调节气候、干扰调节、调节水分、供应水资源、控制侵蚀与沉积物滞留、土壤形成、养分循环、废物处理、授粉、生物控制、避难所、食物生产、原材料、基因资源、娱乐、文化。张象枢等（1994）指出，环境资源功能主要包括物质性资源功能、环境容量资源功能、舒适性资源功能及自维持性资源功能等。

对环境资源的生态服务功能价值进行评估是环境资源价值实现的重要前提，也是国内外学界普遍关注的一个热点问题。生态服务功能价值主要指生态系统通过其生态过程为人们直接或间接提供的产品和服务（谢高地等，2001）。生态系统服务的价值评估在处理人类与自然关系方面具有多重作用与意义（杨光梅等，2006）。Costanza等（1997）关于全球生态系统服务与自然资本价值估算的研究工作，有力推动了环境资源价值评估的深入和系统研究。于连生等（2004）认为，环境资源价值大小与其生产费用和效用成正比，同时还受资源的稀缺性、可替代性及供求关系的影响。当前环境资源价值评价方法主要有市场价值法、边际机会成本法、租金或预期收益资本化法、替代价值法等，每种方法均有其核算的价值理论依据及适用性。总体而言，现有环境资源价值评价方法较易区分环境资源的利用价值和非利用价值，但对于存在一定价值重叠的选择价值、遗产价值和存在价值，则难以严格区分。而且，有关环境资源价值评价方法对环境资源总经济价值估算一般采取分别计算各类价值进而加总的方式，这往往割裂了环境资源各种生态服务之间的有机联系和相互依赖性。由于环境资源的非利用价值估算难度较大，并且评估后的经济价值通常远高于其现实中的利用价值，其评估结果往往难以被社会认同，也不易被环境资源价值补偿主体接受（刘丽，2010）。

从总体上看，环境资源价值评价方法，以及由此确定的补偿依据和标准尽管具有较高的理论价值，但目前大多难以用于生态补偿的具体政策机制设计。从现实角度来讲，基于环境资源价值的生态补偿，首先需要考虑对环境资源利用价值的补偿，尤其是可直接用于生产和消费过程的、市场较为明确的直接利用价值。

2. 环境资源价值理论对自然保护区旅游生态补偿路径的启示

以环境资源及其价值评估的理论与方法为依据，加强对生态资源环境服务价值的认识和研究，有利于维护旅游业持续健康发展的物质基础，也利于建立反映自然保护区环境资源市场价值及其涉及利益关系特征的旅游生态补偿机制。

自然保护区生态资源环境不仅能提供人类赖以生存和发展的多种服务，也是其旅游业健康持续发展的重要资源基础。具体而言，自然保护区生态资源环境中蕴含着丰富的、可作为旅游吸引物的自然景观，能为游客提供愉悦的感官享受和深层次的精神文化体验；可为旅游餐饮、住宿、购物等产业部门提供多种自然生态的原材料，包括洁净空气、食物、淡水、薪材、纤维、药材等；同时，随着旅游业态由观光游览向休闲度假转变，以及生态旅游、低碳旅游理念的深入发展，自然保护区生态资源环境所提供的多种支撑服务（如负氧离子生成、水土保持、营养循环、生物多样性维护等）和调节服务（如气候调节、水体净化、疾病防治等）也逐渐被旅游业所深入挖掘和利用（张一群，2015）。此外，随着旅游业快速发展及旅游体验需求的提高，人们对旅游资源的价值认知不断提升，对环境资源的游憩服务价值评估也越来越受到国内外学者的重视。在 Costanza 等（1997）对生态系统服务的娱乐、文化等多种价值进行核算的基础上，不少学者开始关注对旅游地生态资源环境游憩价值的分析评估。结合福利经济学对消费者剩余、机会成本、非市场化商品与环境等公共产品价值的思考，学者们逐渐建立了游憩价值评估的基础理论体系，并形成了相应的评估技术和方法，包括旅行费用法（travel cost method，TCM）、享乐定价法（hedonic priced method，HPM）、CVM 等。针对旅游地生态资源环境游憩价值的评估，能为自然保护区旅游生态环境的保护、规划和管理提供科学依据；相关评估结果还可作为自然保护区旅游开发成本效益分析的基础，为不同利益主体间游憩收益和资源保护预算分配提供依据；并可作为自然保护区内旅游景区门票价格制定的依据等。在国外许多地方政府和管理部门制定旅游生态资源与环境保护政策的实践中，上述一些研究成果已得到充分应用。一些发达国家还通过立法形式将生态资源环境游憩价值评估作为环境决策的重要内容。

作为调节旅游发展涉及的相关主体之间生态和经济利益关系的制度安排，旅游生态补偿的最终目的在于促进旅游发展的基础——生态资源环境的保护和可持续利用。从自然保护区旅游生态补偿的目标层次来看，其既包括针对自然保护区生态资源环境的物质层面的补偿，也包括针对人（自然保护区生态保护和建设者、社区居民等）的价值层面的补偿。上述环境资源及其价值评估的理论与方法均可对这两大方面发挥重要的指导和启示作用。一方面，对自然保护区生态资源环境的物质补偿，应当符合自然保护区自然生态系统健康维护及发展的需要并与生态系统的自然特性与生态属性相匹配，通过生物措施、工程措施等进行的植被保护、生态修复、生态环保设施建设及其他生态维护管理活动等，对遭受破坏、通过自然补偿无法还原其服务功能的自然保护区相关生态系统进行恢复与重建，以促使生态系统的自我调节与自组织能力朝有序的方向演化，维持和增强自然生态系统对旅游发展的支撑力。另一方面，针对自然保护区生态保护和建设者、社区居民等的价值补偿，最终也能实现对自然保护区自然生态系统的补偿。原因在于，尽管该方面补偿的直接目的在于调节围绕自然保护区生态资源环境利用而产生的利益关系，纠正生态资源利用及环境保护过程中的不公平现象，但相应补偿活动可对这些主体实施的主动或被动旅游生态保护行为形成激励，从而以更大热情投入自然保护区环境资源的保护和建设中，实现自然保护区生态系统服务功能价值的维护和提升。

此外，以环境资源及其价值评估的理论与方法为基础，通过计算生态资源环境，以涵养水源、保持水土、美化环境等方面的生态效益为基础而提供的游憩服务价值，结合不同利益主体对这些游憩服务价值的维护投入及效益利（享）用情况，可进行自然保护区旅游生态补偿有关标准的核算与确定。当然，鉴于生态资源环境服务价值估算结果与现实的生态保护需求和补偿能力等往往存在较大差距（姚顺波，2005；谢剑斌等，2008；谭秋成，2009），按照上述理论与方法估算而建立的旅游生态补偿标准一般只能作为补偿的理论上限值而参考。

4.1.2 公共物品理论及其对自然保护区旅游生态补偿路径的启示

1. 公共物品理论的基本要点

20 世纪中期以来，公共物品理论一直是较活跃的经济学研究领域之一。美国经济学家保罗·萨缪尔森对公共物品进行了严格的经济学定义，他指出公共物品是某一消费者对某种物品的消费不会降低其他消费者对该物品消费水平的物品。他认为，相对私人物品而言，公共物品具有显著的非排他性与非竞争性的特征；同时，他还将公共物品与帕累托效率联系起来，并给出了公共物品有效提供（帕累托效率意义上的）的边际条件。Head 和 Shoup（1969）指出，无论服务以何种方式被提供，只要它在非排他的情形下以更低的成本在特定时间或地点被提供，即为公共物品。Buchanan（1965）认为现实中可称为准公共物品或混合商品的更多的是介于“纯公共物品”和“纯私人产品”间的一种商品。Ostrom 等（1992）指出，具有非排他性和消费共同性的物品是公共池塘资源，它是一种特殊的公共物品。之后，有更多经济学家对公共物品的内涵特征进行了研究，概括起来主要有 4 个方面，即消费上的非排他性、非竞争性、外部性和效用不可分割性。此外，还有学者认为公共物品是一种制度安排，其存在公有产权，其交易受交易成本的制约（张五常，2001）。

公共物品在使用过程中容易面临几个典型问题：一是“搭便车”问题，即无须支付任何成本的参与者也可享受与购买者完全等价的物品效用，该现象对公共物品供给成本分担的公平性及其供给的持续性有重要影响（沈满洪和谢慧明，

2009)；二是“公地悲剧”问题，即公共物品的非排他性易引致其遭受过度利用并最终造成全体社会成员的利益受损，同时，“公地悲剧”常被形式化为“囚徒困境”的博弈，其结果往往是个人理性的博弈过程与战略选择导致集体行动的悖论。

生态资源的一部分价值通常因其权利界定的缺失而留在“公共领域”（沈满洪和谢慧明，2009），其生态服务的部分功能也常体现为公共物品的特征，包括森林、草原、湿地等自然生态资源及城市园林、生态水利工程等人工生态资源。根据经济学中物品的分类理论，可将现实中的生态服务分为属于纯公共物品的生态服务、属于共同资源的生态服务、属于俱乐部产品的生态服务，以及属于准私人物品的生态服务等类别（刘丽，2010）。其中，作为纯公共物品的生态服务同时具有非排他性和非竞争性两个特征，前者表现为生态服务提供者无法排除他人获得或享受其生态保护所产生的生态效用；后者表现为增加某个（些）人消费，总体上不会影响其他人对这些生态效用的消费。例如，国家级重要生态功能区属于典型的纯公共物品，全球森林和生物多样性保护地也具有纯公共物品的特性。属于共同资源的生态服务，其基本特征是在其服务产品消费上具有竞争性，却难以有效地实现排他性，如跨行政区域的流域上下游的生态补偿和上下游的污染赔偿问题。俱乐部产品的特征是能较容易地做到排他，但是具有非竞争性。属于俱乐部产品的生态服务还有一个可能的含义，即生态服务受益主体较明确，一般可通过自愿协商或市场交易方式来解决外部性，如城市水源地保护的生态补偿问题。属于准私人物品的生态服务，其特征是消费上具有竞争性和排他性，但由于产权归属国家所有，因而又体现出一定程度的公共物品性质。例如，矿产资源开发过程及其产品具有私人物品性质，但由于矿产资源产权一般属国家所有，其开发产生的环境影响也不仅限于开发主体，其开发也部分具有公共物品的特征。

公共物品属性决定了自然资源环境及其提供的生态服务经常面临供给不足、拥挤和过度使用等问题。生态补偿就是通过有关制度安排来调整一定范围内的生产关系，减少和避免生态服务这一特殊公共物品消费中的“搭便车”现象，激励生态服务供给、限制公共资源过度使用和解决拥挤问题，以促进资源与环境保护和社会生产力发展。现实中，除了明确不同类型公共物品的补偿主体及其权利和责任，还应注意的一个关键问题是不同类型公共物品的哪部分利益损失需得到补偿。这是生态补偿政策边界需要解决的问题，其对于实际的补偿政策框架设计至关重要（刘丽，2010）。

2. 公共物品理论对自然保护区旅游生态补偿路径的启示

根据经济学上的定义，自然保护区等生态功能区的生态系统所提供的生态效益和游憩服务功能是一种较为典型的公共物品，依托自然保护区自然资源或生态环境开发形成的旅游产品则属于介于私人物品和公共物品之间的准公共物品；而自然保护区生态资源的利用所带来的经济收益，则带有私人物品的特征。自然保护区生态资源与环境所具有的公共物品属性，决定了以其为依托而开发的旅游产品同样面临供给不足、拥挤及过度使用等问题，容易造成自然保护区生态系统服务价值的减损。由于公共物品的非排他性，自然保护区生态资源在旅游开发等利用过程中很容易出现“搭便车”现象及重开发轻保护、重利益轻管理的行为，结果往往导致这种公共物品的过度使用乃至被破坏而出现“公地悲剧”现象。

在自然保护区旅游资源开发利用过程中，若生态保护和建设者提供的生态系统服务被越来越多的旅游开发和经营者及旅游者无偿使用并因此遭受损耗或破坏，将导致生态保护和建设者工作积极性的降低，继而造成自然保护区旅游发展所需生态服务功能价值供给量减少，最终使自然保护区生态系统及其他成员的利益受损。因而，自然保护区生态资源的旅游开发和经营者及旅游者不应免费享有这些生态效益，否则受益者因不需要付费而日益增多，维护者则因负担过重而逐渐减少，最终导致生态效益的供求不平衡，不利于生态保护工作的开展。基于此，应遵循“受益者付费”这一基本原则，由自然保护区旅游资源开发利用过程中的生态经济利益获得者向生态保护和建设者提供相应形式和内容的补偿，以此弥补其保护和建设投入成本并激励各种利于自然保护区生态系统服务供给的行为。这既是针对供给不足问题的旅游生态补偿政策选择，也是自然保护区生态系统服务这种公共物品在旅游发展背景下得以持续利用的必然要求。

此外，由于自然保护区的森林、湿地、草原、水体等自然旅游资源均具有公共物品属性，许多旅游开发和经营者及旅游者在对这些旅游资源的开发利用和相应产品消费过程中，往往容易忽略其作为公共物品的资源价值与利用成本，而是尽可能更多地攫取自然资源用于旅游开发利用并满足其自身利益最大化的需求，从而导致自然保护区生态系统服务功能价值的过度利用。针对实践中这一难以避免的问题，有关管理部门可按照“破坏者补（赔）偿”的生态补偿基本原则，通过相应的政策制度安排，以生态环境污染治理、生态系统服务功能恢复等所需的投入成本为基本核算依据，由旅游开发和经营者及旅游者通过缴纳补偿费用或直接投入资金、人力、技术等要素实施生态保护和建设活动，对于因旅游开发利用而遭到破坏、难以单纯依靠自然补偿而还原的生态系统进行重建与恢复。

总体而言，自然保护区旅游生态补偿就是通过以旅游开发和经营所形成的相应的资金、技术和管理等要素为依托的相关制度和政策安排，调整基于自然保护区旅游资源开发利用的相关主体间的生态和经济利益关系，以限制对自然保护区生态系统这种公共资源的过度化旅游开发利用，同时激励旅游生态服务产品的供给。在这方面，公共物品理论可以帮助人们界定自然保护区不同旅游发展背景下的旅游生态补偿主体及其相关权利和义务，继而明确相应的补偿政策路径等，从而减少或避免旅游背景下的“公地悲剧”“搭便车”现象发生（张一群，2015），促进自然保护区生态系统服务功能的保育及其对旅游发展系统的支撑力。

4.1.3　外部性理论及其对自然保护区旅游生态补偿路径的启示

1. 外部性理论的基本要点

“外部性”（externality）是经济学的一个重要概念，其理论源于英国经济学家马歇尔在 1890 年出版的《经济学原理》中首次提出并论述的“外部经济”概念。他认为，企业效率的提高可来自企业内部因素或企业外部因素，由于企业外部因素（市场发育状况、产供销渠道、信息通信便捷条件等）引起的平均生产成本降低，即所谓的外部经济。1920 年，庇古在《福利经济学》一书中用边际产值分析方法对外部性问题进行了系统分析。庇古从社会资源最优配置角度提出“边际社会净产值”和“边际私人净产值”的概念并根据收益与成本递增或递减等原理加以系统化，形成了较完整的外部性理论。他认为，外部性的存在可能导致市场失灵，从而造成私人边际收益（成本）与社会边际收益（成本）发生背离（庇古，1971）。1960 年，作为新制度经济学奠基者的科斯（1991）发表了《社会成本问题》，利用产权和交易成本这两大分析工具研究外部性问题。他指出，将外部性问题的根源归因于市场失灵失之偏颇；外部性问题的实质在于产权界定不清，由此造成的利益边界与行为权利不明确，易于导致外部性出现。此外，米德、萨缪尔森、史普博、布坎南、斯蒂格利茨等经济学家都对外部性问题进行了深入分析，使外部性理论演进成为 20 世纪经济学思想发展的一条重要线索。总体上看，学界对外部性问题的争论主要与经济福利、市场失灵、政府规制等主题密切相关。

有关外部性的定义较多，归结起来主要有两类：一类从外部性的产生主体角度来定义，另一类则按外部性的接受主体来定义。前者如萨缪尔森和诺德豪斯（1999）的定义，即“生产和消费过程中当有人被强加了非自愿的成本或利润时，外部性就会产生。更精确地说，外部性是一个经济机构对他人福利施加的一种未在市场交易中反映出来的影响”。后者如兰德尔（1989）的定义：外部性是用以表示“当一个行动的某些效益或成本不在决策者的考虑范围之内时所产生的一些低效率现象，也就是某些效益被给予或某些成本被强加给没有参加这一决策的人”。实际上，上述两类定义对外部性的本质有共同看法，即外部性是某经济主体对另一经济主体产生的非市场化影响，由于未将这些影响计入市场交易的成本与价格中，该接受主体无法向他人提供报酬或索取补偿（何承耕，2007）。

外部性可从不同角度或标准划分为不同类型。例如，根据外部性的影响效果，外部性可分为正外部性和负外部性。前者指某主体的行为活动可让其他主体或社会受益，但受益者并未进行有关成本支付；后者则指某经济主体的行为使他人或社会受损，而该主体却并不为此承担成本（庇古，1971）。根据外部性的产生领域，外部性可分为生产外部性和消费外部性。前者指由生产活动形成的外部性；后者则指由消费行为导致的外部性，即一个消费者的行为直接影响他人的效用水平。综合上述两种分类，还可得到外部性类型组合（杨桂华等，2015），见表 4-1。

表 4-1　外部性类型组合（部分）

类型	正外部性	负外部性
生产外部性	生产的正外部性	生产的负外部性
消费外部性	消费的正外部性	消费的负外部性

资料来源：杨桂华，等，2015．旅游生态补偿[M]．北京：科学出版社．

此外，根据外部性产生的时空范围、作用的方向性和产生的根源，可分别将其分为代内外部性和代际外部性、单向外部性和交互外部性，以及货币外部性和技术外部性。从涉及利益主体范围的角度，外部性还可分为公共外部性与私人外部性。公共外部性指受影响的主体（受体）众多，且不同主体间对外部性影响的“消费”具有非排他性和非竞争性；同时，公共外部性总是与“公共物品”“公共资源”紧密关联，即公共物品均为具有强烈“公共外部性”特征的物品和活动，如国防、基础研究、生物多样性保护等。相反，私人外部性则具有排他性和竞争性，其影响只针对有限的受体，且每增加一个受体，其他受体受到的影响会相应减少（王昱，2009）。

按照外部性理论，环境问题是生产、消费等经济活动造成的一种“外部不经济性”后果。在获利动机驱使下的市场微观主体（企业和个人），其生产经营活动通常只计算对自身利益直接产生影响的成本和收益，不考虑其活动带来的环境成本代价，有时甚至将环境成本转嫁给他人和未来，导致单个市场主体的成本和收益与社会成本和收益不一致而形成“外部不经济性”，这是产生生态环境问题的重要经济根源（董锁成等，1999）。从资源配置角度分析，外部不经济这种非市场性的影响使价格机制不能有效地配置资源，易于引致经济主体以牺牲资源环境和社会其他利益为代价来获取收益（吴志才，2005）。

根据主流经济学派的观点，外部性是造成“市场失灵”或市场机制局限性的重要原因，而解决外部性问题的思路就是将其影响内部化。在这方面，庇古税理论和科斯定理是较具代表性的成果。其中，纠正外部性问题的庇古税理论的缘由是经济当事人的私人成本与社会成本不一致、私人收益与社会收益不一致而导致的市场配置资源失效，其解决措施在于通过税收、补贴的形式促使私人成本与社会成本相一致，即对负外部性的产生者征收相当于外部不经济的价值的消费税，促使生产者的私人成本与社会成本相等；对产生正外部性的生产者，则给予相当于外部经济价值的补贴，以鼓励他们把产量提升至社会最有效率水平，从而实现资源配置的帕累托最优（郑秉文，1992）。科斯定理则认为：只要产权关系明确予以界定，私人成本和社会成本就不会产生背离；若交易费用为零，无论权利如何界定，都可通过市场交易活动和权利买卖者互订合约而达到资源最佳配置（汪安佑，2007），即在产权关系明确的前提下，通过协商基础上的市场交易方式即可有效解决外部性问题，无须政府干预；若交易成本较高，则需通过制度安排与选择来解决外部性问题。

2. 外部性理论对自然保护区旅游生态补偿路径的启示

作为一种经济活动，旅游开发利用过程存在着多种外部性，既有旅游开发、经营造成的生产外部性，也有旅游者行为所造成的消费外部性，各自又均包含正外部性和负外部性（张一群，2015）。例如，旅游开发可调整区域产业结构、增加就业机会、带动相关产业发展、推动落后地区脱贫致富、促进不同地区之间的文化交流等；合理的旅游开发还可促进自然与文化资源保护和人居生态环境的改善等。这些都是旅游发展的正外部性体现。同时，不合理的旅游开发经营行为及旅游消费行为，容易导致资源过度损耗和生态环境破坏，并造成当地居民传统资源利用方式和权利受限制或剥夺，增加居民的生活成本等。然而在很多情况下，旅游开发和经营者及消费者却并未因其有关行为活动对其他主体产生的不利影响而付出任何代价，使旅游开发的社会成本远远高于私人成本，这也是旅游活动的负外部性的显著体现。值得注意的是，旅游活动的负外部性往往是在旅游开发和经营过程中逐渐积聚的并具有隐性特征，容易被其正外部性所掩盖，但一旦表现出来，则难以逆转和修复。

自然保护区的旅游资源利用及生态保护行为具有明显的外部性特征。其中，保护管理者、社区居民等主体的生态保护行为具有正外部性，其不仅使旅游开发和经营者受益，也使游客从中受益，而游客的受益可以通过其旅游消费行为来体现。与此同时，旅游开发和经营活动往往对自然保护区生态资源环境有一定程度的损耗和破坏，并使保护管理者、社区居民等相关主体不得不承担这些活动产生的负面效应，即旅游发展的负外部性。旅游开发造成生态资源环境破坏而形成的外部成本，以及生态保护行为产生的外部效益在自然保护区旅游开发和经营活动中未能得到较好体现，经常出现的情况是，旅游生态环境保护行为产生的生态效益被他人无偿享用，而对自然保护区资源环境有负面影响的旅游行为却未能得到应有关注和惩戒，造成社会边际成本收益与私人边际成本收益出现背离，使旅游背景下的自然保护区生态系统功能维护难以达到帕累托最优（张一群，2015）。

解决旅游生态环境问题的一个主要途径是推行旅游生态环境有偿使用，对旅游开发的外部社会成本进行经济补偿，促进环境公平并实现其外部社会成本的降低（吴志才，2005）。实施旅游生态补偿的目的在于解决旅游资源开发利用的外部性问题。具体而言，是通过科学合理的制度安排调整旅游开发和经营所涉及相关主体之间的生态和经济利益关系，实现旅游发展外部效应的内部化，促进生态系统服务的维护、改善和可持续利用。运用经济学领域纠正外部性的理论观点，尤其是着眼于解决外部性的庇古税理论和科斯定理，能为旅游生态补偿途径和方式选择产生重要的理论启示。按照庇古税理论，政府通过征税或补贴的干预方式，可使外部效应生产者的私人成本等于社会成本，从而实现外部效应的内部化。运用于旅游生态补偿实践中，即对利用旅游地资源环境实施旅游开发的主体征收旅游生态补偿税/费，并将所收取费用对旅游地生态效益创造者和生态经济利益受损者进行补贴。按照科斯定理，在恰当的条件下，外部性问题可以通过市场交易或各方之间的自愿协商解决。因此，在有关区域旅游生态补偿实施方面，当旅游资源的产权较清晰（非公共物品性质的旅游资源）、旅游生态受益和损失关系较明确且利益相关主体数量较少时，旅游生态利益的受益者可根据受益程度、相关主体生态利益的受损程度或做出生态贡献的大小，在协商的基础上，以直接付费或其他市场交易形式占用或租用旅游资源，从而实现对生态利益受损者和供给者的补偿（杨桂华等，2015）。

在自然保护区建设与发展实践中，针对旅游资源开发利用的外部性问题，应该遵循“谁开发谁保护，谁破坏谁恢复，谁受益谁补偿，谁污染谁付费”的原则。首先，在自然保护区进行旅游开发和经营的主体应保护其开发经营活动所依赖的生态资源及环境；其次，因生态环境得到他人保护和管理而从中受益的主体，应支付一定的补偿费用；再次，自然保护区生态环境破坏造成的是社会公害，破坏者不仅要为其破坏行为付出代价，而且有义务进行赔偿；最后，生态服务功能受益者也有责任对为保护资源环境做出牺牲的群体给予适当补偿。总之，若旅游开发和经营者对自然保护区资源环境的利用行为产生的负外部性没有得到有效纠正，其利用过程中的负面影响就会加剧，继而导致其他相关群体利益受损；同样，如果保护管理者、社区居民等主体具有正外部性的生态保护行为未得到补偿和鼓励，则会导致这种保护行为被忽视而逐渐较少，并容易造成这些相关主体与旅游开发者、经营者之间的利益矛盾，不利于自然保护区旅游业与生态保护、社区建设的协调发展。

4.1.4　环境正义理论及其对自然保护区旅游生态补偿路径的启示

1．环境正义理论的基本要点

正义是指“以一个适合的方式，公平、适宜地对待他人”（杨秉煌，2000）。美国著名哲学家罗尔斯（1998）在其《正义论》中提出了作为公平的两个正义原则：一是每个人的自由权利均等原则；二是机会的公正平等原则与差别原则的结合。两大原则的要义是平等地分配各种基本权利和义务，同时尽量平等地分配社会合作所产生的利益和负担（陈瑛，2002）。正义理论在人与自然关系领域的拓展应用直接催生了环境正义。现代化带来了全球性生态环境问题，而环境问题和环境利益表里相依，环境利益的分配和对环境问题责任的“分摊”，必然产生环境公平问题（张长平，1999）。20 世纪 80 年代，一场源于美国、针对环境种族主义的环境公平运动在全球范围内产生了巨大影响。1987 年，介绍该运动的著作《必由之路：为环境正义而战》首次使用了“环境正义（environmental justice）”一词。随着调查和研究的深入，越来越多的迹象表明生态环境质量与种族、民族及经济地位有着密切关系。例如，1990 年，美国国家环境保护局设立了环境公平工作组，开始向广大社会公众推行环境公平的观念、准则；1991 年，在美国华盛顿召开了第一届全国有色人种环境保护领导人峰会，此次会议上达成了有关环境正义的 17 项基本主张；等等。这些举措对人们的环境认知和政府的环境管理政策等都产生了深刻影响。

环境正义，亦称环境公正、环境公平、环境平等或生态正义、生态平等、生态公正等，是指在环境资源法律、法规、政策的制定、遵守和执行等方面，全体人民，不论其种族、民族、收入、国籍和教育程度，均应得到公平对待并卓有成效地参与（USGAO，1983）。美国学者博登海默（1999）认为，“平等的范围涉及法律待遇的平等、机会的平等和人类基本需要的平等。……它也可能关注因损害行为进行赔偿时做出恰当补偿或恢复原状问题……”。日本学者户田清认为，环境正义的核心思想是减少整个人类生活环境负荷的同时，在环境利益（享受环境资源）及环境破坏带来的负担（利益受损）上贯彻公平原则，以达到环境保全和社会公正的双重目的（陈昌曙，2000）。具体而言，环境正义关注的是不同主体是否拥有平等利用环境资源的权利，同时是否公平地分担环境保护责任和环境危机导致的灾难等。与环境正义相对的是环境不正义，可分为实质不正义和程序不正义：前者主要指社会生产生活产生的有害物质被社会强势群体以各种手段强迫弱势群体接收及承担；后者指由于生产与消费的扩张及环境资源匮乏，弱势群体被限制或禁止使用资源（纪骏杰，1997）。

环境正义理论的核心问题是如何公平地分配生态权利或分摊生态责任，由此形成了两个相互关联的问题域：人与人之间的环境正义问题，以及人类与自然之间的环境正义问题，呈现出环境正义二重维度，即人际环境正义与种际环境正义。种际环境正义指人与非人类生命体物种之间要实现公平，人类要尊重其他物种应享有的生存发展权利（蔡守秋，2005），具体分为人与自然间的正义和物种与物种间的正义，人与自然间的正义强调人类既拥有享用自然的权利，又要承担呵护自然的责任；物种与物种间的正义则强调人类对自然界中其他物种的责任，即人类应将自身视为自然界中平等的一员，不能对其他物种任意奴役和摧残。本质上，种际环境正义属于类正义，它以人与自然共在的类性为哲学依据，以类伦理原则为价值准则来规范人类与自然的关系，实现人类与其他物种在存在性和发展性价值意义上的平等（张斌，2009）。人际环境正义指不同时代、性别和种族的利益群体在利用资源、维护环境的过程中，应实现权利与义务、机会与风险、贡献与索取、恶行与惩罚、善行与奖赏等多方面对应（张雅丽和黄建昌，2008），其主要包括代内正义与代际正义。代内正义指同时代的人们应公正地分配自然资源、共同保护环境并公平地获取补偿。代际正义则指前、后代人在利用自然资源谋求生存发展方面应享有同等权利并同样承担维护环境的责任。根据利益主体范围不同，代内正义可分为国内正义和全球正义，前者强调同一国家中不同群体、不同地区、不同阶层间的生态利益和责任问题，后者主要涉及发达国家与发展中国家的生态利益和责任问题。代际正义体现为三大原则：一是保存选择原则，即当代人既应为后代人保存自然和文化资源的多样性，又享有可与前代人相比拟的多样性资源的权利；二是保存质量原则，即当代人应维护地球的生态环境质量，使其以不差于从前代人手中接管时的状态传递给下一代人；三是保存接触和使用原则，即每一代人应对其成员提供平等的接触和使用权（陈泉生，2000）。总之，种际环境正义关注人类自身与外部自然的关系，人际环境正义则强调人类自身内部的关系。种际环境正义体现了一种物种平等的原则，是实现人际环境正义的基础；在人际环境正义中，代内正义是代际正义的基础，其与代际正义相比更具现实性和紧迫感（杨桂华等，2015）。

环境正义是社会公平正义的重要内容。目前在环境保护领域出现的城乡不公平、区域不公平、阶层不公平乃至世界不公平，其本质往往是环境权利与责任不对等，即环境不正义的表现（何承耕，2007）。生态环境恶化加深了社会贫富阶层的两极分化，而环境不正义导致受害较深的往往是最贫穷的社会阶层。根据环境正义理论，将环境成本的外部化转为内部化是矫正环境不正义现象的关键所在。现实中，应结合环境权益的分配、使用及环境责任承担方面的不公正、不对等问题，建立和实施相应的生态补偿制度来解决有关领域的环境不正义问题，如下游地区对上游地区、开发地区对保护地区、受益地区对受损地区的生态补偿问题，以及不同社会阶层间的环境权益分配不公问题等。

2. 环境正义理论对自然保护区旅游生态补偿路径的启示

在自然保护区等地域旅游发展过程中，经常出现环境不正义现象，既包括种际环境不正义，也包括人际环境不正义。具体来说，自然保护区旅游开发背景下的种际环境不正义主要体现为旅游开发和经营者在短期利益的驱使下，对旅游资源及环境进行过度开发利用，却几乎没有主动实施保护生态环境的行为；或是在旅游开发利用过程中，开发和经营者只注重其经济利益，旅游者只关注其旅游过程的享乐体验，却忽视自然保护区生态系统中多种非人类生命物种及其生存环境的健康、安全和完整，甚至以生态旅游为幌子，以征服者或占有者的姿态对待自然环境和其他物种。这样的行为不仅容易导致自然保护区自然资源的不合理损耗及生态环境质量的非正常降低，还会剥夺后辈人享用同一区域旅游生态资源与环境的权利（张一群，2015）。自然保护区旅游开发背景下的人际环境不正义主要发生在当地社区居民与旅游开发商、旅游经营者、地方政府和旅游者等利益主体之间，通常可分为两种情形：一是生态保护者进行自然保护区生态环境保护和建设的成效通常无偿转化为其他人群的旅游收益，尤其是被旅游开发与经营者无偿占有；二是外来旅游企业等主体通过旅游开发和经营而获利，却由自然保护区当地居民承受其旅游开发利用带来的环境污染和生态破坏后果。这样一来，这些不同群体在旅游开发利用及旅游地生态环境保护过程中的付出与收益、权利与责任等方面均存在着严重的非对等（应）性，即严重的环境不正义问题。

针对自然保护区旅游开发过程中的各种环境不正义现象，需要建立起体现环境正义本质特征和要求的政策制度来实现人与人之间，以及人类与自然之间的环境正义。生态补偿正是人们基于环境正义理论，经过对人类传统资源利用和生产方式进行深刻反思之后而建立的一种解决生态环境问题的具体制度。已有相关领域的实践表明，生态补偿不仅可减少经济增长产生的环境负效应，促进生态环境保护和资源可持续利用，也能通过相应经济手段协调不同区域、不同主体间的生态和经济利益关系，实现相关区域经济、社会、生态的持续互动发展。

对于旅游生态补偿这一新兴的生态补偿领域而言，上述环境正义理论及原则同样能够发挥其应有的指导作用。从环境伦理学的角度来说，建立旅游生态补偿制度的根本目的在于纠正当前旅游领域存在的诸多环境不正义现象，该制度的伦理学价值在于通过及时偿还不合理的旅游开发、经营和消费行为的“自然债”、保障旅游背景下生态保护者的生态经济权益、转嫁与分散其生态保护成本等，以此实现和维护旅游领域的生态（环境）正义（杨桂华和张一群，2012a）。

具体来说，一方面，要实现纠正自然保护区旅游发展领域各种环境不正义现象的目的，应将公平补偿的环境正义理论转化为旅游生态补偿的重要原则。自然保护区旅游生态补偿实践中的公平补偿原则包括人际补偿与种际补偿两个方面的内容：人际补偿方面，既要关注有关主体现实利益损失补偿方面的公平与正义，也应关注发展机会补偿的实质公平，保障生态保护和建设者的生态权益，让那些享受生态保护者劳动成果的生态受益者支付一定的补偿费用；种际补偿方面，应强调对生态资源与环境自然属性的补偿，以实现种际间的生态（环境）公平，促进旅游开发领域生态利益多元主体地位与机会的公平（杨桂华等，2015）。对不同时空范围内的生态经济利益受损者实施补偿，既有利于实现代内生态（环境）公平，也有助于实现代际间的生态（环境）公平（张一群，2015）。另一方面，从自然保护区旅游领域环境不正义具有的二维性（种际环境不正义和人际环境不正义）角度考虑，对其进行纠正的旅游生态补偿制度实施应包括对自然环境的补偿和对人的补偿两大方面。对自然保护区自然环境的补偿，要求旅游生态环境效益的利用者对旅游开发过程中面临破坏威胁的物种及生态环境进行保护，对于已遭受损害、依靠自身补偿机制无法还原的生态系统进行重建和恢复，以此纠正旅游领域的种际环境不正义，促进自然保护区旅游业发展、生态资源利用与环境保护的协调发展。对人的补偿，主要是基于纠正自然保护区旅游领域的人际环境不正义的要求，对于旅游背景下传统的生态资源利用权益受限制或剥夺而遭受生态经济利益损失的自然保护区社区居民，以及通过非自身职责范围内行为对自然保护区旅游生态保护和建设做出贡献的集体和个人实施相应形式和内容的补偿。

4.2 自然保护区旅游生态补偿实现路径的框架构建

4.2.1 自然保护区旅游生态补偿的基本目标定位

根据补偿实施的对象属性，可将旅游生态补偿的范畴划分为两个部分：一是对自然环境的补偿；二是对人的补偿。前者体现的是旅游发展背景下有关主体（生态资源开发利用者、保护管理者等）与自然生态系统的权利-义务关系，后者则反映了围绕旅游生态资源开发利用的不同利益主体之间的权利-义务关系。每个方面的补偿都有其相应的目标层次，即对自然环境的补偿属于物质层面的补偿，对人的补偿属于价值层面的补偿。

1. 对自然保护区自然环境的补偿目标

针对自然保护区自然环境的旅游生态补偿，是在旅游发展过程中，对受到旅游生产和消费活动负外部性影响的生态资源与环境进行保护，对遭受破坏、通过自然补偿无法还原其服务功能的生态系统进行恢复与重建，以促使自然保护区自然生态系统的自我调节与自组织能力朝有序的方向演化。此方面补偿的直接目的在于维护和提升自然保护区自然生态系统在保护、科研、教育、游憩等方面的多种服务功能，其表征为相关保护主体通过生物措施、工程措施等进行的植被保护、生态修复、生态环保设施建设及其他生态维护管理活动等。从内容属性来看，此类补偿的实质为“人-物”或“物-物”的相互关系，属于物质层面的旅游生态补偿。从补偿目的及要求来看，该层面的旅游生态补偿实施应遵循以下标准：是否符合自然保护区生态系统健康维护及发展的需要，是否与自然保护区生态系统的自然特性与生态属性相匹配，是否能维持和增强自然保护区自然生态系统对旅游发展的支持能力，等等。同时，作为自然生态系统外部补偿的一种途径，此类生态补偿应保持与生态系统内部补偿（自然生态系统遭受外界活动干扰、破坏后的自我调节和恢复的能力）之间的平衡关系（张一群和杨桂华，2012）。

2. 对其他受偿者的补偿目标

针对自然保护区自然环境以外受偿者的旅游生态补偿，是指有关补偿主体利用一定的环境经济手段，对因旅游发展需要而使传统资源利用权利和方式受到限制或剥夺的自然保护区当地居民，以及其他对自然保护区旅游生态环境保护和建设有贡献的集体或个人而实施的补偿。从内容属性来看，此方面补偿的直接目的在于调节围绕自然保护区生态资源利用而产生的利益关系，纠正自然保护区旅游生态资源利用过程中的不公平现象并对各种旅游生态保护行为形成激励，因此其实质为“人-人”的相互关系，属于价值层面的补偿。基于补偿实施目的及要求，该层面旅游生态补偿制度的设计应当遵循以下标准：是否能够推进相关主体在自然保护区旅游发展过程中的生态和经济利益关系协调，使从事生态资源与环境保护的各类主体有动力继续或更好地提供自然保护区旅游发展所需的生态环境效益。

就旅游生态补偿目标的实质而言，对人的补偿最终还是为了实现对自然环境的补偿。当自然保护区社区居民等生态资源的产权所有人（特指有关生态资源归社区居民集体所有的情况）或传统利用者获得相应的旅游生态补偿后，将通过限制自身传统的资源依赖型生产生活方式来降低或消除对生态环境的影响，并最终体现为对自然保护区生态系统和服务功能的补偿；而自然保护区旅游生态保护和建设者也能依靠相关补偿而弥补其保护投入成本并获得良好的激励，从而以更大的热情投入自然保护区生态环境保护和建设活动中。因此，在具体的旅游生态补偿实践中，应做到价值补偿和物质补偿两者并举，并以物质层面的补偿为指归（张一群和杨桂华，2012）。这样不仅有助于将旅游生态补偿与其他形形色色的各种补偿活动区别开来，而且可以检验自然保护区旅游生态补偿的相关制度设计与政策路径是否有利于其最终目标——旅游利用与生态保护、社区建设等多元协调发展目标的实现。

4.2.2 自然保护区旅游生态补偿实现路径的框架模型

自然保护区旅游生态补偿实现路径不仅仅是一个实践层面的概念，更是一个理论分析框架。总体上，该分析框架由发展目标、机制设计、实践运作和实施保障 4 个基本层面构成（图 4-2）。其中，发展目标层面主要是明确自然保护区旅游生态补偿的基本目标定位，包括对自然保护区自然环境和其他受偿者的补偿目标定位；机制设计层面主要是确立自然保护区旅游生态补偿的运作机制，具体可包含政府主导机制、市场运作机制和社会参与机制等；补偿实施方式选择和实施标准确立是自然保护区旅游生态补偿具体实践路径的重要表征，也是关乎自然保护区旅游生态补偿运作实施效果的主要方面，因而构成实践运作层面的基本内容；此外，在自然保护区旅游生态补偿运作过程中，还需要建立起相应的支撑保障体系，具体来说，包括制度性支撑、管理性支撑和技术性支撑 3 个方面。

在自然保护区旅游生态补偿实现路径分析框架中，补偿目标定位对保护区旅游生态补偿机制设计、实践运作和实施保障均具有重要引领作用；反过来，通过补偿运作机制的科学设计、补偿方式和标准的合理确立及补偿支撑体系的有效构建，可促进保护区旅游生态补偿基本目标的顺利实现。同时，保护区旅游生态补偿运作机制建立是补偿方式选择和补偿标准确立的重要前提与基础；补偿支撑体系构建则可为补偿机制运行及补偿方式、补偿标准的实施提供必要保障。

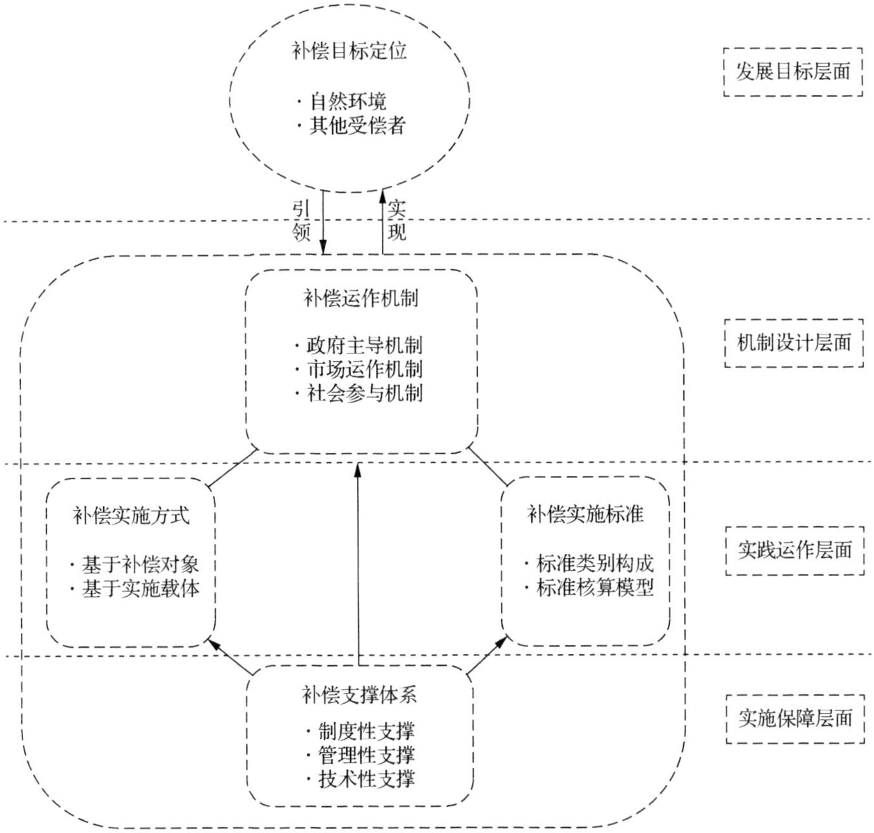

图 4-2　自然保护区旅游生态补偿实现路径分析框架

4.3　自然保护区旅游生态补偿实现路径的基本阐释

杨桂华等（2015）在《旅游生态补偿》一书中分别对旅游生态补偿的运作机制、补偿实施方式、补偿标准核算、补偿保障体系等问题进行了理论阐释。这些理论成果对于自然保护区旅游生态补偿实现路径的构建提供了基本框架体系。以下部分主要以该理论框架体系及有关内容为参照，对自然保护区旅游生态补偿实现路径进行分析阐释。

4.3.1　自然保护区旅游生态补偿运作机制

旅游生态补偿运作机制可划分为政府主导、市场运作、社会参与 3 个层面。

其中，政府主导是旅游地公共生态保护和居民公共福利提高的保障机制；市场运作是在政府公共补偿的基础上，以旅游生态资源价值的市场实现为特征的补偿机制创新途径；而社会公益组织、社区居民等主体通过相关活动进行的旅游生态补偿参与，则是对前述两种补偿机制的社会化拓展（图 4-3）。

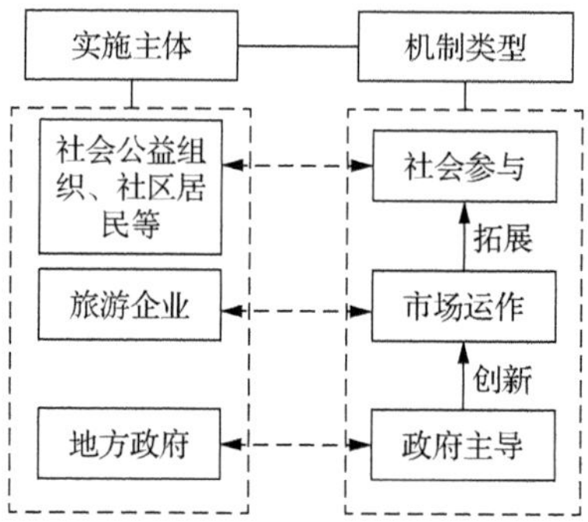

图 4-3　旅游生态补偿运作机制划分

（资料来源：杨桂华，等，2015．旅游生态补偿[M]．北京：科学出版社.）

针对自然保护区旅游开发利用形成的外部性问题，探索多渠道并存、多类型互补的补偿路径，引导更多的资金、人力、物力等投向保护区旅游生态环境保护和建设，是保护区旅游生态补偿机制构建与实施的应有之义。

1．政府主导机制

政府是公共生态资源的管理者及居民福利保障的责任主体，可在自然保护区旅游生态补偿实践中发挥宏观调控、政策引导等作用，为自然保护区旅游生态保护、社区发展、人才培养等事业提供持续有效的保障。具体而言，政府主导机制包括以不同方式对自然保护区旅游生态资源保护与环境建设提供公共资金支持，建立资金来源多元化的自然保护区旅游生态补偿基金并实施专项管理等。

（1）实施旅游生态公共支付

在自然保护区实施旅游生态公共支付，主要是由自然保护区（或自然保护区所属区域）地方政府或有关管理部门依据一定标准，对纳入补偿范围的旅游生态资源与环境提供用于专项保护活动的财政拨款和补贴，或对维护自然保护区旅游生态环境做出贡献的组织和个人直接给予货币补助、税收减免、实物补贴等形式的财政支持。

作为地方政府或管理部门对自然保护区旅游生态保护与建设进行公共财政支

持的基本表现形式，旅游生态公共支付能在自然保护区生态环境维护和利益关系协调方面显示出其独特的作用。但是，这种方式并不具有普适性，如不适用于因旅游开发和经营企业等市场主体的行为活动造成的生态利益损失性境遇等。结合自然保护区旅游发展实践中的有关损失性境遇及补偿主体、对象的现实状况，将旅游生态公共支付与项目补偿、政策补偿、智力补偿等进行优化组合，有助于发挥该补偿方式的功能效用，满足自然保护区旅游开发与生态保护协调发展的需求。

（2）设立旅游生态补偿基金

作为一种行业性生态补偿基金，旅游生态补偿基金能构成以保护当地生态环境为目的而设立的生态补偿基金的重要构成或补充（杨桂华等，2015）。以自然保护区当前行政管理体制为依托，在地方政府领导下，可由财政、旅游或相关管理部门牵头，采取公共财政拨款、旅游生态补偿税费征收和公众捐助结合的方式，构建多元化补偿资金筹集机制。总体上，按上述途径建立的旅游生态补偿基金具有资金来源广泛性、基金属性公共性、保障功能持续性的特点。鉴于旅游生态补偿以市场化运行为基本特征的补偿机制属性，以及以旅游业作为营利性经济产业的特性，自然保护区旅游开发和经营主体缴纳的旅游生态补偿税费应构成此类基金的基本部分。但在资金使用方面，则可基于旅游生态补偿目的的公共性、整体性而设立不同的专项基金，为与自然保护区旅游业持续发展密切相关的环境保护、科普宣教、人才培养、社区建设等事业提供支持。

2. 市场运作机制

市场交易或自愿协商的方式在一定条件下可解决外部性问题。由于旅游业具有资源产权较易界定、受益主体较为明确等特点，并具有依托带动能力强、乘数效应显著的自身优势，优先引入市场化的生态补偿是完全可行的（张一群和杨桂华，2012）。针对自然保护区的旅游生态补偿，可结合相关主体间的生态和经济利益关系特征，以及生态系统服务功能补偿需求，结合政府公共补偿手段的实施，借助直接市场交易补偿、收取旅游生态补偿税费、推行生态旅游标记、建立部门（行业）间补偿制度等方式，构建市场化的旅游生态补偿机制，有助于拓展自然保护区补偿路径，保障补偿资金来源的灵活性与可持续性。

（1）直接市场交易补偿

作为典型的市场化生态补偿模式，一对一交易、可配额市场交易等直接市场交易方式最为常用，其能够以较低成本获得较高的生态服务功能保护补偿效率，也适用于自然保护区旅游生态补偿领域。实践中，如果作为非公共物品的自然保护区旅游生态资源产权较为清晰，同时基于旅游开发、经营和管理的生态经济利益获得（享有）和损失关系较明确，则生态经济利益获得（享有）者应以其受益程度和由此导致的其他主体的损失性境遇为依据，通过直接付费或其他市场交易形式，对自然保护区生态经济利益供给者进行合理补偿。

与政府公共支付型补偿方式相比，直接市场交易方式的旅游生态补偿更能直接反映旅游生态资源与环境服务的市场供求状况，以及补偿主体及对象的支付和受偿意愿，具有补偿路径短、交易成本低、补偿效率高等优势，但其适用条件要求相对严格，需要有良好的市场环境和交易制度来支撑（杨桂华等，2015）。因此，对于市场经济环境尚未培育成熟的一些自然保护区而言，在平等协商谈判的基础上，通过交易各方的合理博弈，签订旅游生态补偿协议以明确旅游生态服务的交易内容、条件与价格等，是构建自然保护区旅游生态补偿市场化机制的必要举措。

（2）收取旅游生态补偿税费

环境税费政策的实施，在为生态保护与建设筹集必要资金的同时，也可调整相应的市场信息并促进有关企业和消费者主动选择对保护生态环境有益的生产和消费方式（王蓓蓓等，2009）。

自然保护区旅游生态补偿税费是根据旅游背景下自然保护区生态环境维护，以及与其相关的利益关系协调要求，在现有环境税费制度的基础上征收的专项税费。现实中，自然保护区旅游资源的属性特征、旅游开发利用方式、旅游生态保护需求及条件等，是在确定其旅游生态补偿税费征收内容和形式时需要考虑的因素。另外，征收者需要注意旅游生态补偿税费与自然保护区已有环境税费收取项目的区分，尽量避免税费重复收取行为。遵循“受益者付费、破坏者补（赔）偿、保护者受益”的基本理念和原则，向自然保护区旅游开发利用过程中的生态破坏者、生态服务受益者收取对应的旅游生态补偿税费，用于自然保护区生态资源的保护与增值、旅游生态环境的治理及社区居民生态经济利益损失的补偿等，将有助于促进自然保护区生态系统服务外部效益的内部化，间接地实现公共生态资源与环境的价值。

（3）推行生态旅游标记

生态旅游标记作为国际社会广为推行的环境保护手段，可作为旅游生态补偿的一种创新政策工具加以应用：一方面，鼓励和引导旅游开发和经营者设计并生产符合生态环保目标和内容的旅游产品，形成满足生态旅游消费需求的服务体系并争取通过旅游业界认同的生态旅游标准认证；另一方面，在进行明确标示和提示的基础上，倡导广大旅游消费者购买和使用有生态旅游认证标记、达到生态环保国家或行业标准的旅游产（商）品（杨桂华等，2015）。

作为自然保护区旅游生态补偿市场化的途径之一，推行生态旅游标记，既是对自然保护区旅游开发、经营和消费过程中生态环境保护行为的一种激发，也是通过市场化手段促进自然保护区旅游生态补偿路径拓展和创新的一种制度安排。有关主体通过完善生态旅游认证和管理体系，同时加强对生态环境友好型旅游产品的市场宣传和社会推广，有助于增强对旅游背景下自然保护区生态系统服务及其保护行为的生态补偿效果。

（4）其他市场补偿途径

实践中，在自然保护区内外有关联的地域和行业之间，部门（行业）间补偿也可成为体现市场化特征的自然保护区旅游生态补偿途径。具体而言，可按照市场交易的基本原则，在相同或相关联区域不同部门（行业）之间进行利益调配。例如，为实现旅游背景下自然保护区不同部门（行业）之间的生态经济利益均衡，受益部门（行业）可提取适当比例的发展建设和管理资金用于产业间生态补偿，再由地方财政部门按相应的资金运作管理程序对实施旅游生态保护的部门进行直接补偿。

此外，以可交易的环境管理许可证制度建立为基础，引导有关企业或个人通过碳排放权、林权和排污权的交易，获取对自然保护区生态资源的旅游开发和经营权利，也可成为自然保护区旅游生态补偿市场化实施方式的探索性尝试。

3. 社会参与机制

自然保护区系统内外不同利益主体通过社会化参与方式进行的有关补偿活动，也是自然保护区旅游生态补偿运作实施的重要内容，包括社会公益组织补偿、社区居民参与补偿等社会补偿途径，具体内容如下。

（1）社会公益组织补偿

除旅游开发和经营者、旅游者、地方政府及其相关管理部门等责任主体外，自然保护区旅游生态补偿的实施主体也可包括关注社会公平并自愿承担自然保护区生态环境保护责任的社会组织或个人等。他们通过慈善捐赠、义务劳动、智力支持等系列活动，在促进自然保护区旅游生态资源和环境的保护与建设的同时，也能向旅游开发利用背景下的生态经济利益受损者和地方弱势群体提供支持。具体有以下补偿实施形式：一是社会捐赠，即有关集体和个人以捐赠、赞助等方式，为旅游背景下的自然保护区资源管理和环境保护、社区扶贫建设等事业提供资金和物质支持；二是义务劳动，主要是有关社会组织或个人通过投入相应人力、物力，在自然保护区义务开展生态保护和环境建设活动，以及帮助受偿社区进行生产生活设施建设、与生态系统服务功能相关的公共设施建设等；三是教育培训，包括组织志愿服务人员开展自然保护区科普宣教活动，无偿举办以生态保护、替代产业发展等为内容的培训或咨询活动等。

（2）社区居民参与补偿

社区居民既是自然保护区生态资源的传统所有者（特指有关生态资源归社区居民集体所有的情况）、使用者和守护者，也是自然保护区旅游生态补偿实施的主要利益相关者和关键参与者，体现出补偿对象和主体角色的双重性（陈海鹰和杨桂华，2015）。社区居民参与自然保护区旅游生态补偿的内容与方式具体如下。一方面，地方政府或有关管理部门应基于共同、平等和协商原则，保障社区居民的主人地位及其利用和管理旅游生态资源的权利，并建立相应的利益分配机制，引导社区居民参与旅游地生态资源管理及生态经济利益分配，以此激发社区居民进行生态保护和建设的积极性；另一方面，应考虑到社区居民在长期生产实践中形成的生态保护文化及生态管护经验对于提高生态保护管理效率的作用，促使自然保护区旅游生态补偿的实施目标与居民的生活、生产活动紧密相连。同时，还可在地方政府引导和支持下，建立社区参与的自然保护区旅游生态补偿监督管理机制，通过建立包括社区居民等利益相关主体代表在内的自然保护区旅游生态补偿监督管理机构，增强社区居民在自然保护区旅游生态保护和建设方面的话语权。

需要注意的是，尊重社区居民的参与意愿并吸收其合理意见，是确保自然保护区旅游生态补偿政策制定和实施过程能得到社区居民真正支持的一个关键。此外，加强面向自然保护区旅游生态补偿机制构建的社区组织及其能力建设，也是保障社区居民参与自然保护区旅游生态补偿活动得以合理、有序开展的重要条件。

（3）其他社会参与途径

自然保护区旅游生态补偿的其他社会参与途径还包括：自然保护区所在地政府或相关管理部门按照“谁建设谁受益”的原则，鼓励和引导民间资本、开发性贷款等多种社会资本参与旅游背景下的自然保护区生态保护和环境建设公共项目的投资建设，同时对投资建设主体实行土地、人才、信贷、税收等方面的相关政策倾斜。此外，还可通过允许自然保护区旅游企业等补偿主体发行旅游彩票等方式，帮助其解决自然保护区旅游生态保护和建设资金不足的问题。

4.3.2 自然保护区旅游生态补偿实施方式

旅游生态补偿的实施方式可分别从补偿实施对象、补偿实施载体等方面划分。前者包括针对自然生态系统、社区居民及自然保护区旅游生态保护和建设者的相关补偿方式；后者则涵盖资金、实物、智力、政策和项目等补偿方式（图 4-4）。下面将以上述划分标准为参照并结合旅游背景下的自然保护区有关情况，对自然保护区旅游生态补偿的实施方式进行分析与阐述。

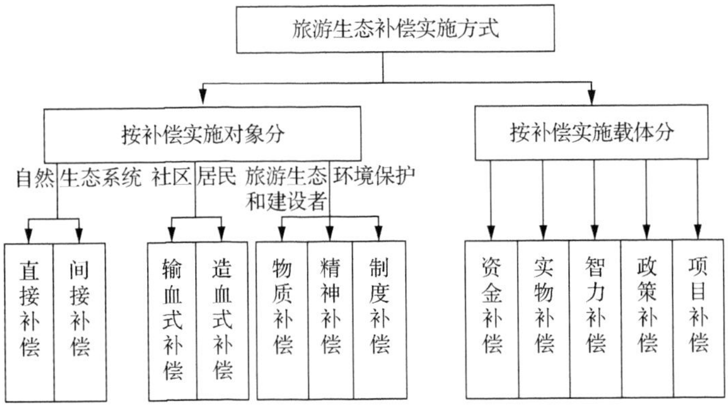

图 4-4　旅游生态补偿实施方式

（资料来源：杨桂华，等，2015．旅游生态补偿[M]．北京：科学出版社．）

1．基于受偿对象的补偿方式

结合自然保护区旅游开发利用及旅游生态保护所形成的有关损失性境遇，可将自然生态系统、社区居民及旅游生态环境保护和建设者确定为自然保护区旅游生态补偿对象。以这 3 类对象在自然保护区旅游发展背景下的补偿需求为基本依据，可分别实施相应的旅游生态补偿方式。

（1）对自然生态系统的补偿方式

1）直接补偿。基于维持、恢复和提升自然保护区资源与环境的生态服务和游憩利用功能的目的，以旅游开发与经营形成的资金、技术、管理等要素为依托而采取的人工手段，即为直接旅游生态补偿方式。该类型补偿方式既包括自然保护区相关管理部门将旅游生态补偿资金用于野生动植物保护、生态监测、生态修复等直接保护工作，也包括自然保护区旅游开发者和经营者在其开发或经营地域范围内，投入资金及其他要素进行植被保护、生态环保设施建设及其他日常生态维护管理等工作。

作为能产生直接生态保护和建设效应的人工手段，直接旅游生态补偿方式能促进自然保护区自然生态系统的自组织与自我调节能力朝良性循环方向演化，使受到旅游活动干扰乃至破坏的生态系统服务功能得到有序恢复，降低旅游背景下自然保护区生态系统载荷，实现对旅游发展所依赖的自然生态系统的保护，维持并增强其对旅游经济系统的支撑力（杨桂华等，2015）。

2）间接补偿。间接补偿方式主要是指相关管理部门或旅游开发和经营者等主体基于自然保护区自然生态系统对旅游发展的支撑能力维护与发展要求，利用旅游生态补偿资金或投入相应资金和人力、物力，进行与自然资源与生态环境保护相关的科普宣教设施建设，开展生态保护科学项目研究或科普教育活动，以及募集捐赠生态环保基金等。

相较于直接补偿方式，间接补偿方式对自然保护区资源与环境的生态服务和游憩利用等功能的维护产生的是间接效应，但其对自然保护区旅游生态环境的保护和建设具有良好的社会导向作用，有助于促进自然保护区自然资源与生态环境的价值增值及可持续发展。

（2）对社区居民的补偿方式

1）输血式补偿。较为常见的输血式旅游生态补偿手段是通过直接发放资金或实物，对社区居民因旅游开发利用和旅游资源环境保护而遭受损失的生态权益进行经济补偿。具体包括：按照确定的补偿标准或协议内容，提供相应数量的补偿资金作为社区居民的基本生活保障金、贫困救助金或社区福利基金等，或将补偿资金用于购买必要的生活资料并定期发放给社区居民，以弥补其利益损失。

依据自然保护区旅游发展形成的居民生态经济利益损失而实施输血式旅游生态补偿，不仅可维护居民的基本生存权益并改变其长期以自然保护区生态资源为生计来源的格局；同时，通过为社区居民提供相对稳定的经济收入和生活资料来源，也可有效缓解或消除因自然保护区生态资源利用而引致的社区居民与其他利益主体间的矛盾冲突，维护和谐稳定的旅游发展环境。然而，以资金和实物发放为主要形式的输血式生态补偿也存在诸多缺陷，如无法解决发展权补偿问题，以及生态保护和建设投入上自我积累、自我发展的问题等（付健，2007）。

2）造血式补偿。造血式旅游生态补偿方式是指以促进社区自身发展条件建设和自我发展能力培育为目的，借助旅游开发和经营管理形成的相关要素及政策环境而实施的非资金或实物发放形式的补偿。具体包括：通过设立社区发展项目基金等，对社区生产生活条件（交通、水电、环境卫生、医疗等公共设施等）建设进行支持、开展捐资助学等公益活动；免费开展生产和服务技能培训并帮助社区居民就业；引导和扶持社区居民参与旅游项目经营与管理（包括在自然保护区适宜地域开展特许经营旅游项目、以土地等资源入股参与相关旅游项目经营等）；等等。

促进自然保护区旅游业与地方社区的协调互动、带动社区经济社会整体发展，是造血式旅游生态补偿方式的实施目的所在，体现了对旅游背景下社区居民角色的客观定位，即将其看作旅游发展环境的重要组成部分、具有内在发展潜力和多维发展需求的利益主体（陈海鹰和杨桂华，2015）。上述具有功能差异性的造血式补偿方式，在促进社区生产生活环境的改善、推动社区公共事业的发展、帮助居民更新发展观念并进行相关替代产业开发、推动居民整体素质和社区自我发展机能提升等方面均可发挥重要作用；也能通过合理分享旅游发展利益，增强社区居民与自然保护区资源环境的和谐共生意识，以及与旅游开发和经营者、旅游者等主体的互利共赢意识。

（3）对旅游生态环境保护和建设者的补偿方式

通过有意识或无意识的集体或个体行为，客观上对旅游背景下自然保护区生态保护和环境建设做出贡献的单位或个人（包括实施该行为的当地居民），也属于自然保护区旅游生态补偿的对象。针对此类受偿对象，可分别从物质、精神和制度等层面来设计旅游生态补偿方式。

1）物质补偿，可结合受偿对象在旅游资源保护和生态环境建设方面的成本投入及利益损失情况，通过设立旅游生态保护（补偿）公共基金等，开展自然保护区旅游生态环保行为有偿奖励（资金或实物）等活动，对旅游生态保护和建设者进行补偿。

2）精神补偿，主要是激发旅游生态环境保护和建设者的参与动力。例如，根据他们对自然保护区旅游生态环境保护和建设的贡献情况，设置相对应的荣誉称号等精神奖项并定期开展公开授奖活动；定期组织旅游生态环境保护和建设者走村入户进行旅游生态环保宣讲活动，通过榜样形象的塑造对其形成精神激励；此外，还可组织他们参加免费旅游活动，强化其对旅游生态环境保护和建设工作的价值认同。

3）制度补偿，即通过制定和实施有针对性的政策、制度等，支持和鼓励相关单位或个人在自然保护区旅游背景下的资源保护和环境建设行为，包括为其提供免费生态环保技术指导和咨询服务，在自然保护区有关生态环境保护和建设项目的投资开发、土地利用、银行信贷、税收优惠等方面给予政策倾斜等。

2. 基于实施载体的补偿方式

按实施载体类型划分，旅游生态补偿可分为资金补偿、实物补偿、智力补偿、政策补偿、项目补偿等方式。有关实践表明，除资金补偿外，其他功能差异化的不同补偿方式均具有弥补受偿对象损失性境遇的现实意义。

（1）资金补偿

资金补偿主要通过补偿金支付、社会赠款、公共补贴、财政转移支付等方式，实现补偿主体和受偿对象间以生态利益转让为实质的价值转移，可迅速调节供需双方的矛盾关系。

在自然保护区旅游生态补偿领域，资金补偿是通过让受偿对象获得直接激励而增强其旅游生态环境保护动力的补偿方式，可用于自然资源与环境生态服务功能的市场价值补偿、自然保护区居民生态权益和发展机会成本损失的价值补偿，以及有关单位和个人在自然保护区旅游生态环境保护和建设中投入成本的价值补偿等。实践中，以自然保护区旅游企业为主体的营利性旅游开发经营活动，其资金补偿主要体现为旅游企业对社区居民等受偿对象的补偿金支付形式；而公共补贴、财政转移支付等资金补偿形式，一般仅适用于非营利性的自然保护区旅游项目建设（如实行免票制的公共福利型景区）。

（2）实物补偿

实物补偿主要是有关补偿主体结合受偿者在生产生活领域的实际需求，为其提供相应的物质资料补贴以增强受补偿者的生产能力或改善其生活状况。例如，在社区居民原有生产方式受到外部旅游开发经营活动限制而形成利益受损后，为其提供维持新的生计所需的生产要素及生活必需品。从社区整体发展的角度看，公共设施也应列入实物补偿的范畴。针对自然保护区旅游生态保护和建设者的实物补偿，应以提供其开展生态保护和建设活动所需的相关设施设备为主要内容。

除了满足受偿者对必要生产和生活资料的需求，实物补偿也能将相关物质资料作为自然保护区资源环境保护的重要支持要素，提升其利用价值。此外，与资金补偿方式相比，提供实物补偿的补偿主体来源更加广泛，除旅游开发和经营者、旅游者外，还包括地方政府及各种环保和慈善组织、爱心人士等。

（3）智力补偿

智力补偿是以知识经济要素输入为表征的补偿方式，具有载体无形性、效果间接性、作用长效性等基本特征。以知识、技术、管理等为主要内容的智力补偿，也是自然保护区旅游生态补偿的重要方式。具体包括：通过提供技术咨询和培训指导来培养旅游生态环境保护、建设和管理等领域的专业人才；针对受偿社区开展旅游从业技能培训、旅游特许经营项目服务和管理培训、替代性产业发展的能力培训等；对社区居民进行有针对性的生态环境保护教育；以支教、捐资助学等活动形式对当地社区教育事业进行扶持等。

尽管不能直接弥补受偿者的生态经济利益损失，但基于帮助受偿对象建构自身发展机能的智力补偿方式，在提升旅游背景下自然保护区社区居民等主体的文化素养、经营能力、管理水平和环保意识等方面均能发挥有效作用。

（4）政策补偿

在自然保护区旅游生态补偿过程中，有关补偿主体可根据不同受偿对象的现实状况和发展需求，分别制定和实施相应政策制度。对于受偿的社区居民，可以基本社会保险制度为基础，实施以旅游经济效益为依托的居民基本生活保障、养老保险、医疗保险、失业保险等政策，还可实施有助于居民自身能力提升的就业引导、教育扶持、旅游项目特许经营及替代性产业发展优惠政策等。针对旅游生态保护和建设者，则可制定实施自然保护区生态资源利用与环境保护的市场化、产业化政策，并根据其承担的生态环境保护和建设项目实施情况给予相应的政策优惠等。此外，还可建立旅游生态环境保护的公共财政制度，推行旅游生态环境税费政策、清洁能源开发政策等。

除能拓展自然保护区旅游生态补偿工作内容外，政策补偿也是补偿实施主体优化配置和利用补偿资源的有效途径。同时，该补偿方式可促进社区居民、生态保护和建设者等受偿者获取与自然保护区旅游业互动发展的机会，这一实质性增权会激发并增强其维护自然保护区旅游资源环境的动力。

（5）项目补偿

针对自然保护区生态环境的项目补偿，主要是以自然保护区旅游业开发效益为依托，通过资金、人力和设施等要素投入来开展植树造林工程、湿地恢复工程、生态廊道建设项目等生态保护工程项目建设，以此保护和提升自然保护区自然资源与环境的生态服务功能。针对受偿社区居民的项目补偿，一般是结合其依托旅游业的自我发展机制构建需求，进行社区旅游特许经营、居民参股的合资合作型旅游经营、公共服务等相关项目建设。对于生态保护和建设者，有关补偿主体可通过技术培训项目开展及有关配套化项目建设，扶持和激励其资源环境保护和生态建设行动。

与其他旅游生态补偿手段相比，项目补偿（尤其是经过优选的旅游生态补偿项目）多具有良好的产业拉动效应和社会参与功能，有利于解决受偿对象发展载体缺失或不足的问题，对于自然保护区生态环境保护、替代产业发展、居民就业安置等，均可具有较好的促进作用。

4.3.3 自然保护区旅游生态补偿实施标准

1. 自然保护区旅游生态补偿标准的研究动态

补偿标准核算是生态补偿研究的核心问题，关系到补偿的效果和可行性（赖力等，2008）。基于既有研究成果的梳理总结，刘敏等（2013）认为旅游生态补偿的核心科学问题集中于 4 点，分别为旅游生态补偿的含义、补偿利益主体、补偿标准及补偿渠道与机制。其中，旅游生态补偿标准是表征旅游背景下生态效益提供者和获得者、保护者和破坏者之间的权-责-利对应关系，体现公平、公正的生态和经济利益分配原则的重要载体，其直接关系到旅游开发和经营者、旅游资源管理者、旅游者、旅游生态环境保护者及旅游地社区居民等多方相关主体的切身利益，对旅游生态补偿实施过程与效果均具重要的现实影响，因而补偿标准问题也成为旅游生态补偿研究的重点问题，包括标准核算依据、内容和方法等。

就国外已有相关成果来看，研究者多侧重以国家公园等旅游地的游客、社区居民等为研究对象，基于“受益者付费”的视角，运用 CVM 进行旅游开发背景下的生态补偿标准等问题研究（Ranjith and Clem，2002；Clevo and Clem，2004；Matthew and Susana，2011），也有基于生态系统服务价值评估来研究旅游生态补偿标准问题（Harold，2012）等。在国内，章锦河等（2005）利用生态足迹法构建旅游开发背景下的四川九寨沟社区居民生态补偿标准测度模型，是国内较早开展旅游生态补偿标准研究的尝试。此后，旅游生态补偿标准核算问题也逐渐进入一些研究者的视野，基于不同地域、视角或方法的相关研究也随之展开。例如，杨一容（2009）建立了针对地方政府和社区居民的生态旅游资源补偿标准分类衡量的概念模型，指出实践中可以科学核算为基础，通过博弈-协商方式来确定补偿标准。吴菲菲等（2009）基于博弈模型分析了旅游业对上游生态保护产业的补偿标准问题，认为只有补偿金额大于上游产业保护与不保护的生态成本投入之差时，上游生态保护产业才有保护和建设环境的动力。马勇和胡孝平（2010b）对湖北神农架旅游生态补偿标准的构成与核算问题进行了分析探讨，此外，还提出应依据不同方法制定旅游生态补偿最低与最高标准，其中最低标准应包括生态保护者的直接投入、实施生态保护的机会成本、生态保护过程的组织管理费用与生态破坏的恢复成本，最高标准则应包括生态服务创造的价值。易艳（2011）分析了森林旅游资源开发中的外部环境成本补偿标准问题，指出该成本补偿兼具效用补偿和费用补偿的性质；其补偿额度应以维持森林旅游资源价值和居民既有利益不变所耗费的成本为基础。李丽娟（2012）则在分析相关要素的含义、计算方法等基础上，构建了森林旅游生态补偿（forest tourism eco-compensation，FEC）标准的核算模型。此外，汪运波和肖建红（2014）运用生态足迹成分法，构建了五类渔家乐旅游生态足迹模型并据此进行渔家乐旅游生态补偿标准评价的实证研究。肖建红等（2016）构建了由狭义和广义物质量核算体系、评价模型和分摊方案等组成的海岛型旅游目的地生态补偿标准研究方法体系并进行舟山市普陀区的案例应用。蒋依依（2014）以单位土地的机会成本、游憩功能价值及生态服务功能为载体，对基于旅游发展的案例地不同空间单元的生态补偿标准进行了等级划分。杨小杰（2014）基于 logit 模型对影响四川省生态旅游补偿额度的因素进行分析，测算出 2011 年四川省生态旅游补偿的额度应为 3.35 亿元。此外，王维艳（2015）探讨了社区旅游吸引物地役权捐出的补偿标准并指出该标准应是一个由景（区）社

（区）双方博弈均衡构成的介于上下限之间的帕累托改进区间，进一步拓展了旅游生态补偿标准的研究领域。

综观已有研究成果，不难看出旅游生态补偿标准问题的重要性已受到越来越多学者的关注，针对其标准核算研究的视角、内容和方法也渐趋多样化；但既有相关研究或限定于某些地域范围和地域类型，或基于单一研究视角和方法等，各自虽有相应的理论或实践价值，但总体上呈现出较零散的状态；借助较成熟的适用性理论来深入探析并基于整体化、综合化思维框架来研究旅游生态补偿标准核算依据、内容和方法等问题的成果较少。

一般来看，生态补偿标准是生态效益、社会接受性、经济可行性的协调与统一，标准决定因子应是多元化的（赖力等，2008）。作为叠加了旅游发展因素、以市场化运行为基本特征的新型生态补偿机制，旅游生态补偿的实施主体和受偿对象往往体现为多样性，各自源于旅游开发利用和旅游生态保护的受益状况或损失性境遇的范围、程度等也存在差异，因而有关补偿标准确立的依据、内容和方法等也需要进行系统化研究和设计。在这方面，刘敏等（2013）认为，在明确补偿主体、对象的基础上，首先应确定补偿标准构成，继而针对不同补偿内容来确定不同的核算方法。笔者认为，旅游生态补偿标准的核算依据、构成内容与其核算方法（模型）之间存在前后向的逻辑关联性并具有较强的现实对照性，沿袭这一关联线索依次进行深入探究，有助于建立系统化的旅游生态补偿标准分析视角并形成合理的实施路径；但文献研究显示，目前学界基于该思路开展的旅游生态补偿标准研究尚不足。为此，可借助生态补偿领域应用较广的外部性理论，基于该理论相关视角对旅游生态补偿标准核算的依据和内容进行综合分析；以此为基础，建立针对不同受偿对象的补偿标准核算模型，以期为自然保护区旅游生态补偿标准的确立及应用提供科学参照。

2. 自然保护区旅游生态补偿标准核算内容

外部性理论是经济学中最基本、最重要的理论之一，其在环境保护等诸多领域的实践中已得到广泛应用。庇古（1971）在《福利经济学》中系统地研究了外部性问题，认为经济外部性的存在是因为当 A 对 B 提供劳务时，往往使其他人获得利益或受到伤害，可是 A 并没有从受益者那里获得报酬，也未向受害者支付补偿。其中，对他人造成损害的行为具有负外部性；使他人共同受益的行为具有正外部性。

生态补偿机制建立是以内化外部成本为原则，分别对生态破坏行为的外部不经济性和生态保护行为的外部经济性进行补偿（中国生态补偿机制与政策研究课题组，2007）。在自然保护区旅游开发利用及旅游生态保护过程中，同样存在大量与生态和经济利益有关的外部性问题，具体可归纳为 3 个方面：一是有关旅游开发利用活动导致自然保护区生态资源与环境出现损耗乃至破坏；二是自然保护区生态资源所有权或使用权人相关权利的行使被旅游业发展所限制、剥夺而产生损失；三是有关单位和个人为旅游生态环境保护和建设付出有关成本或损失相关利益。这些外部性问题的实质为相关主体在旅游发展过程中与生态和经济利益相关的损失性境遇，体现了不同利益主体（含自然生态系统）之间围绕生态资源利用与环境保护的权-责-利关系内容。因此，外部性问题既是旅游生态补偿客体的现实表征，也是确立旅游生态补偿主体、对象、范围和标准等的基本依据。按照主流经济学派的思想，外部性问题是导致市场机制受限或“市场失灵”的重要原因，而解决思路就是通过有关措施将外部性问题的影响内部化。外部性问题也是旅游生态补偿需要解决的核心问题。基于外部性理论来审视，旅游生态补偿的本质在于通过旅游开发利用者和保护者与旅游生态环境之间正、负外部性关系的调节，推动旅游开发的外部成本和旅游生态环境保护外部效益的内部化，从而实现自然保护区生态系统服务功能的持续维护和利用。

内化保护或破坏生态环境行为的外部性是确定生态补偿标准的依据（蒋依依等，2013）。从这一角度来讲，旅游生态补偿标准的构成及其核算，可分别从正、负外部性视角进行分类并根据各自外部性的影响程度来评估。其中，正外部性视角的旅游生态补偿标准确立的基本依据是自然保护区生态系统自身的游憩服务功能价值，以及有关主体对其保护行为产生的外部效益；而旅游发展，尤其是不合理旅游开发利用行为产生的负外部性则是负外部性视角的旅游生态补偿标准确立的主要依据。基于上述两个视角的补偿标准确立依据，可分别确立不同方面的旅游生态补偿标准核算内容（图 4-5）。

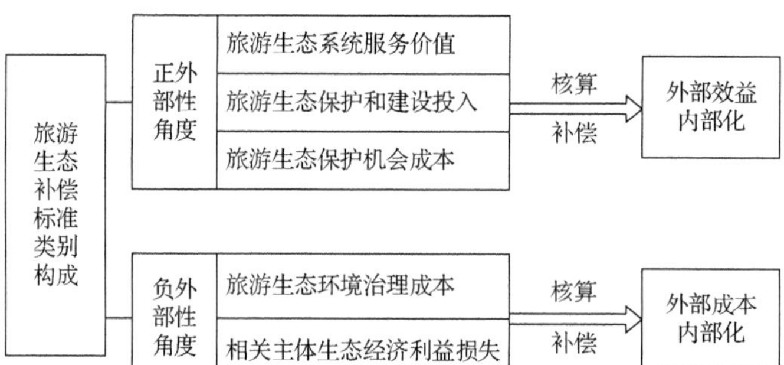

图 4-5　旅游生态补偿标准类别构成

（资料来源：杨桂华，等，2015. 旅游生态补偿[M]. 北京：科学出版社.）

（1）正外部性视角的旅游生态补偿标准核算内容

1）基于旅游生态系统服务价值的补偿标准。自 1997 年以来，随着《自然的服务——社会对自然生态系统的依赖》《世界生态系统服务与自然资本的价值》等代表性论著的发表，生态系统服务功能的价值评估也逐渐成为生态学和生态经济学研究的热点和前沿（张志强等，2001）。生态系统服务功能是生态系统与生态过程所形成及维持的人类赖以生存的自然环境条件与效用（Daily，1997），也是反映生态环境的市场价值和建立生态补偿机制的重要依据。在旅游发展过程中，有关主体的生态保护和建设行为，客观上增加了生态系统的服务功能价值，其现实表现为游憩功能价值的提高，并且通过发展旅游业，促进游憩功能价值的实现或置换（章锦河等，2005）；同时，由自然保护区生态系统服务价值转换的游憩功能价值（包括美学欣赏、康体休闲、环境教育等），其服务空间范围及受益主体通常易于界定，且多体现出准公共产品或俱乐部产品属性。因此，在旅游发展背景下，以自然保护区生态系统服务价值评估为依据来确立旅游生态补偿标准并通过相关途径实施，有较强的研究和实践价值。

基于旅游生态系统服务价值的旅游生态补偿标准核算内容主要涵盖以下 3 个方面：一是旅游资源开发利用者（包括旅游开发和经营者、旅游者等）所利用或享受的生态系统游憩服务功能价值，其主要由自然保护区生态系统的生态服务功能价值（如水土保持、水源涵养、气候调节、净化降污、生物多样性维护、景观美化等）因游憩开发而（部分或全部）转化并服务于旅游资源开发利用者；二是在不合理的旅游开发经营活动或不文明的旅游消费行为影响下，旅游开发和经营者、旅游者对自然保护区生态系统游憩服务功能价值形成的非正常损耗乃至破坏；三是旅游生态保护和建设者（包括自然保护区相关管理部门、社区居民及社会环保组织、生态保护主义者等）通过自觉或非自觉的资源保护和环境建设行为，所增加的生态系统游憩服务功能价值或提升的生态环境外部效益。

2）基于旅游生态环境保护和建设投入的补偿标准。成本是生态补偿项目中损失者的保留效用，也是利益相关者谈判和生态补偿标准制定的基础（谭秋成，2009）。在旅游发展背景下，自然保护区资源管理部门、社区居民及环保组织和个人等主体主动实施的生态保护和建设行为，有助于增强旅游生态环境的外部效益。这些行为实施过程中的各项投入要素，可直接或间接地转化为自然保护区生态系统的游憩服务功能价值。尽管存在生态环境保护和建设各项投入要素的经济价值与生态环境所提供的生态服务功能价值不一致的情况（李国平等，2013），但就旅游生态环境保护和建设中的人力、物力、资金等投入要素而言，其经济价值具有可衡量或可确定性。通过对旅游生态环境保护贡献者所付出的资本、劳动等相关要素的合理价值补偿，可体现有关主体生态环境保护行为与自然保护区生态系统服务价值间的对应关系，对旅游生态补偿主体及受偿对象来说，也有较好的可理解和可接受性。

作为旅游生态补偿标准核算依据的旅游生态环境保护和建设投入成本，既应包括针对自然保护区自然生态系统实施的、能产生直接保护效应的投入要素成本（如巡护管理、生态监测、野生动植物保护、植树种草等），也应包括生态保护科学研究、科普宣教设施建设、环保宣传和教育活动开展等具有间接保护效应行为的投入成本。换言之，即有关主体进行旅游生态环境保护与建设活动的直接投入费用或相关投入要素所对应的市场价值，也是对自然保护区生态系统服务外部效益的间接核算。

3）基于旅游生态环境保护机会成本的补偿标准。机会成本在经济学中的基本含义为“为得到某种东西而必须放弃的最大利益”（Mankiw，2003）。MacMillan等（1998）针对苏格兰新造林地的有关研究表明，生态补偿标准与生态系统服务提供者的机会成本直接相关。该观点也被之后许多生态补偿项目所验证。基于旅游生态环境保护机会成本的旅游生态补偿标准，其实质是有关主体在旅游发展背景下，为保护旅游地生态系统服务价值而主动放弃的经济收入及其他发展权利等。

虽然机会成本法具有使用条件相对明确等特点，是目前较常用且被视为较合理的生态补偿标准核算方法，其在基于旅游生态保护机会成本的补偿标准测算方面也可得到广泛应用，但实际上，旅游开发利用及旅游生态环境保护过程中有关主体放弃的发展机会，不仅是依托土地开展的农业或林业生产的收入，还可能包括基于旅游业发展的商业开发、自主项目经营等，若考虑旅游发展的增值效应，后者的机会成本往往较高且具有动态变化性（杨桂华等，2015）。同时，机会成本也会随着土地的自然和社会经济条件而发生变化，具有区域差异性（Kenneth et al.，2005）。再者，依托当地相关产业发展的生态保护者的人力资本等，也是旅游生态补偿标准测算除土地利用成本外所应考虑的机会成本构成因素。现实中，依据受偿者丧失的机会成本来确定的旅游生态补偿标准，还需要经过补偿所涉及利益主体间的商讨乃至博弈，以克服其作为一种单方面定价方法的局限性。

（2）负外部性视角的旅游生态补偿标准核算内容

1）基于旅游生态环境治理成本的补偿标准。生态补偿的基本原则除了体现正外部性内部化的“利用者付费”“保护者获益”，还包括基于负外部性内部化的“破坏者赔（补）偿”原则。以生态保护和建设者进行生态环境治理所需承担的成本费用来明确补偿主体应支付的生态补偿额度，正是体现“破坏者赔（补）偿”原则的生态补偿标准确立思路。这不仅可达到保护和恢复生态环境的目的，也能保护受损者的基本利益，符合补偿者的承受能力（冯艳芬等，2009），具有较强的合理与可行性。

旅游开发建设和旅游体验活动往往难免会给自然保护区资源与环境带来不同程度的损耗乃至破坏，从而影响自然保护区生态系统服务功能的提供并直接或间接造成其游憩服务功能价值的降低，并且为基于旅游生态环境破坏的旅游生态补偿标准的确立提供了基本依据。

鉴于依据生态服务功能价值核算的补偿标准通常会超出补偿主体的实际支付能力、其核算结果政策认同度较低（李晓光等，2009a）等现实情况，对于有关主体的旅游行为引致的旅游生态环境破坏的损失补偿，一般不能直接以自然保护区生态系统损失的服务功能价值为依据来核算，而应以人工恢复生态系统原有游憩服务效用价值所需耗费的成本（旅游生态环境污染治理与生态破坏恢复过程的投入要素成本）为依据来核算，包括旅游生态环境保护设施建设、环境治理过程所需的人力、资金及其他要素成本等（杨桂华等，2015）。从内容属性来看，依据旅游生态环境遭破坏后的被动性治理所需投入要素成本，体现的是负外部性下的旅游生态补偿标准核算内容。这与体现正外部性视角、根据有关主体主动实施旅游生态环境保护行为的投入要素成本来核算的旅游生态补偿标准有本质区别。

2）基于相关主体生态和经济利益损失的补偿标准。在自然保护区旅游发展背景下，资源管理者、环境保护者、社区居民等相关主体因旅游开发利用和基于旅游发展的生态环境保护行为而承受的生态和经济利益损失，是旅游发展负外部性的重要体现，也是基于负外部性视角进行旅游生态补偿标准核算的重要依据。具体而言，包括上述主体的生态资源传统利用权利或以依托生态资源的生产生活方式因遭剥夺或限制而导致的直接经济利益损失（不涵盖丧失发展机会形成的间接利益损失），如自然保护区社区居民因旅游开发建设造成的居住和生产设施等资产损失，采集、放牧、捕猎等传统生产方式受旅游管理制度约束带来的经济收入减少，因旅游生态环境保护或旅游项目开发而被迫移民导致的利益损失，因野生动物景观保护造成的农业生产受损等（杨桂华等，2015）。

按照承受旅游发展负外部性影响的有关主体基本利益保障要求，需要结合这些主体在自然保护区旅游背景下原有生态资源利用权益受剥夺或限制的范围和程度，以其遭受的生态和经济利益直接损失量为依据进行旅游生态补偿标准核算。较之动态变化性、区域差异性较明显的机会成本，以按当期市场价值计算的生态和经济利益直接损失量作为补偿标准确定依据，可获得相对现实明确的估算结果，也能更好地被旅游开发和经营管理者等补偿主体所理解和接受。

4.3.4 自然保护区旅游生态补偿支撑体系

自然保护区旅游生态补偿支撑体系是为促进自然保护区旅游生态补偿顺利、有效实施运作而进行的各项保障机制建设，包括制度、管理和技术 3 个层面。制度层面，主要涉及旅游生态补偿法律制度和政策制度建设；管理层面，体现为旅游生态补偿组织管理体系、监督管理机制构建及开展宣传引导等；技术层面，则包含旅游生态补偿相关研究的开展及补偿效果评估机制的建立等。

1. 制度性支撑

（1）法律制度

自然保护区旅游生态补偿法律制度就是以相关法律法规的刚性约束来明确有关利益主体的权责关系，规定其与自然保护区旅游生态补偿相关的权利（益）和职责范围并规范各自的行为方式等，以此协调自然保护区旅游发展相关主体间的利益关系，推动各方在环境权益享用和责任承担方面的公平正义，促进生态经济利益的合理分配，实现维护自然保护区生态系统服务功能并促进其与旅游业协调持续发展的根本目的。

（2）政策制度

预设的旅游发展及生态环境保护目标的实现，需要自然保护区相关主体依据所在地域环境状况，确定旅游生态补偿的指导思想、目标和原则等，并结合政府主导、市场运作、社会参与等不同补偿机制建立的要求，制定出相应的行动规则、方法及措施以形成本土适用的补偿政策制度。该生态补偿政策制度主要包括补偿公共政策和其他相关制度。公共政策包括旅游生态补偿公共财政政策、金融政策、产业扶持政策和税费优惠政策等；其他补偿相关制度则有保护区旅游资源产权制度、补偿资金投入制度、补偿基金管理制度和市场交易制度等。补偿政策制度的建立和实施，有助于规范、引导和激励自然保护区旅游生态补偿实践活动，不仅可提高补偿机制的运作性、可控性等，也是自然保护区领域现行法律制度的有益补充。

2. 管理性支撑

（1）组织管理

自然保护区旅游生态补偿是一项长期、复杂的系统工程，为保障补偿工作有序开展，需要建立具有整合功能的组织管理机构和相应的利益协调机制。一般而言，应在当地政府的领导下，建立由相关主管机构统一组织和监管、有关部门分工协作的旅游生态补偿组织管理体制。同时，在明确利益相关主体权、责、利关系的基础上，对补偿工作进行统一安排和协调管理，以减少或消除不同部门对自然保护区生态资源与环境的“分割式”管理所导致的管理效率低下等问题，形成与上下级区域旅游生态补偿管理机构之间畅通的信息传递渠道，使补偿相关政策和措施得以顺利落实。

（2）监督管理

在自然保护区旅游生态补偿过程中，自然保护区地域系统内、外多方利益主体的利益矛盾交织会形成复杂的利益关系格局，监督管理不力或出现监管制度真空将会引致诸多问题。为促进该方面补偿工作的有效实施，需要从构建规范化、制度化的自然保护区旅游生态补偿机制出发，以旅游生态补偿组织管理体系建立为基础，结合利益相关主体权、责、利统一的要求，构建起科学可行的补偿监督管理制度。同时，作为体现多元协同化特征的制度综合体，自然保护区旅游生态补偿监管体系涵盖补偿主体和对象明确、补偿政策制定与实施、补偿标准确定、补偿资金缴纳、补偿资金拨付与使用、补偿项目申报与实施、补偿效果评估等多方面内容。监督管理活动贯穿补偿工作全过程，包括事前监督、事中监督和事后监督。其中，事前监督和事中监督更有助于提高补偿工作效率。

（3）宣传引导

有关利益主体及社会公众对补偿工作的理解和支持，是自然保护区旅游生态补偿机制有效建立与顺利实施的重要因素。一方面，该补偿机制作为一种协调自然保护区旅游资源开发及环境保护所涉及利益关系的制度安排，其构成内容及必要性、重要性等应能被上述主体及时认知、准确理解并乐于接受；另一方面，作为一种面向自然保护区旅游资源环境可持续发展的新型生态经济利益分配促进机制，旅游生态补偿对自然保护区当地居民及社会公众来说也存在一个认知度逐步提升的过程；此外，旅游生态补偿相关政策在当地居民及社会公众中的宣传教育效应，将会影响这些群体参与自然保护区旅游生态补偿活动的主动性乃至其作为社会力量实施有关监督活动的成效。为此，以宣传引导促进有关利益主体及社会公众对旅游生态补偿政策制度的关注并在这些群体中构筑起应有的观念基础和舆论环境，对自然保护区旅游生态补偿机制建立与实施具有显著的支撑作用。宣传引导工作可分为基本层次和提高层次。前者的宣传引导包括以新闻媒体等形式宣传或进行环境区情教育，引导人们形成对自然保护区旅游生态补偿制度及其重要性的基本认知；后者主要是通过举办自然保护区旅游生态补偿专业知识讲座、管理培训班、技术咨询活动等，增强人们的旅游生态补偿决策、执行和参与意识。另外，可鼓励自然保护区有关利益主体及社会公众积极参与，通过参与补偿政策制定和补偿项目实施的各环节工作，提高其对自然保护区旅游生态补偿的认知水平和实践能力。

3. 技术性支撑

（1）科学研究

从系统性和联系性的视角来看，旅游生态补偿并非仅限于地方政府、相关管理部门或旅游企业内部单一型的生态和经济利益关系协调机制，其涉及的利益主体多元、涵盖的工作环节复杂，其制度建立和实施运作过程也易受旅游发展系统内、外部多方面因素的影响，与此对应的补偿政策制定与实施也应体现出一定的灵活性和适应性等（杨桂华等，2015）。

自然保护区旅游生态补偿属于生态补偿的一个分支领域，其补偿机制的合理构建也应基于系统化、针对性的科学研究，具体研究内容既涉及补偿基本关系域界定、补偿方式（途径）选择、补偿资金筹措与使用管理、补偿利益协调机制建立、补偿监管制度构建等自然保护区旅游生态补偿实现机制方面，也涵盖自然保护区旅游生态补偿技术方法体系的内容（如自然保护区旅游生态环境动态监测技术、生态系统游憩服务功能价值评价方法、旅游生态补偿标准核算方法及补偿政策实施效应评价方法等），以及国内外自然保护地旅游生态补偿有关实践经验等。

（2）绩效评估

绩效评估是衡量生态补偿机制可行性的重要依据。从技术层面对自然保护区旅游生态补偿的实施绩效进行客观、全面的评价，可为自然保护区旅游生态补偿机制的优化提供合理方向和路径。

自然保护区旅游生态补偿绩效评估的基本目的在于把握补偿机制运作的客观情况和现实效果。评估内容主要包括：补偿政策在各实施阶段及作用领域运作的效益性、有效性及影响情况，既定政策目标的完成度；补偿资金收取和拨付的合理规范性，资金使用及管理的效率；主要利益相关者对补偿制度和政策的认知、理解和支持情况，对补偿实施项目的参与程度及效果等。从构建合理的多主体参与评估机制角度考虑，需要吸收多方主体（当地居民、旅游开发和经营者、生态环保组织及游客等）代表参与补偿项目实施过程及效果的检查和评估，形成多种力量支持并监督自然保护区旅游生态补偿活动的局面。补偿绩效评估结果不仅可成为评价自然保护区旅游生态补偿制度和政策的依据，被纳入自然保护区资源环境保护评价体系；同时，在地方经济和社会发展评价体系、地方政府和有关部门行政考核，以及旅游企业管理绩效考核中，也可将其作为重要参考指标。这也是促进旅游生态补偿社会功能拓展的必要举措。

第5章　国内外自然保护区（地）旅游生态补偿路径选择

自然保护区属于自然保护地的一种构成类别。除了该类别，自然保护地还包括森林公园、地质公园、湿地公园、国家公园等具有特定景观价值和游憩服务功能的类型区域。当前，国内外许多自然保护地往往成为生态旅游发展的重要依托区域，其生态旅游的开发与管理过程也常包含与旅游生态补偿有关的实践做法。尽管不同自然保护地的旅游生态补偿相关做法并不完全一致，其补偿实施效应也往往存在差别，但通过对现有众多自然保护区（地）旅游生态补偿实践做法的分析对比，可梳理总结出其补偿路径及其实施效应等方面的一些共性和差异性特征，并为有关自然保护区旅游生态补偿路径探寻提供有益启示。

5.1　国外自然保护地旅游生态补偿路径选择

自1872年世界上第一个国家公园——黄石国家公园建立以来，经过140多年的发展，全世界已有100多个国家陆续建立了类型多样、数量庞大、名称各异的国家公园、自然保护区等自然保护体系。这种以建设自然保护地形式保护自然资源与环境的模式，逐渐为人们所接受并受到世界各国的关注。文献研究结果表明，虽然国外对国家公园等自然保护地旅游生态补偿的研究并不多，但通过实现景观娱乐文化价值的途径进行森林生态补偿，很早就在西方国家被运用于实践中。许多国家在自然保护地生态旅游的开发与管理过程中也常常包含与生态补偿有关的实践做法。虽然国外目前尚未形成一些国际通用的旅游生态补偿路径模式，有些也并非完全意义上的旅游生态补偿，但国外许多自然保护地的相关做法和经验对本书仍具有启示意义。

补偿资金是自然保护区旅游生态补偿机制构建及运行的核心要素，而补偿资金来源、使用与管理则是自然保护区旅游生态补偿实施路径方面的3个基本环节。因此，以下着重从这3个方面阐述国外自然保护地旅游生态补偿路径选择的有关做法。

5.1.1 补偿资金来源：多来自门票和特许经营项目收入

补偿资金筹集是自然保护地旅游生态补偿实施路径的首要环节。在这方面，美国、加拿大、澳大利亚、新西兰及肯尼亚、乌干达等国的国家公园均已形成较为成熟的做法，通过公园门票和特许经营项目收入返还等途径，建立起了较稳定的旅游生态补偿资金来源渠道。

美国是世界上最早建立国家公园的国家，已经建立了较完善的国家公园体系，其特点之一是国家公园管理者均为专注于公园资源保护和管理的非营利机构，其日常管理经费均来自联邦政府拨款（部分国家公园也有来自门票收取及特许商业经营者缴纳的收入）。美国《国家公园服务法》规定，有门票收入的国家公园，其门票收入全部上缴联邦财政，联邦财政再按80%的比例返还用于公园补偿（杨桂华等，2015）。商业活动费用收入是指国家公园管理局对在国家公园内开展的商业性活动（如摄影、电影拍摄、声音录制及特许经营活动等）收取的费用。根据《国家公园服务法》和《特许经营法》，美国国家公园体系内全面实行特许经营制度，即公园的餐饮、住宿等旅游服务设施向社会公开招标，国家公园管理机构不参与其经营服务活动；在特许经营合同中，一般明确规定项目经营者在合同期限内支付的特许经营费或其他货币补偿的数额（一般约为投资经营项目年收入的3%，但各公园可根据实际情况适当变动）（李如生，2005）。

加拿大国家公园归环境部国家公园管理署管理，其建设管理经费主要来自政府投资。公园土地利用方面，在租借者缴纳一定的租金或税金的前提下，国家公园管理署可出租、转让或特许其建设必要设施并为游客及社区居民提供服务。租借到期后，如果租用地不改作他用，国家公园管理署将和租借者签订一个新协议，让其继续租借（王永生，2010）。位于加拿大萨斯喀彻温（Saskatchewan）的红莓湖自然保护区，属于联合国“人与生物圈”自然保护区。湖中栖息着200多种鸟类，最吸引游客的项目是鹈鹕项目（Red Berry Lake Pelican Project，RPP）。红莓湖鹈鹕项目开发后，自然保护区管理机构所获得的收入中，有5%来自旅游业，其余有捐赠、合作创收及其他产业收入。

新西兰是最早成立自然保护区的国家之一，拥有十分完善的自然保护区管理体系。政府财政是新西兰自然保护区资金的主要来源，每年预算投资1.59亿美元，用于自然保护区的管理和保护；同时，旅游收入及一些相关基金项目［如森林遗产基金（forest heritage fund）］也成为自然保护区管理和保护资金的来源渠道。新西兰通过的《1996年保护法修正案》（Conservation Amendment Act 1996），实行国家公园特许经营制，收取特许经营费（马建忠和杨桂华，2009）。

澳大利亚大堡礁是世界闻名的生态旅游胜地。在大堡礁绿色保护带内违规开发的公司和个人分别面临最高 110 万澳元和 22 万澳元的罚款；通过自身行为对大堡礁生态资源与环境形成保护效应并因此而使自己或家庭收入减少的当地渔民，可获得最高达 20 万澳元的生态补偿金（来源包括旅游企业经营收入、政府拨款等）。景区各经营单位需要向代表政府实施环保监管工作的公共环保组织缴纳 100 万澳元保证金（佟玉权和王辉，2009）。

肯尼亚是野生动物王国。20 世纪 70 年代，基于禁猎令的颁发与实施，该国政府鼓励当地居民积极参与生态旅游业，以此弥补禁猎令造成的利益损失，并建立起一套可兼顾国家公园环境保护和社区发展的管理模式。近年来，肯尼亚野生生物服务署重新调整了工作目标，将促进自然保护区与周围居民关系改善作为工作重心，实施了“野生动物发展与利益分享计划”，并提出旅游利益不应全由旅游集团独享，地方居民也应分到该得部分的主张（张建萍，2003）。该服务署用于回馈当地社区的资金主要来自门票、租金、旅游项目管理费等。

乌干达政府 1994 年规定作为试点的布恩迪国家公园（Bwindi Impenetrable National Park）和姆加辛加国家公园（Mgahinga National Park）将经营大猩猩观光旅游收入的 20%与当地共享。乌干达国家公园服务组织随后颁布新政策，要求所有公园拿出总收入的 12%与当地社区共享；1996 年，该组织将比例提高至 20%。1995—1998 年，布文迪、马加辛加、奇巴里 3 个国家公园共拿出 8.3 万美元旅游收入与当地共享（Archabald and Naughton-Treves，2001）。

除上述案例外，国外其他一些自然保护地也有从旅游业发展效益中提取生态补偿资金的相关做法。例如，坦桑尼亚奥利佛露营区（Oliver’s Camp）经营者与坦桑尼亚政府和当地村庄签署协议规定，每个游客每天需要付 12 美元的露营区旅游费（该费用由当地两个村庄分配）；在印度尼西亚淡可可杜阿苏达拉自然保护区（Tangkoko DuaSudara Nature Reserve）旅游业总收入中，每年约留取 2%作为公园管理费用；等等（杨桂华等，2015）。

从上述有关资料分析中可发现，从门票和特许经营项目收入中提取补偿资金，是国外国家公园等自然保护地旅游生态补偿实施路径的一个重要特征。具体情况如下。

1）门票收入。多数国家公园将门票收入作为公园的自身经营收入，留作公园的保护、建设和其他开支（如人员工资等）。国家公园收取门票的原因通常有两点：一是限制游客数量，即当旅游者游憩服务需求的增长超过自然保护地环境容量时，为将游客活动规模限制在合理范围内而收取必要费用；二是对国家公园设计建设投入和保护投入的某种补偿（王永生，2010）。例如，美国约有 1/3 的国家公园收取门票，各国家公园每年的门票收入大约为7000万美元；部分国家公园的门票实际上也只是汽车停车费，凡是骑自行车和步行进入黄石公园的概不买票；国家公园门票收入上缴联邦政府后，80%可以返还回来作为公园生态保护资金，其余20%交由国家公园管理局统筹支配，用于对不收费国家公园的援助等活动。

2）特许经营费。收取特许经营费强调特许经营合同，利用法律文件规定双方的资源保护责任和经济收益分配方式，把权利和义务规定得非常详细，以方便操作。例如，在美国国家公园内，特许经营者必须向管理部门缴纳特许经营费。该费用的收取一般基于特许合同中经营者的义务内容、经营者所提供的游客服务价格，以及投资经营者的利润水平等方面来确定。现实中，管理部门一般每年从特许经营项目利润中提取7%或从其经营收入中提取3%左右作为国家公园补偿（张红梅，2013）。新西兰国家公园实行的是特许经营体系，特许经营项目多而分散，分别特许给不同的经营者。

在特许经营费收取方面，各国实施的标准不尽相同。一般是根据生态保护社区发展需要等来制定实施。例如，美国采取的做法是：在特许经营合同期限内支付的特许经营费或其他货币补偿金额在特许经营合同中应明确进行规定，各国家公园也可根据情况适当调整，然而特许经营费一经确定，只有特殊情况下才可获准修改。在新西兰，一般是按照旅游特许经营项目总收入的百分比，或者按土地（如每公顷）、人数或者旅游活动次数进行收费。在乌干达等发展中国家，政府出于让社区共享的目的，一般对国家公园旅游企业或特许经营项目的收费标准要高一些。此外，在一些法制体系较健全的国家和地区，补偿标准的实施通常有严格的法律法规或协议做保障。

5.1.2 补偿资金使用：多用于资源环境维护和社区发展

从当前实践看，按门票和特许经营收入一定比例返还的补偿资金，已成为国外许多自然保护地用于资源环境维护及社区发展扶持的重要资金来源，也是自然保护地建设发展政府财政预算经费的重要补充渠道。

在美国，国家公园的旅游生态补偿资金实行收支两条线管理。例如，收取门票的国家公园，其门票收入首先应全部向联邦财政缴纳，之后再按特定比例由联邦财政返还；返还的门票收入必须按规定全部用于公园设施建设及环境维护等。返还的国家公园的门票与娱乐项目收费的80%留给公园自主支配，这些资金可用于弥补国家公园项目预算的缺口，以便解决非常紧迫的资源保护和基础设施维护等问题（据统计，每年返还国家公园系统的特许经营项目资金达8000万美元）；其余20%则上交国家公园管理局，由该部门统筹支配，用于援助不收费的公园以及支持整个国家公园系统的必要活动（张金泉，2006）。

加拿大红莓湖自然保护区，鹈鹕项目经营收入（约 5%来自旅游业）的 15%用于当地的自然保护、环境控制和生态保护科研项目支出；还有 10%用于为红莓湖旅游目的地环境建设提供服务；另外的 10%则用于帮助当地社区发展旅游业等（张红梅，2013）。

在肯尼亚，野生生物服务署通常以推动整合式的野生动物管理与保护计划，以及关乎国家公园等自然保护地附近居民切身利益的社区发展计划为目的，对其通过有关渠道获取的旅游生态补偿相关收入进行专款专用，且无须与其他单位共同使用。1992 年，该组织首任主席公开承诺将门票收入的 25%给受野生动物骚扰的村落作为回报；1994 年，回馈社区的比例定为 10%；至 1995 年，约 150 万美元门票收入被分配给当地社区、民间团体及地方政府，其中约 1/3 用于兴建学校或作为学生奖学金，约 300 个地方提交的计划方案获得经费支持（张建萍，2001）。

澳大利亚的国家公园，旅游收入用于资源保护和科学研究，保证有充足的资金和雄厚的科研技术力量支持。因保护大堡礁而减少收入的当地渔民，每户来自旅游收入、政府拨款等的补偿最高为 20 万澳元。2002 年起，乌鲁鲁-卡塔丘塔国家公园当地土著居民每年可得到 7.5 万澳元的租金和 20%的公园门票收入（巴克利，2004）。

此外，国外其他一些自然保护地也有关于旅游生态补偿资金用途的实践做法。例如，在印度尼西亚贡通哈利姆（Gunung Halimun）国家公园，从 2002 年起，旅游经营者每年需要上缴 10%的利润用于公园道路的维护和管理；对社区的补偿没有固定比例，但经营者每年也有一定支出用于社区设施建设。尼泊尔上马斯唐（Upper Mustang）自然保护区旅游业年收益的 45.5%返还给当地社区（政府起初承诺的收益金返还社区比例为 60%）（Archabald and Naughton-Treves，2001）。在斐济的塔沃柔森林公园（Tavoro Forest Park），森林公园一半的旅游收益用于公园自身的资源环境保护和公共设施维护，另一半用于兴建社区住宅和学校（杨桂华等，2015）。

从上述案例实践来看，按门票和特许经营收入返还的补偿资金主要用于国家公园或自然保护区内的资源环境保护和设施维护，是国外自然保护地旅游生态补偿实施路径的一项重要内容。主要原因在于，如果光靠政府预算内拨款，这些自然保护地一般也能维持正常运转，但到访游客数量的较快增长会加大自然保护地的生态系统压力和环境维护成本，因此有关管理部门仍把补偿资金作为对国家公园等自然保护地的生态环境保护经费的重要补充。此外，国外不少自然保护地也有将补偿资金用于对自然保护地内部及周边社区发展进行资助和扶持，鼓励当地原住民发展旅游业的做法，体现了管理单位对原住民环境和文化发展权利的尊重。

5.1.3 补偿资金管理：主要实行垂直化管理模式

将补偿资金收取和支出分离，实行垂直化资金管理模式，是国外国家公园等自然保护地旅游生态补偿路径选择方面常用的一种做法。

美国国家公园系统由联邦政府内政部下属的国家公园管理局直接管理。国家公园管理局代表国家直接管理全国的国家公园，实行逐级分配和垂直管理。国家公园体系内全面实行特许经营制度，其主要内容包括公园的餐饮、住宿等旅游服务设施向社会公开招标，且这些项目经营活动与国家公园无关；特许项目经营者在特许经营合同期限内支付的特许经营费或其他货币补偿，将存入财政部的特别账户。同时，对于有门票收入的国家公园，实行收支两条线管理，即公园门票收入全部上缴联邦财政，财政返还后，再由国家公园管理机构安排使用。

新西兰通过《1996年保护法修正案》，法案赋予新西兰保护部对在国家公园及其他自然保护地内的特许经营活动进行监督管理、收取特许经营费的权利（罗勇兵和王连勇，2009），也对经营者在自然保护区域进行商业活动形成了有力的约束，同时有助于保证为游客提供适当的旅游设施、服务，使这些活动既不与旅游者的享受相冲突，又不造成过度的环境影响。

肯尼亚野生生物服务署所获门票、租金、旅游项目管理费等收入专款专用，不需要和其他单位共享，用于推动整合式的野生动物管理与保护计划和与国家公园、自然保护区附近居民切身相关的计划。

澳大利亚的国家公园资金管理实行收支两条线，生态旅游所得收入并非用于工作人员的报酬，而是等同于政府拨款，由专门机构负责，公园管理机构不参与该资金管理。

通过有关实践分析得出，国外国家公园等自然保护地旅游生态补偿资金实行收支两条线管理制度，主要体现为垂直管理模式，具体表现形式如下。

1）实行垂直管理和逐级分配。在美国、加拿大等国家，国家公园管理者通常将自身定位为公园管家（或服务员）而非业主角色，其对国家公园只有看管和维护职责，却无任意支配资金的权利（王永生，2010）。国家公园的日常开支一般由政府拨款解决，公园门票收入全额上缴国家财政，这样有助于形成三权分离，避免重经济效益、轻资源保护的弊端。

2）特许经营，角色分离。特许经营是国外许多国家公园在旅游项目管理方面的共同之处，其中尤以美国和新西兰国家公园具有代表性，其特点是：特许经营项目多而分散，分别特许给不同的经营者，管理机构专注于自然保护与管理，将返还的门票收入和特许经营项目收费用于自然保护地基础设施建设与维护。这种做法也是这些国家在国家公园旅游生态补偿方面实行收支两条线管理的充分体现。

此外，在一些发展中国家开展的旅游项目等生态补偿中，也采用了建立补偿基金的方式，作为政府管理补偿资金的补充。例如，越南在林同、山萝等省的生态旅游项目开展了生态补偿试点。根据森林生态补偿政策的规定，每一个从事旅游商业活动的机构和个人要支付 0.5%～2.0%的旅游收入作为生态补偿的费用。此外，在获得省级的人民委员会批准后，林同和山萝省的森林保护管理和森林特殊用途管理部门还可以收取旅游费用。林同省的生态补偿费支付给了森林保护和发展基金，这个基金又将生态补偿费支付给森林所有者和生态服务的提供者，用于土壤和流域内森林的保护。森林保护和发展基金还负责收取林同省境内的其他水力发电项目、自来水项目和生态旅游项目的生态补偿费的管理。该基金每年直接支付 20 万越南盾/hm^2（约合 60 元人民币）给林权所有者[①]。

5.2　国内自然保护地旅游生态补偿路径选择[②]

国内自然保护地旅游生态补偿实践始于 20 世纪 80 年代。为保护四川青城山森林旅游资源，成都市政府 1988 年出台有关规定，将青城山景区门票收入的 30%用于护林。此举开创了我国森林旅游生态补偿的先例（杨桂华等，2015）。之后，国内一些地域结合旅游资源环境保护要求及旅游业发展状况，以地方政府或相关管理部门为主导，以“资源管理费”“资源维护费”“资源有偿使用费”等为形式，逐步建立起旅游生态补偿相关制度，并通过有关政策对补偿主体、对象的确立，以及补偿资金的收取、使用和管理等内容进行规定。这些地域的有关做法体现出的旅游生态补偿路径特征，能为自然保护区相关实践提供一定借鉴。

5.2.1　补偿主体确立：以旅游经营企业为主

在国内，以“资源有偿使用费”“资源维护费”“资源管理费”等为形式而建立起旅游生态补偿相关政策制度的地域，既包括省级和地市级区域，如江苏省、重庆市、湖南湘西土家族苗族自治州（简称“湘西自治州”）等地，也包括自然保护区、风景名胜区和世界遗产地等不同类型的自然保护地，如江苏云台山、湖北

① 相关资料由云南省林业厅提供。

② 部分研究资料及分析结果源自笔者主要参与编写的《云南省自然保护区和国家公园旅游项目生态补偿政策研究报告》（2013 年 6 月）。

武当山和神农架、江西三清山、四川九寨沟、浙江天目山、湖南武陵源等。各地对上述形式旅游生态补偿资金的收取范围和对象的相关规定见表 5-1。

表 5-1 国内有关地域旅游生态补偿资金的收取范围和对象的相关规定

补偿资金名目	补偿资金收取范围和对象	相关政策依据
江苏省风景名胜资源费	对江苏省风景名胜区内的 4 类经营单位进行征收：第一类是工程建设单位；第二类是宾馆、饭店、招待所等提供食宿的单位及个人；第三类是经营饮食、摄影、零售等商业服务业的单位及个人；第四类是风景游览点	《江苏省风景名胜资源费征收办法》
重庆市旅游资源开发维护费	以法人企业为征收对象，具体征收范围包括重庆市辖区内经营旅游业务的各类旅行社、旅游公司，旅游船公司，旅游汽车公司，旅游包机公司、旅游涉外饭店、宾馆，旅游定点餐厅、购物商店、参观点、娱乐场所，旅游商品定点生产企业等（包括国有、集体、外商独资、合作、股份制旅游企业）	《重庆市旅游资源开发维护费征收管理实施细则》
湖南湘西自治州旅游资源有偿使用费和旅游宣传促销费	湖南湘西自治州范围内由各级物价部门核定门票价格的旅游景区、景点	《湘西自治州旅游资源有偿使用费和旅游宣传促销费征收管理实施办法》
江苏云台山风景名胜资源有偿使用费	江苏云台山风景名胜区内从事旅游经营的实体，具体包括：①旅游工程建设项目单位及个人；②宾馆、饭店、招待所等提供食宿的单位及个人；③经营饮食、摄影、商品零售及旅游车船等商业服务业的单位（不含提供住宿床位的）；④风景游览点	《云台山风景名胜资源有偿使用费征收办法》
湖北武当山风景名胜资源有偿使用费	向湖北武当山风景名胜区内的观光游览、住宿、餐饮、茶楼、商店、购物点等各类旅游项目经营实体征收	《湖北省物价局、省财政厅关于湖北武当山风景名胜资源有偿使用费收费标准的批复》
湖北神农架风景名胜资源有偿使用费	风景名胜区内的六大类对象：第一类是景区企业、景区旅游汽运、索道公司；第二类是酒店、宾馆、招待所；第三类是经营性停车场；第四类是旅游商店；第五类是餐饮经营者；第六类是其他经营者	《湖北省财政厅、物价局关于征收湖北神农架风景名胜资源有偿使用费有关问题的通知》
四川九寨沟生态环境保护费、社区补偿费	除天然林保护工程、野生动植物监测资金之外的景区生态环保和建设资金，以及四川九寨沟内居民最低生活保障金，主要来自门票收入（由四川九寨沟管理局拨付）	—
浙江天目山旅游资源管理费	拥有自然保护区经营权的旅游公司 D 集团（向浙江天目山国家级自然保护区管理局缴纳）	—
湖南武陵源世界自然遗产资源有偿使用费	两类经营实体：一类是以遗产资源为依托进行有偿经营的旅游景区（点）、索道、有轨电车、观光电梯及缆车的公司和个人；另一类是张家界市辖区内各类旅行社、旅游车船经营公司和个人，以游客为主要服务对象的各类文化娱乐场所、宾馆、酒楼、商场等	《关于开征武陵源世界自然遗产资源有偿使用费的有关情况汇报》

资料来源：笔者根据表中涉及区域有关政策文件资料或实地调研情况整理而成。

从上述国内不同区域的有关规定来看，“资源有偿使用费”“资源维护费”“资源管理费”等形式的旅游生态补偿相关费用收取，主要是基于自然保护地或其他地域旅游资源的有价性、外部性和公共物品等特性，其目的是减少或杜绝有关开发活动对所在地域资源环境造成的破坏，保障在旅游开发中遭受损失的集体和个人的相关权益，同时弥补相关部门资源保护经费的不足等。补偿费用收取对象（补偿主体）的确立，有以下基本特征。

1）补偿费用收取对象包括不同类型。从表 5-1 中可看出，上述各地在旅游生态补偿相关费用收取方面一般是根据旅游开发和经营单位的项目类型、经营实体性质对补偿资金收取对象进行分类。从经营实体性质来看，旅游生态补偿资金有的仅以法人企业为征收对象（如重庆市旅游资源开发维护费、浙江天目山旅游资源管理费），有的则规定征收对象既包括法人企业，也包括在征收地域范围内进行服务项目经营的个人。从项目类型来看主要有两大类，即旅游开发项目（如江苏省风景名胜资源费等）和旅游经营项目，旅游经营项目包括观赏游览（景区景点）、旅游交通（如索道、车船公司）旅行社、住宿、餐饮、购物、娱乐等多种类型，涵盖构成旅游产业链的各大类别要素。

2）旅游经营企业是主要的补偿主体。旅游生态补偿主体是在旅游经济活动中既具有享受外部经济的权利，又承担补偿义务的自然人、法人等，包括旅游开发者、经营者、管理者及游客等。从国内有关地域旅游生态补偿相关费用收取情况来看，对游客这一补偿主体直接进行费用征收的做法较少，主要原因在于游客已通过门票购买及相关旅游产品消费将补偿费用向旅游项目经营者进行了转移支付。另外，以旅游管理者作为补偿主体的案例，除了四川九寨沟（四川九寨沟管理局是自然和社区补偿资金的主要提供者），在国内并不多见。在旅游经营者（包括旅游经营企业和个人）当中，旅游经营企业成为支付补偿资金的主要对象，主要是由于其在经营内容、经营规模、总体收入（益）方面都比一般个体经营者更多或更大，同时对相关地域资源环境的负面影响也更明显。因此，在上述各地旅游生态补偿有关规定中，旅游经营企业一般成为主要的补偿主体。

5.2.2 补偿资金收取：方式和标准较多样

国内自然保护地及其他有关地域在旅游生态补偿相关费用收取的政策制度方面，大多根据补偿对象的各种差异，对补偿费用的收取方式和标准进行了明确规定。国内有关地域旅游生态补偿资金收取方式和标准见表 5-2。

表 5-2　国内有关地域旅游生态补偿资金收取方式和标准

补偿资金名目	补偿资金收取方式和标准
江苏省风景名胜资源费	按不同对象分为 4 类征收标准：①经批准征（拨）用土地、水面进行建设的单位及个人，按工程项目批准的投资总额的一定比例（1%～3%）征收；②宾馆、饭店、招待所等提供食宿的单位及个人，经营性部分按客房床位收入的 5%缴纳、非经营性部分减半缴纳；③经营饮食、摄影、零售等商业服务业的单位及个人（不包括提供住宿床位），按营业额的 0.5%缴纳；④风景游览点按门票收入的 10%缴纳
武当山风景名胜资源有偿使用费	分为 6 类征收标准：①观光游览经营项目，按票价的 10%征收；②住宿经营项目，核心景区每月每床 20 元，非核心景区 10 元；③餐饮、茶楼等项目，按核定的标准餐桌收取：核心景区每月每桌 3 元，非核心景区 2 元；④商店、购物点等项目按核定经营面积征收：核心景区每月每平方米 2 元，非核心景区 1 元；⑤经营性停车场按核定停车泊位征收，每个车位每月 0.5 元；⑥依托风景名胜资源的其他经营项目按每月 10 元标准征收；⑦从事小规模经营活动的当地居民(月税收额不足 100 元的)和享受减免税政策待遇的经营单位，可申请减免资源有偿使用费
九寨沟景区生态环境保护费、生活保障金等	九寨沟管理局每年投入景区的生态环保费用达 1000 万元以上，征收标准为：①2005 年前每年计提 836 万元在居民中平均分配（人均约 8000 元），2005 年后每年从每张门票收入中提取 7 元作为居民基本生活保障金（2012 年人均约 3.1 万元）；②每年从每张门票中提取 10 元用于沟口漳扎镇的环境保洁、周边生态保护、基础建设以及风貌改造等；③对于联合经营公司，九寨沟管理局占股 51%，沟内居民占 49%，收入分配比例则为九寨沟管理局 23%，九寨沟内居民 77%
神农架风景名胜资源有偿使用费	景区门票、景区旅游汽运、索道和单设景点按照票价比例征收；酒店、宾馆、招待所等经营住宿按核定的床位征收；经营性停车场按照核定的停车泊位征收；商店按照核定的经营面积征收；餐饮按照核定的标准餐桌征收；其他补偿主体按核定的营业额征收
云台山风景名胜资源有偿使用费	与江苏省风景名胜资源费相关规定一致
天目山旅游资源管理费	旅游公司 D 集团每年向浙江天目山国家级自然保护区管理局缴纳 300 万元资源管理费，该数额按照前 40 年 1%、后 30 年 2%的比例递增
武陵源世界自然遗产资源有偿使用费	征收标准有两类：第一类，以自然遗产资源为依托实现有偿经营的旅游景区、景点、索道、有轨电车、观光电梯及缆车的公司和个人，按经营收入的 8%～10%征收；第二类，张家界市辖区内各类旅行社、旅游车、船公司和个人，以游客为主要服务对象的各类文化娱乐场所、宾馆、酒楼、商场，按经营总收入的 1%～2%征收
大理苍山风景名胜资源有偿使用费、洱海资源保护费	在苍山自然保护区范围内利用自然资源从事经营活动的，按营业额的 1%收取苍山风景名胜资源有偿使用费；洱海资源保护费的征收标准是，根据游船实载乘客人数，按每一乘客每人次 30 元向在洱海内从事旅游载客航运的经营者收取
玉溪抚仙湖资源保护费	按不同的征收对象分为 5 类标准：①直接使用抚仙湖资源或抚仙湖旅游度假示范区内的生产企业，按其年销售收入的 0.5%收取；②度假示范区内的宾馆、酒店、旅馆和个体餐饮经营户，按营业额的 2%收取；③抚仙湖非机动船经营户，每年每座位 80 元；④度假示范区内的停车场经营户，每辆每次 5 元；⑤度假示范区内经营景区景点的单位，按接待游客每人次 5 元收取

续表

补偿资金名目	补偿资金收取方式和标准
重庆市旅游资源开发维护费	属于征收范围（重庆市辖区）内的各类旅游企业，均以纳税营业额作为计提基数，按1%征收旅游资源开发维护费
湘西自治州旅游资源有偿使用费和旅游宣传促销费	旅游资源有偿使用费和宣传促销费征收标准根据具体景区、景点的资源垄断程度、开发利用程度，以及政府配套服务设施建设情况确定，并计入门票价格成本之中

资料来源：笔者根据表中涉及区域有关政策文件资料或实地调研情况整理而成。

从表 5-2 中可看出，不同区域及同一地域对补偿费用收取的方式和标准不尽相同。具体的划分标准与收取方式如下。

1. 按营业收入比例收取

按营业收入比例收取方式在上述案例地域的相关规定中均有体现，其涉及范围也较广，包括观光游览类、旅游交通、餐饮、住宿、文化娱乐、购物等各种类型旅游项目。同时，不同类型旅游项目按营业收入收取的比例高低有较大差异。例如，各地对交通服务类、观光游览类等旅游经营项目补偿费用收取比例通常相对较高，如在江苏省风景名胜资源费、武当山风景名胜资源有偿使用费缴纳规定中，旅游景区、景点等观光游览项目均按其门票收入的 10%收取；在世界自然遗产地河南武陵源，对于旅游景区（点）、观光电梯、索道及缆车、有轨电车等项目，其资源有偿使用费则按经营收入的 8%～10%来征收。比较而言，对餐饮、住宿、文化娱乐、购物、摄像等其他类型经营项目收取的补偿费用比例一般要低一些（0.5%～2%）。究其原因，主要在于观光游览类、旅游交通类经营项目对风景、土地等资源的占用规模或比率较高，而其他类型项目多属于经营服务所占比重较大的产品，其资源占用规模及赢利水平一般相对偏低（杨桂华等，2015）。

2. 按固定金额收取

江苏云台山在餐饮、摄影、商品零售及旅游车船等经营项目方面，对企业和个体经营户进行区分，企业按营业额的 0.5%缴纳，而个体经营户每月按 10 元定额缴纳；在武当山风景名胜资源有偿使用费征收方面，对于观光游览类（景区、景点）以外的旅游经营项目，一般采取定额确定收取标准（按经营面积或床/桌位数量等）的方式；类似的还有浙江天目山，首先确定一个缴纳基数（300 万元/年），在此基础上根据旅游项目经营年限采用补偿费用比例递增（前 40 年按 1%，后 30 年按 2%）的动态化收取方式。

3. 按旅游项目空间位置差异收取

按旅游项目在相关地域所处的空间位置不同实行差异化的补偿费用收取标准，是国内一些地域基于不同项目所利用旅游资源的级别，以及资源保护管理要求的不同而采取的做法。例如，在武陵源世界自然遗产资源有偿使用费收取规定中，按旅游经营项目的地理区位划分为遗产保护区、城市辖区两类空间类型，其中，遗产保护区空间范围内的旅游项目，其资源有偿使用费的收取比例（8%～10%）较张家界市辖区内的旅游项目（1%～2%）高得多。在湖北武当山风景名胜区的餐饮、住宿、购物等经营项目，位于核心区的，其补偿费用缴纳标准均比非核心区的同类项目要高。之所以采用这种差异化做法，主要是基于世界遗产资源有效保护的角度考虑，即通过提高补偿费用标准，杜绝过多旅游开发和经营项目进入世界遗产保护关键地域，缓解遗产保护管理工作的压力（杨桂华等，2015）。

4. 按经营、非经营项目区别收取

服务项目有经营类和非经营类之分，考虑到两者的性质差别，一些地域在有关规定中也对这两类服务项目实施区别化补偿费用收取标准，即经营部分收取标准较高，非经营部分较低。例如，在江苏省风景名胜资源费、云台山风景名胜资源有偿使用费收取规定中，均把宾馆、饭店、招待所等分为经营部分和非经营部分，经营部分按客房床位收入的5%缴纳；非经营部分（主要是指有关单位在风景名胜区内建设的、不进行游客接待的服务设施）则减半缴纳。

除上述方式外，一些地域在补偿费用收取方面还有其他做法。例如，湖北武当山风景名胜区对从事小规模经营的当地居民实行资源有偿使用费减免收取的待遇；湖南湘西自治州根据具体景区、景点的资源垄断程度、开发利用程度及政府配套服务设施建设情况确定旅游资源有偿使用费的征收标准；等等。

5.2.3 补偿实施对象：涵盖自然环境与社区居民

在国内上述地域旅游生态补偿相关政策规定及一些地域的相关实践中，对于补偿资金使用的对象及用途一般都有明确的使用规定（表5-3）。

表5-3 国内有关地域旅游生态补偿对象及资金用途

补偿资金名目	补偿对象及资金用途
江苏省风景名胜资源费	风景名胜资源费用于风景名胜区资源保护、建设及管理，省住房城乡建设部门每年从征收的费用中提取5%用于补贴省内风景名胜区的建设项目，表彰奖励全省风景名胜区系统先进单位、先进个人和培训干部

续表

补偿资金名目	补偿对象及资金用途
九寨沟景区生态环境保护费、生活保障金等	生态环境保护费用于生态保护工作补偿方面，包括森林巡护、古树名木保护、旅游垃圾动态保洁管理、“数字九寨”工程建设、观光栈道、生态厕所、生态标示系统、生态教育型游客中心等服务设施建设；生活保障金用于社区补偿方面，包括发放九寨沟内居民基本生活保障金［每年从每张门票收入中提取 7 元作为生活保障金（2012 年人均达 3.1 万元）］，以及捐资助学、教育培训等
天目山旅游资源管理费	用于对自然保护区资源及环境保护进行管理；病虫害防治、巡护、防火等保护管理工作；建设监控系统，观察动物活动、监测火情等；自然保护区基础设施建设（2004—2007 年累计投入达 8000 万元）
大理苍山风景名胜资源有偿使用费	用于景区基础设施建设及维护，苍山自然和人文资源的调查、监测和建档，保护宣传及巡护，保护与治理项目科研等
洱海资源保护费	用于洱海水体资源的保护
玉溪抚仙湖资源保护费	用于抚仙湖的保护和治理、抚仙湖流域生态补偿和代征手续费
神农架风景名胜资源有偿使用费	用于神农架风景区的景观维护和建设、环境保护、基础设施建设等方面资源保护与管理
重庆市旅游资源开发维护费	用于 8 个方面：①旅游发展总体规划编制；②旅游资源开发维护；③旅游基础设施建设；④旅游商品开发；⑤旅游市场开发；⑥旅游教育培训；⑦旅游行业管理；⑧资源费征收管理
湘西自治州旅游资源有偿使用费和旅游宣传促销费	旅游资源有偿使用费主要用于弥补景区、景点资源的保护、开发、利用，以及配套服务设施建设资金的不足；旅游宣传促销费主要用于弥补政府集中开展的旅游宣传促销经费不足

资料来源：笔者根据表中涉及区域有关政策文件资料或实地调研情况整理而成。

从表 5-3 中可看出，将所收取的旅游生态补偿资金用于所在地域自然资源保护、服务设施建设、环境维护、社区发展，以及与保护有关的管理经费支出等，是国内自然保护地等有关地域在补偿资金使用方面的一些主要途径。总体来看，旅游生态补偿资金的用途有以下几个特点。

1）补偿资金主要用于资源管理和生态保护。从我国上述地域的相关实践来看，旅游生态补偿资金使用范围大体可分为以下几大类：①规划建设方面，如重庆市旅游资源开发维护费用于旅游规划、旅游基础设施建设，九寨沟生态环境保护费用于“数字九寨”工程及观光栈道建设等；②科普教育方面，如九寨沟用于建设以环保教育为主要功能的游客中心、生态标识系统等；③资源保护方面，如神农架用于景观维护和建设，天目山用于病虫害防治、护林防火，九寨沟用于森林巡护、古树名木保护等；④环境监测与管理方面，如天目山用于野生动物及火情监控系统建设，九寨沟用于旅游垃圾动态保洁管理等。通过上述补偿资金使用范围的分析可以看出，国内相关地域旅游生态补偿资金一般主要用于所在地域生态保护工作，其用途与自然保护地管理机构的职责内容体现出基本一致的特征。

2）补偿资金使用效果较为显著。调查结果显示，国内一些自然保护地将旅游生态补偿资金用于生态保护的相关规定，在实践中已取得明显实效。例如，四川九寨沟管理局近年来依托旅游经营效益，年均投入 1000 万元以上进行生态环境补偿，在四川九寨沟自然保护区范围内产生了持续良好的环境效应，九寨沟内木材等生物燃料消费量比旅游开发前下降了 45%，垃圾、烟尘等污染物排放量也大大减少，崩塌、滑坡、泥石流、水土流失等灾害得到有效控制；在浙江天目山自然保护区，旅游公司向浙江天目山国家级自然保护区管理局缴纳的旅游资源管理费已成为浙江天目山国家级自然保护区管理局进行资源保护及环境管理投入资金的重要补充，主要用于自然保护区病虫害防治、巡护、防火等保护管理工作，并取得良好效果。此外，旅游公司投资建设用于观察动物活动、监测火情等的全面监控系统，以及基础设施建设等，在自然保护区生态保护和建设方面也发挥了很大作用，并间接促进了自然保护区旅游经营收入的大幅增加。

值得说明的是，四川九寨沟自然保护区管理部门按照从每张门票收入中定额提取资金作为当地居民基本生活保障金并用于捐资助学、教育培训等，以及建立股份制旅游企业（九寨沟县联合经营有限责任公司）并引导沟内居民入股经营的方式，既可补偿该景区实施“沟内游、沟外住”政策后沟内居民原有部分自主旅游经营项目（餐饮、住宿等）被取消导致的利益损失，也能引导居民从旅游就业、经营服务到决策管理等多层位的有效参与，其社区参与股份制经营的模式已在国内产生了持续重要影响，也形成了一定示范效应。

5.2.4 补偿资金管理：一般纳入地方财政

补偿资金管理是旅游生态补偿政策制定的关键环节，也是补偿实施路径的关键内容。在上述国内有关地域旅游生态补偿相关政策中，也有部分关于补偿资金管理的内容，具体见表 5-4。

表 5-4 国内有关地域旅游生态补偿资金管理

补偿资金名目	补偿资金管理规定
江苏省风景名胜资源费	作为财政预算外资金管理，实行“专户储存、计划管理、财政审批、银行监督”的管理方式，专款专用。由风景名胜区管理部门编制年度预算，经同级政府建设主管部门批准后，由财政部门按计划拨付使用，年终由风景名胜区管理部门编制收支预算，报同级建设、财政主管部门，并抄报省建委、财政厅备案
大理苍山风景名胜资源有偿使用费	苍山风景名胜资源有偿使用费和门票收入：全额上缴州财政，纳入州政府非税收入管理，实行收支两条线制度，并按州苍山保护管理局 30%、市苍山保护管理局 70%的比例使用和管理。州财政局会同州苍山保护管理局，负责对资源有偿使用费和门票收入进行监督管理

续表

补偿资金名目	补偿资金管理规定
洱海资源保护费	洱海资源保护费收入实行收支两条线管理。收费项目、收费标准、收费依据、监督电话等要按有关规定向社会公示，并自觉接受价格、财政、审计等部门的监督检查
玉溪抚仙湖资源保护费	抚仙湖资源保护费纳入市级预算管理，抚仙湖管理局开设资源保护费专户。沿湖县、镇人民政府，澄江、江川、华宁三县抚仙湖管理局负责做好本辖区内抚仙湖资源保护费的查验补征和监管工作。玉溪市抚仙湖管理局定期向社会公布资源保护费征收管理及使用情况，并接受财政、审计、监察等部门的监督
神农架风景名胜资源有偿使用费	神农架风景名胜资源有偿使用费属于政府非税收入，实行收支两条线管理。所收费用全额上缴同级财政，专款专用，并自觉接受财政、价格、审计部门的监督检查
重庆市旅游资源开发维护费	重庆市旅游资源开发维护费由各旅游企业所在辖区税务机关负责征收并划转到市税务局银行专户；遵循“集中管理、专户专储、有偿使用、讲求效益”的原则，市税务局将所征收费用的 50%划转到市财政局专户存储，由旅游局会同财政部门审定用于旅游项目建设；另 50%划转到市旅游局专项用于行业管理、市场开发、宣传促销、培训教育等，由财政、审计等部门监督使用
湘西自治州旅游资源有偿使用费和旅游宣传促销费	旅游资源有偿使用费纳入州、县市财政非税收入专户，实行专户存储、收支两条线管理。使用支配权属州、县市人民政府，使用时由旅游部门提出具体方案，报同级人民政府批准后实施

资料来源：笔者根据表中涉及区域有关政策文件资料或实地调研情况整理而成。

通过对表 5-4 的分析，可发现国内自然保护地及有关地域在旅游生态补偿资金管理制度方面有一些共性做法，具体内容如下。

1）补偿资金纳入政府非税收入。虽然国内有关地域旅游生态补偿资金包含“风景名胜资源费”“资源有偿使用费”“资源开发维护费”等不同形式，但调查显示，各地这些名目不同的补偿费用作为当地政府有关职能部门或自然保护地管理部门向旅游项目经营单位及个人征收的行政事业性收费，一般能按国家目前的财政管理政策制度被列为地方政府非税收入而纳入地方财政管理；同时，针对补偿资金的收取及使用范围、程序等，也大多能在审批、价格、支出、审计等管理环节形成有关制度。

2）实行收支两条线的资金管理。上述国内不同地域对于相关形式旅游生态补偿资金的使用和管理，基本上能根据“专户存储、专账管理、专款专用”的财务管理要求，采取收支两条线管理制度。在实际运作方面，主要由当地财政部门负责旅游生态补偿资金的征收、核算及其使用的审定（查）工作；在补偿资金的支出方面，一般先由资金使用单位编制预算方案，经由财政部门审批后再下拨；在补偿资金的使用方面，主要以现有财务审计制度为依据，由财政、审计等行政部门共同进行监督管理（杨桂华等，2015）。

除上述管理制度外，个别地域还对补偿资金的使用支配权、资金使用结构等方面做出专门规定。例如，湖南湘西自治州规定旅游资源有偿使用费使用支配权属州、县市人民政府；重庆市规定将旅游资源开发维护费的50%划转到市财政局专户存储并用于旅游项目建设，另50%则划转到市旅游局专项用于行业管理、市场开发、宣传促销、培训教育支出；等等。

5.3 国内外自然保护地旅游生态补偿的路径启示

针对上述国内外自然保护地旅游生态补偿路径选择方面的相关做法和经验，可按照自然保护区旅游生态补偿实现路径的分析框架进行分析总结。由于受研究资料来源的局限，本书难以对国内外自然保护地旅游生态补偿的实施路径进行较全面和客观的对比评析，但通过对现有资料所显示国内外自然保护地相关实践的分析，也可为正在或即将开展旅游生态补偿工作的国内自然保护区提供必要的路径启示。

5.3.1 补偿运作机制建立方面

从西方旅游业发达国家自然保护地的有关实践来看，旅游生态补偿运作机制主要依存于“管经分离”的自然保护地运营管理制度之中。例如，在美国国家公园体系中，国家公园管理机构作为联邦政府的非营利机构，专注于资源的保护和管理，公园保护、建设及日常管理开支费用均主要由联邦政府拨款解决（这也是多数国家公园不收门票或门票收入在公园预算中的比例较低的原因）；同时，国家公园体系内全面实行特许经营制度，即公园的餐饮、住宿等商业化服务项目向社会公开招标，其经营服务与国家公园管理机构无关，而且来自（实行门票管理的公园）门票收入和特许经营项目收入的旅游生态补偿资金均实行收支两条线管理，由此形成了国家公园管理者与经营者分离的格局，避免了公园出现重开发轻保护、重经营轻管理的弊端。在澳大利亚，国家公园管理部门主要负责制订公园管理计划、基础设施建设和对外宣传，以及核定和发放经营许可证、监督经营承包商的经营活动等；而公园内的旅游项目经营者除了要缴纳必要的保证金，还需要在其经营地域范围内积极开展生态环境监测并对游客实施环境教育活动等；至于项目经营者缴纳的旅游收入，则等同于政府拨款，一般用于公园资源保护和相关科学研究，由专门的政府机构负责，公园管理机构并不参与其分配。

在国外许多自然保护地旅游发展及旅游生态补偿运作方面，当地社区往往扮演较为重要的角色。例如，新西兰国家公园内部及周边的社区居民，在国家公园发展规划、资源保护和特许经营等环节上均有实质性参与，并对公园旅游规划开发全程进行监督；而公园内的旅游项目也大多以分散化特许经营的方式优先特许给当地居民。在澳大利亚乌鲁鲁-卡塔丘塔国家公园，公园的资源环境管理由联邦环保部（2002 年调整为澳大利亚公园和野生动物服务中心）和当地社区共同承担，公园的旅游项目运营权则属于当地土著居民组成的董事会；当地土著居民每年可从中得到一定数量的租金和相应比例的门票收入；同时，公园服务中心还帮助实施社区发展计划（如建房屋等）。在斐济塔沃柔森林公园，旅游项目经营管理和利润分配完全由“马塔恰里”人（当地部落）控制；公园旅游经营接待收益分别用于自然保护区的环境维护及兴建社区住宅和学校，真正体现出自然保护区资源归社区所有、发展利益归社区所用的性质。这对于寻求旅游业与社区建设协调互动发展路径的自然保护地来说，具有一定启示意义。

在国内，许多自然保护地在旅游开发过程中，由保护管理部门或自然保护地所在地政府有关职能部门向旅游开发和经营企业等主体征收“资源有偿使用费”“资源维护费”“资源管理费”等形式的旅游生态补偿费用，并将其用于自然保护地生态环境维护和社区发展建设等，是有关自然保护地旅游生态补偿运作实施的基本内容。具体而言，国内自然保护地旅游生态补偿运作机制有以下特征。

1）补偿主体主要为旅游开发者和经营者。从国内自然保护地旅游生态补偿费用征收对象来看，不仅存在以旅游企业为征收对象的情况，也有征收对象分别涉及旅游企业和在自然保护地范围内开展旅游经营服务活动的个体经营户的做法；同时，补偿费用征收对象既包括旅游项目经营者，也涵盖旅游项目开发者（如江苏云台山风景名胜区等）等。这与国外自然保护地很少以旅游开发者作为旅游生态补偿主体的做法存在差异，其原因在于国外自然保护地旅游开发行为多由政府投资完成，相关旅游企业进入保护地往往是以特许经营的形式开展旅游经营（张一群，2015）。

2）补偿资金一般纳入地方财政管理。尽管国内不同自然保护地旅游生态补偿费用涉及名目较多，但这些不同名目的补偿费用均为自然保护地所在地方政府有关职能部门或保护管理部门向旅游项目开发和经营者收取的行政事业性收费。根据我国现有的财政管理政策制度规定，其一般被列为地方政府非税收入范畴，纳入地方财政管理并从资金收取、审批、支出、审计等方面做出相关规定。此外，补偿资金的使用一般由政府有关职能部门或自然保护地管理机构通过项目申报的形式来实施。

总体来看，尽管国外（尤其是西方旅游业发达国家）市场经济发展成熟度较高，但在自然保护地旅游生态补偿运行机制构成方面，居于主导地位的往往是政府公共支付型补偿机制，而非以旅游生态补偿税费征收、直接市场交易等为主要形式的市场运作型补偿机制。这既与西方发达国家拥有较雄厚的公共财政实力有关，也与西方国家长期以来将国家公园等自然保护地视为全民共同享有的公共资源而实行非营利性运营的发展理念和对应的管理体制有关。此外，来自社会团体和个人的捐赠资金往往构成国外自然保护地旅游生态保护和建设资金的重要来源，显示了社会参与机制在自然保护地旅游生态补偿运行机制方面的重要地位。相比之下，国内自然保护地的旅游生态补偿运作机制则多在地方政府主管部门或自然保护地管理机构主导和推动下，以旅游开发者和经营者为补偿主体，以旅游企业所缴纳相关税费为重要的补偿资金来源。从运作机制内容来看，其主要表现为市场化运作的属性特征。这是我国与西方发达国家自然保护地旅游生态补偿运作机制方面的主要差异。导致这种差异的原因，除了国内公共财政实力有限及管理体制因素导致自然保护地保护和建设资金投入不足，还与地方政府等管理者的一些基本理念密切相关，即随着市场经济的发展，管理者往往将旅游开发潜力较突出的自然保护地视为地方政府发展经济的重要资源，实行以政府为主导、以获取经济效益为重要目的的旅游开发和经营。结果通常是：众多旅游项目进入及其在较短时期内形成的显著旅游经济效益，可为自然保护地旅游生态补偿提供有力支撑，但也容易导致管理者、旅游开发和经营者乃至社会公众对自然保护地的保护、科研、教育等基本功能的忽视。此外，来自社会团体和个人的捐赠资金数量及份额较少，也显示了社会参与机制在国内自然保护地旅游生态补偿运作实施方面影响力较低的特征。

5.3.2 补偿实施方式选择方面

国外自然保护地旅游生态补偿实施途径主要有两种。一种是按相关法律或自然保护地的相关管理规定，通过向游客收取门票、向旅游经营企业收取特许经营费等获取的旅游经营收益按一定比例或数额上缴国家或地方政府，再返还给有关部门用于自然保护地生态环境与设施维护，以及帮助当地社区发展（主要是有社区分布的保护地）等。采取这种途径的主要包括美国、加拿大、澳大利亚、新西兰等国的国家公园体系。另一种是根据自然保护地资源环境与社区的依存关系、社区居民对旅游资源开发与保护的参与等情况，通过自然保护地管理部门、旅游经营企业、当地居民等主体之间签署双方或多方协议，制订旅游生态补偿实施计划与方案。除了投入部分资金进行自然保护地生态环境与设施维护，对社区的补偿一般也有较详细的规定，包括旅游经营企业或自然保护地管理部门如何将旅游生态补偿资金支付给当地社区、按多少比例或数额来支付，或是如何利用旅游经营效益促进当地社区公共设施建设和其他社会福利事业发展等。采取这种途径的主要为内部或周边有当地社区分布的自然保护地，如肯尼亚国家公园、乌干达布文迪国家公园和马加辛加国家公园、南非洛克泰尔湾自然保护区、澳大利亚乌鲁鲁-卡塔丘塔国家公园、斐济的塔沃柔森林公园等。

除了向旅游经营企业收取特许经营费、向游客收取门票外，国外许多自然保护地还通过破坏者惩罚和保护者激励并重的方式实施旅游生态补偿（张一群，2015）。例如，在澳大利亚大堡礁绿色保护带内违规进行开发的企业和个人均会受到高额罚款，因保护大堡礁生态环境而减少收入的当地渔民则会获得来自该地旅游收入的足额补偿。在美国，对于维护和恢复国家公园生态环境的特许经营者，国家公园管理部门将从财政拨款中划拨资金给予补贴，同时采取一些奖励政策吸引生态型旅游企业参与公园特许经营。

此外，国外自然保护地针对自然环境和社区居民的旅游生态补偿往往体现出直接方式与间接方式的结合。例如，针对自然环境的补偿既包括生态系统功能维护、生态修复、生态监测等直接补偿方式，也包括游客中心、生态教育中心、生态保护标牌系统等科普宣教设施建设、环保宣传教育及环境容量管理等间接补偿方式。对当地社区的补偿方面，除了提供必要的经济补偿金，许多自然保护地往往更强调制订实施社区发展计划支持；除了鼓励社区居民参与自然保护地规划、决策和管理，还通过提供就业岗位、支持当地生产生活服务设施建设、开展以经营服务能力促进为目的的教育培训活动等其他补偿方式，促进社区发展条件的改善和发展能力的提升。此外，一些自然保护地还强调社区旅游生态补偿方式的综合运用。例如，在南非洛克泰尔湾自然保护区，有关部门除了引导社区参与就业，还通过入股的方式为社区居民发放股息和红利，其中红利又以社区项目的形式进行发放。从总体上看，多种方式相结合的途径更有利于强化自然保护地旅游生态补偿的效果。

在旅游生态补偿资金收取方面，国内有关自然保护地的实施方式总体较为多样，包括按营业收入比例收取、按固定金额缴纳、按项目空间位置差异收取、按经营和非经营性质区分、按时间动态变化收取等方式。每种方式均是基于所在地域旅游生态补偿主体（主要为旅游经营者）及其旅游经营项目在某些方面的特征差异（如项目类型、性质、规模、区位、经营状况等）的考虑，在一定程度上体现了旅游生态补偿资金收取方式的科学性和公平性，也保证了各种补偿资金收取方式在实践运作层面的针对性和可运作性。例如，湖南武陵源世界遗产地从有效保护遗产资源的角度来考虑而按项目空间位置差异收取补偿资金，以及江苏云台山风景名胜区考虑经营与非经营类项目的性质差异而实施补偿资金差异化收取的方式，均可避免过多旅游项目及旅游客流进入敏感性较高的保护地带，降低这些地带生态资源管理与环境保护的压力。此外，湖北武当山、浙江天目山等地结合现实差异情况，针对部分旅游经营项目实施定额方式征收补偿费用的做法，能在一定程度上解决同一区域的旅游企业之间、企业与个体经营户之间因竞争力不同、赢利水平不一所产生的征收标准的矛盾，并在部分经营者存在财务不透明，管理机构难以了解其真实营业收入的情况下，能有效杜绝其采用财务变通手段来逃避缴纳补偿费用的行为。这些相关做法均可对国内同类自然保护地旅游生态补偿实践产生一定启示意义。但与此同时，除浙江天目山（按旅游项目经营年限实行动态化收取——补偿费用比例分阶段递增）等少数地域外，其他自然保护地大多未能从时间动态的角度来制定实施补偿资金收取方式和标准，一定程度上体现了有关部门对旅游项目（或旅游区）生命发展周期及其增值效应等方面考虑的不足。

在旅游生态补偿资金使用方面，国内有关自然保护地有关部门一般也以自然保护地自然生态系统和与自然保护地资源环境有长期共生关系的当地社区居民为主要补偿对象，将补偿资金用于所在地域的自然资源保护、环保设施建设、生态系统修复、生态保护科研与科普宣教、社区公共设施建设与社会福利事业发展，以及与生态保护有关的管理经费支出等。补偿资金用途与自然保护地管理机构的职责范围大多体现出基本一致的特征。针对受偿对象的旅游生态补偿实施方式，国内与国外许多自然保护地表现出较相似的特征，即大都开展多样化的补偿方式，并强调直接补偿和间接补偿方式的紧密结合；有差异的地方主要体现在有关自然保护地的具体实施形式与内容方面。

国内外众多自然保护地的有关实践表明，以门票收入、旅游项目经营收入等为依托，提取必要的旅游生态补偿资金并将其用于旅游发展所依赖的自然保护地资源环境的保护和建设工作，以及与所在地域自然资源环境有长期共生关系（尤其是为资源环境保护做出贡献）的社区居民等主体的利益维护与发展，是实现旅游业与自然保护地资源环境协调可持续发展的必要保证；而结合自然保护地生态系统维护及社区建设发展的现实相关需求来实施灵活适宜的补偿资金收取与多元结合的资金使用方式，则是建立稳定的旅游生态补偿资金渠道、提高资金使用效率的合理途径。

5.3.3 补偿实施标准确立方面

国外许多自然保护地在旅游发展实践中，一般会结合资源环境保护及社区发展状况等多方面因素来制定相应的补偿资金收取（缴纳）标准，许多自然保护地还会根据自然保护地生态保护与建设或所在社区发展需求而制定实施针对自然或社区居民等受偿对象的补偿标准。总体来看，国外一些自然保护地在旅游生态补偿标准制定实施方面的相关做法具有一定的启示意义。

从国外自然保护地现有相关做法可看出，不同国家和地区及同一国家和地区内部，并不存在一些通行的旅游生态补偿资金收取标准或是对自然生态系统、社区居民等的补偿资金使用标准。许多自然保护地域一般会根据其资源环境的保存状态、土地归属状况、社区发展计划、旅游建设需求等因素来制定符合其区域实际的相关补偿标准，并在实施过程中根据自然保护地管理及相关发展需求进行适应性调整。例如，美国《国家公园服务法》规定，国家公园特许经营项目缴纳的补偿费用为项目年经营收入的 2.5%～3%，各国家公园可以在此范围内根据实际情况确定。然而，也存在对有关因素综合考虑不周而使补偿标准一再被修改并导致政府或相关管理组织威望受损的情况。例如，乌干达政府在针对布文迪国家公园和马加辛加国家公园制定旅游收入社区共享政策时，因为缺乏对社区范围的准确界定，以及忽视门票收入与旅游总收入的差异等，导致补偿标准多次被调整。类似情况还发生于肯尼亚野生生物服务署及其管辖的国家公园、尼泊尔上马斯唐自然保护区等地。这是发展中国家自然保护地旅游生态补偿标准制定实施方面尤其应注意的问题。

需要指出的是，在国外许多自然保护地旅游生态补偿相关标准确立方面，通过补偿支付意愿法和意愿接受法等对相关主体（如游客、居民等）的调查结果往往能产生关键的影响作用，如英国、澳大利亚等地的国家公园。此外，在法制体系较为健全的西方国家，其自然保护地旅游生态补偿标准实施通常都有相关法律法规或具有法律效力的协议等做严格保障。

为促进旅游资源的可持续利用，国内一些自然保护地在实践过程中也已建立起旅游生态补偿相关实施标准（表 5-2）。从补偿标准实施总体情况来看，补偿实施标准的确立有以下 3 个方面的基本特征。

1）根据旅游生态补偿资金收取对象的属性不同而实施不同补偿标准。例如，基于游客的补偿费用征收标准一般根据游客人次按固定金额征收，如大理洱海资源保护费（乘坐游船的游客按每人次 30 元收取）等。针对旅游经营者的补偿资金收取标准则分为多种类型，包括按旅游企业经营收入的一定比例、按经营单位纳税营业额的一定比例，以及按经营净利润的一定比例收取等；同时，同样作为旅游经营者，旅游企业和个体经营者的补偿金缴纳标准也往往不同。例如，在江苏云台山风景名胜区，旅游企业按纳税营业额的 0.5%缴纳资源有偿使用费，个体经营户则按 10 元/月定额缴纳，区分较为明确。

2）根据旅游项目性质的差异实施有针对性的补偿资金收取标准。例如，神农架风景名胜资源有偿使用费征收采取的做法是：针对住宿设施（酒店、宾馆、招待所等）、停车场、购物商店、餐馆等经营性服务设施，分别按核定的床位、停车泊位、经营面积、标准餐桌进行收取，其他服务设施则按核定的营业额征收。类似做法还有湖北武当山风景名胜资源有偿使用费收取等。

3）依据旅游项目所在位置、资源占用等情况的不同实施差异化收取标准。例如，湖北武当山有关部门对核心景区和非核心景区的同类项目征收不同数额的资源有偿使用费；在湖南武陵源，土地、景观等资源占用规模或比率大小不同的旅游经营项目的补偿资金缴纳标准有明显差异。

此外，四川九寨沟、浙江天目山等国内自然保护地结合旅游项目或企业经营收益的发展状况，实施动态变化的补偿资金投入或收取标准，也能对国内有关自然保护地旅游生态补偿标准的制定与实施提供良好借鉴。

5.3.4 补偿支撑体系构建方面

旅游生态补偿支撑体系是为保证旅游生态补偿机制有效运行而进行的各项补偿保障制度建设，涉及理念、制度、管理和技术等多层面的不同环节。

从国外自然保护地现有相关实践来看，其旅游生态补偿工作已基本形成较为完整的保障体系（张一群，2015）。除了深入人心的环境保护运动及环境教育活动带来的公众环保意识不断提升形成的理念保障，还包括以下几个方面的内容。

1）法律法规保障。例如，美国针对国家公园的运作管理，不仅包括国家层面的法律法规［如《国家公园服务法》（1872 年）、《政府特许经营政策法案》（1965 年）、《国家公园及娱乐法案》（1978 年）］，还包括具体自然保护地层面的众多法律法规［如《黄石国家公园法案》（1872 年）］；澳大利亚国家公园管理法律法规分别涵盖国家层面［如《环境保护法》（1974 年）、《国家公园和野生动植物保护法案》（1975 年）］、州层面［如昆士兰州颁布的《海洋公园法案》（1982 年）］和具体自然保护地层面［如《大堡礁海洋公园环境管理普通收费法》（1993 年）、《大堡礁海洋公园管理条例》］。较为健全的法律法规体系，能有效保障有关旅游生态补偿活动的顺利实施。此外，自然保护地有关主体基于旅游开发利用而正式签订的特许经营合同、土地租借协议等，也同样具有法律效力并为自然保护地旅游生态补偿实施提供保障。

2）执行监督保障。在旅游生态补偿相关实践中，国外许多自然保护地较为重视社会组织和个人的参与和监督。具体有以下做法：一是鼓励社会公众积极参与相关事务，如加拿大的《国家公园行动计划》（*National Parks Act*）明确提出管理方在公园旅游发展规划、政策制定、运营管理等不同方面，必须为社会公众提供充分参与的机会（刘鸿雁，2001）。二是邀请第三方组织对有关补偿活动实施进行监督，如在澳大利亚大堡礁海洋公园开展经营活动的企业，均需向一个政府授权监管该公园生态保护工作的公共环保组织缴纳 100 万澳元的保证金，违规经营而使生态环境遭破坏者，其保证金将被没收。三是鼓励受偿主体的参与与监督，如南非洛克泰尔湾自然保护区由克瓦祖鲁保护信托基金会成立的非营利性公司经营管理，该基金会与代表社区利益的农村发展委员会共同制定居民就业、经营收益分配等社区补偿政策；同时，该基金会和农村发展委员会提出的社区发展项目方案须经过社区大会表决才能正式实施，由此保障了广大居民在受偿过程中的合法权益。

3）补偿资金管理保障。在美国、加拿大、澳大利亚等国，国家公园的旅游生态补偿资金管理通常实行收支两条线、垂直管理的制度和模式。公园管理机构一般专注于国家公园的看管和维护，不参与旅游项目经营收入的分配；其旅游生态补偿工作主要是将财政返还的门票收入、特许经营项目费用等用于公园设施建设与环境维护，并没有随意支配补偿资金的权利。这样既可实现国家公园管理权与经营权的有效分离，也能保障补偿资金的合理使用。此外，一些自然保护地还通过多种方式的配合来确保资金的有序使用。例如，加拿大国家公园管理局通常采用商业计划、决策参与和评估体系这 3 种框架体系进行旅游生态补偿资金管理；肯尼亚、乌干达等国一般通过专项基金的方式对自然保护地旅游生态补偿资金进行专项管理，如大猩猩保护专项基金、社区发展专项基金等。这样不仅可实现补偿资金的规范化管理，还能借助专业基金管理机构的力量实现资金保值增值。此外，国外自然保护地旅游生态补偿资金管理多实行专款专用制度，可杜绝不同部门的利益纷争。

4）技术手段保障。例如，美国国家公园管理局和国家公园保护协会分别推出的游客体验和资源保护框架（visitor experience resource protection，VERP）和游客影响管理模型（visitor impact management，VIM），加拿大国家公园局的游客活动管理程序（visitor activity management process，VAMP），以及澳大利亚的旅游最优化管理模型（tourism optimisation management model，TOMM）等旅游环境管理技术方法等，在有关自然保护地旅游生态环境维护方面均已产生良好的实践效果。

从国内自然保护地旅游生态补偿相关实践来看，一些自然保护地（如湖北神农架，云南大理苍山、洱海，云南玉溪抚仙湖等）在向旅游开发和经营者征收风景名胜资源费、资源有偿使用费、资源开发维护费等旅游生态补偿费用并将其纳入地方政府非税收入管理的基础上，以国家有关财政管理制度为依据，按照补偿资金收支两条线管理制度建立要求，通过制定相应的补偿资金管理政策，对补偿资金收取、使用和管理过程的部门权责划分、实施程序与方式、监管机制构建等方面做出具体的制度安排。这些做法与美国、加拿大、澳大利亚等国的国家公园旅游生态补偿资金管理制度具有一定的相似性，在实践中可较大限度地避免涉及自然保护地管理的不同部门间的利益纷争，同时减少资金使用和管理过程中的腐败现象，对其他自然保护地旅游生态补偿资金管理制度的建立与实施可形成有益借鉴。但国内自然保护地旅游生态补偿支撑体系构建当前面临着体制、法制、理念、技术等方面的诸多障碍因素，包括：现有行政管理体制下生态资源与环境的多部门“分割式”管理导致有关补偿政策分而治之、缺乏协调性的格局；涵盖自然保护区领域的旅游生态补偿制度建设缺乏一个自上而下效力等级的法律体系支撑，现行法律法规对旅游生态补偿实施目标和原则、途径和程序等基本问题缺乏明确的规定；人们对旅游生态补偿的总体认知水平不高导致自然保护区旅游生态补偿的内涵及意义被曲解，补偿资金收取及使用政策常受非正常行政干预，补偿资金使用理念存在偏差；适用于自然保护区旅游生态补偿和生态保护工作的技术方法体系较为欠缺等。与西方旅游业发达国家相比，这些也是我国自然保护地旅游生态补偿支撑体系建设方面尚需努力改善之处。

第 6 章　典型案例地旅游生态补偿实施路径及评析

以具有典型实践与研究意义的自然保护区为依托，深入分析其旅游生态补偿的路径特征及实施效应，可为案例地自然保护区旅游生态补偿机制的评估与调适提供现实依据，并为其他同类自然保护区旅游生态补偿机制的有效构建提供必要参照。本章以旅游综合效应较显著、旅游生态补偿制度（模式）的特色性和代表性较突出的若干自然保护区［包括云南丽江玉龙雪山省级自然保护区（简称“玉龙雪山自然保护区”）、云南西双版纳国家级自然保护区（简称“西双版纳自然保护区”）及海南重点海洋自然保护区］为典型案例地，对各自的旅游生态补偿实施路径进行评析。

6.1　玉龙雪山自然保护区旅游生态补偿实施路径及评析

6.1.1　玉龙雪山自然保护区旅游发展状况①

1. 玉龙雪山自然保护区基本概况

玉龙雪山位于云南丽江市玉龙纳西族自治县，1984 年，出于抢救性保护的目的，经云南省人民政府批准成立丽江玉龙雪山省级自然保护区。1988 年，玉龙雪山被国务院批准列入第二批国家级风景名胜区名单。1995 年 10 月，丽江玉龙雪山省级旅游开发区管理委员会（简称“玉龙雪山景区管委会”）成立，景区管委会由省政府授权“在开发区内原则上行使地州一级的经济管理权限”。2007 年 5 月，经国家旅游局（今文化和旅游部）正式批准，玉龙雪山成为国家首批 5A 级旅游景区。

玉龙雪山自然保护区位于北纬 27°03′20″～27°40′00″，东经 100°04′10″～100°16′30″，地域面积约为 26 000hm^2，东以丽江至大具公路为界，西临龙蟠乡金沙江，南起玉湖，北至大具虎跳峡。作为云南重要的省级自然保护区，其保护着

---

① 基础数据资料由玉龙雪山景区管委会及有关旅游企业提供，其余由笔者和研究合作者根据调研情况整理而成。

我国西部亚热带区域完整典型的高山垂直带自然景观。在地域范围上，玉龙雪山自然保护区与玉龙雪山国家级风景名胜区存在部分重叠：以景区内主干公路为界，公路以上为玉龙雪山自然保护区范围（同时为景区范围），以下为非玉龙雪山自然保护区的景区范围，其中玉龙雪山旅游开发区的主要景点都在自然保护区范围内。玉龙雪山自然保护区建设和管理所涉及社区（指玉龙雪山自然保护区内及界线之外 3km 范围内）共包括 19 个自然村，即玉龙县大具乡甲子村委会的 18 个自然村和白沙乡二十三公里村（注：二十三公里村目前已划归甲子村委会），共计 637 户、2480 人，分布着纳西族、苗族、彝族、藏族、汉族五个民族。在该自然保护区地域范围内，国有林地和集体林地面积分别占 89.4%和 10.6%，其中集体林地分属大具乡甲子村委会的四个自然村（黑水二、三、四村及雪花村）。

在地域属性方面，玉龙雪山属于自然保护区、风景名胜区、旅游开发区和当地社区，“四区”部分重叠分布的区域，因此其相关事务管理也涉及多个部门，主要包括玉龙雪山景区管委会、玉龙雪山管理局、玉龙雪山国家级风景名胜区管理局、玉龙山社区办事处等。其中，玉龙雪山管理局成立于 1984 年，属于副科级事业单位，主要负责玉龙雪山自然保护区野生动植物资源和生态环境保护管理工作，对自然保护区内旅游项目的经营可行使行政许可等方面的管辖监督权，在行政上归玉龙山社区办事处领导，业务上归地方林业部门指导。玉龙雪山景区管委会于 1995 年批准成立，是丽江市政府的派出机构，为正处级事业单位，也是丽江某旅游股份有限公司（简称“Y 公司”）的大股东，玉龙雪山景区管委会对玉龙雪山景区内的旅游开发和经营等事务进行统一管理，同时也参与景区生态环境保护工作（主要侧重于景区环境卫生治理方面）。玉龙山社区办事处是玉龙县政府的派出机构，负责玉龙雪山范围内的社区建设发展（包括景区开发经营单位与社区居民的矛盾协调等）事务，其中涉及旅游的事务管理受玉龙雪山景区管委会指导。此外，与玉龙雪山景区管委会共同挂牌成立的玉龙雪山国家级风景名胜区管理局，其业务管理权归属丽江市政府住房和城乡建设管理部门。

2. 玉龙雪山自然保护区旅游发展状况

在玉龙雪山自然保护区范围内，分布着冰川公园、甘海子、云杉坪、蓝月谷、牦牛坪等众多知名景点，从事旅游开发和经营的单位包括 Y 公司、丽江某旅游服务有限公司（简称“G 公司”）等多家企业，旅游开发经营项目涉及公路交通、索道运输、民族演艺、服装出租、餐饮、购物、照相等多个方面。

1993 年前后，当地少量居民开始在玉龙雪山自然保护区范围内开展自主旅游经营。随着玉龙雪山景区旅游业的迅猛发展，1996 年后，玉龙雪山自然保护区内居民大多举家搬至白水河（蓝月谷）、云杉坪、牦牛坪等地，专门从事旅游经营服务，人数达 1300 人。由于缺少监管，居民乱搭乱建、恶性竞争等现象普遍，也对玉龙雪山自然保护区的生态环境造成了负面影响。自 2000 年以来，丽江市政府介入社区旅游经营活动的监管，在景区内修建社区商贸街并采取合作社、集团化等经营模式。2006 年，玉龙雪山景区管委会委托 G 公司对原有社区经营项目进行整合和规范管理，除租牦牛、租民族服装等少数特色项目（由公司统一管理）外，社区居民原有多数自主旅游经营项目被取消。同时，考虑到景区统一经营管理给社区居民带来的利益损失，玉龙雪山景区管委会主导建立了社区旅游生态补偿机制并开展相应补偿活动。当前，玉龙雪山景区范围内（含玉龙雪山自然保护区）的旅游业发展，实行的是玉龙雪山景区管委会统一规范管理、相关旅游企业进行市场化开发运营、部分社区居民参与旅游企业（主要为 G 公司）有关项目经营的运作模式。

自 1998 年以来，旅游业已成为玉龙雪山当地主要的经济支柱。玉龙雪山旅游业对丽江市社会经济发展的综合贡献率也稳步攀升。开发建设 20 多年来，玉龙雪山旅游接待人数从 1994 年的 4700 人次增长到 2017 年的 376 万人次；2017 年，景区门票收入达到 4 亿元以上，景区内三条索道（玉龙雪山大索道、云杉坪索道、牦牛坪索道）共实现营业收入 41 187.07 万元。在 2018 年度云南省主要重点景区游客接待量排名中，玉龙雪山景区接待游客 432 万人，同比增长 15%，接待游客数量位列云南省第一名。

6.1.2　玉龙雪山自然保护区旅游生态补偿路径

1. 对自然环境的补偿路径

（1）补偿资金来源

除了中央和云南省地方政府按现行的森林生态效益补偿政策下拨的生态公益林补偿资金，景区旅游发展收益构成了玉龙雪山自然保护区当前自然生态环境补偿的重要资金来源。该方面补偿资金主要有以下两个来源渠道。

1）玉龙雪山景区管委会筹集。据调查，截至 2012 年 7 月，玉龙雪山景区管委会依托景区门票收入等旅游经营收益，已累计投入约 5000 万元用于景区生态环境保护与建设项目；2009—2012 年，玉龙雪山景区管委会每年筹集并投入景区生态环境补偿的资金均达 1000 万元以上。

2）旅游企业缴纳。旅游企业缴纳用于景区生态环境补偿的资金主要包括环保基金、环境维护费、护林防火保证金等类型。其中，环保基金是在旅游经营收入正常情况下，由 Y 公司按其经营的索道项目票面收入总额的一定比例向丽江市政府缴纳（玉龙雪山大索道为 15%[①]，云杉坪索道为 16%，玉龙雪山旅游索道环保基金 2010—2012 年营业收入和提取额见表 6-1）；环境维护费主要由景区内各个旅游企业根据其旅游项目规模及经营状况，每年向玉龙雪山景区管委会缴纳（据调查，Y 公司每年上缴的环境维护费约 180 万元；其他企业上缴金额从十几万元到几十万元不等）；向玉龙雪山管理局缴纳的护林防火保证金，主要根据各企业经营收入水平来确定，缴纳数额一般不低于 1 万元。

表 6-1　玉龙雪山旅游索道环保基金 2010—2012 年营业收入和提取额

项目		2010 年金额/万元	2011 年金额/万元	2012 年金额/万元
玉龙雪山大索道	营业收入	2 418.00	13 452.00	17 953.50
	提取额（按 15%）	（2010 年 4—11 月停运改造）	2 017.80	2 693.03
云杉坪索道	营业收入	7 869.43	7 935.21	7 260.77
	提取额（按 16%）	1 529.11	1 269.63	1 161.72

资料来源：相关数据由玉龙雪山景区管委会提供。

（2）补偿具体措施

自旅游开发经营以来，玉龙雪山景区管委会、玉龙雪山管理局、旅游企业及社区居民等相关主体对玉龙雪山自然保护区及周边景区内的自然生态环境采取了相关补偿措施，主要有以下做法。

1）玉龙雪山景区管委会方面。成立了环境保护管理所，设置森林消防队、安全巡逻队、环卫队并开展景区（含自然保护区）护林防火、公共环境卫生维护、景区绿化等工作；严格执行项目环境影响评价、（污染物）总量控制和环境保护目标责任制；加强环境综合治理和资源环境保护动态监测；投资建立污水处理厂等环保基础设施，对景区垃圾进行统一收集、分类和集中无害化处理，投资建设和合理布局生态环保厕所；实施环境保护四大工程[②]；严格实施景区游客容量控制，调节游客空间分布，进行游客分流；等等。

2）玉龙雪山管理局方面。除了依照国家有关政策实施生态公益林补偿，还与玉龙雪山自然保护区内从事开发经营的旅游企业签订管护协议书、护林防火责任

① 2013 年 3 月 1 日，丽江市财政局下发丽财综〔2013〕54 号文件，批复同意 Y 公司按 13.89%的固定比例提取环保资金，故从 2013 年 3 月起按玉龙雪山大索道票价收入总额的 13.89%计提环保资金。

② “绿洲效应”工程——开展植树造林、建筑覆土绿化，恢复近 40 万 m^2 裸露区域植被；“冷湖效应”工程——兴修总面积约 30 万 m^2 的 12 个人工湖，维持景区湿度与气温平衡；“绿色交通”工程——先后投资 2000 多万元购置 34 辆环保旅游大巴，用于各景点间游客交通往返；“森林消防”工程——在主要林区铺设近 50km 的消防、供水管网，有效保护森林植被资源。

书等。

3）旅游企业方面。除了修建生态栈道和停车场绿地、修建排污系统等环保设施，Y 公司还根据经营地域范围内的环境保护要求，不定期地从旅游经营收益中投入部分资金实施植被恢复工程；G 公司除了其经营地域范围内的日常环境检查维护工作，还经常组织志愿者开展景区环境保护义务工作。

4）当地社区方面。多数居民也已放弃传统的“靠山吃山”谋生手段（砍树、放牧）等，自觉配合有关部门实施资源环境保护工作。

2. 对社区居民的补偿路径

（1）补偿实施背景

20 世纪 90 年代初，一些当地居民开始在玉龙雪山景区从事自主旅游项目经营。受该时期玉龙雪山旅游业快速发展的影响，自 1996 年以来，许多居住在自然保护区内部及周边的社区居民，多以家庭为单位搬迁至玉龙雪山景区内的一些热门景点，包括白水河（蓝月谷）、云杉坪、牦牛坪等地，并以旅游经营服务活动作为主要甚至唯一的生计来源。至 2005 年，在景区直接参与旅游经营服务的社区居民达 1300 多人，涉及 19 个自然村、360 多户；居民自建经营房屋达 600 多间、摊点 500 多个；自主旅游服务项目涉及租马、租牦牛、照相、租防寒服和雨衣、民族服装、停车场、民族打跳等。由于缺少统一规范化管理，社区居民乱搭乱建、恶性竞争等现象十分普遍，无序、混乱的市场秩序严重影响了景区旅游业的稳定健康发展，也对景区生态环境造成了负面影响。

2000 年以后，当地政府介入玉龙雪山社区自主旅游经营活动的监管，分别尝试在景区修建社区商贸街并采取合作社、集团化等经营模式。2006 年，社区自主旅游经营项目被全面取消，玉龙雪山景区管委会委托 G 公司对原有社区经营项目进行整合和规范管理（原有租牦牛、民族服装等特色项目被保留，但由公司统一管理）。同时，为弥补统一经营管理给社区居民带来的直接和间接利益损失，以玉龙雪山景区管委会为主导，玉龙雪山管理局、玉龙山社区办事处、旅游企业、社区居民等多主体参与实施，按门票收入、公司缴纳、企业赞助“三个一点”（门票收入+公司缴纳+企业赞助）的方式建立旅游生态补偿资金渠道，并根据社区具体情况差异划分不同补偿类区，对当地社区居民开展相应形式的旅游生态补偿（当地亦称“旅游反哺农业”）。

（2）受偿类区划分

根据社区地理区位、自主经营损失、生产条件等因素的差异，玉龙雪山景区管委会在最近一期（第二期）旅游反哺农业政策实施方案中，将当地受偿社区划分为 3 个补偿类区。第一类区包括黑水一、二、三、四村及联合三村、雪花村 6 个村组，共 231 户、867 人；第二类区包括联合一、二、四、五村及大羊槽、一碗水村和二十三公里村 7 个村组，共 210 户、754 人；第三类区包括青松一、二、三、四村及联合六、七村 6 个村组，共 192 户、728 人。其中，第一类区距离蓝月谷、云杉坪等核心景点较近，以往自主旅游经营项目较多，在景区统一经营管理下，退耕（牧）还林（草）等情况较普遍，现有农业生产用地较少，耕作、放牧等传统生产活动受限制较多；第三类区与核心景点距离较远，居民以往自主旅游经营项目较少，退耕（牧）地也较少，居民传统生产活动受限制不多；而第二类区与核心景点距离、以往自主旅游经营规模、现有农业用地及生产开展等方面的情况，则介于第一类区和第三类区之间。

总体上，由玉龙雪山景区管委会牵头对上述社区实施的旅游生态补偿方式较为多样，既包括以直接提高居民家庭收入或保障其基本生计来源为目的的输血式补偿（包括提供自主经营房屋拆迁安置费、每年定期发放经济补偿金、提供物质资料补贴等），也包括基于社区居民自身发展机能培育和提升目的的造血式补偿（包括吸纳就业、公共设施建设、农牧业扶持、捐资助学、教育培训等）。针对 3 个不同类区的补偿政策，则体现出同一性和差异性结合的特征，即在补偿金发放、工作安排、生产生活资料补贴、捐资助学等方面对各受偿类区实行相同或差异较小的补偿政策；在农牧业扶持、教育培训等方面则根据各受偿类区的地理区位、生产条件等情况差异而区别对待。

（3）补偿实施方式

1）直接补偿。

当前，针对社区居民的旅游生态补偿主要按“三个一点”的方式建立补偿资金渠道。其中，G 公司（经营环保车、社区旅游服务项目等）每年从其旅游经营收入中提取 800 万元，Y 公司提供赞助资金（2009—2012 年，每年均为 150 万元左右），其余补偿资金则由玉龙雪山景区管委会从门票经营收入中提取（2009—2012 年，每年均为 500 多万元）。对社区居民的直接旅游生态补偿主要是采取以直接提高居民家庭收入或保障其基本生计来源为目的的补偿方式，包括每年定期发放经济补偿金、提供自主经营房屋拆迁安置费、提供物质资料补贴等。

定期向受偿居民发放经济补偿金的政策按 5 年一期来实施。其中，第一期（2006—2011 年）补偿按 5 个类区分为 5 个等级，按照各受偿社区地理区位、自主经营损失、生产条件等因素的差异，补偿金额分别为 1500 元/（人·年）、3300 元/（人·年）、3700 元/（人·年）、5200 元/（人·年）、6000 元/（人·年）；第二期（2012—2017 年）补偿分为 3 个类区，同时考虑到物价上涨、景区旅游效益稳定增长等因素，补偿金额被调整为 3 个等级，补偿金额分别为 5000 元/（人·年）、6000 元/（人·年）、7000 元/（人·年）。玉龙雪山社区旅游生态补偿实施方案见表 6-2。据调查，玉龙雪山景区针对当地社区居民的旅游业反哺资金额度，已从最初（2006 年）的 1050 万元增加到 2017 年的 2400 万元，年均增幅达 128.57%。

表 6-2　玉龙雪山社区旅游生态补偿实施方案

村名	户数	人数	第一期补助	第二期补助
联合三村	61	253	5 500 元/（人·年）	7 000 元/（人·年）
黑水一、二、三、四村	123	469	5 200 元/（人·年）	7 000 元/（人·年）
二十三公里村、大羊槽、一碗水村	115	394	3 700 元/（人·年）	6 000 元/（人·年）
联合一、二、四、五村	95	360	3 300 元/（人·年）	6 000 元/（人·年）
青松一、二、三、五村，联合六、七村	192	728	2 000 元/（人·年），前三年 1 500 元/（人·年）	5 000 元/（人·年）
雪花村	47	145	20 000 元/（户·年）	25 000 元/（户·年）
合计	633	2 349	1 050 万元	1 568 万元

资料来源：《玉龙雪山管委会关于实施甲子社区旅游业反哺农业情况的报告》。

提供房屋拆迁安置费是基于社区自主旅游经营项目被取消而给予的经济补偿。据调查，当地各受偿家庭获得的拆迁补偿与安置费为 0～25 万元不等。其中最高者为原先自主经营项目规模最大的黑水三村，除了搬迁时一次性获得人均 3 万元拆迁补偿费，玉龙雪山景区管委会还按照每户 25 万元的标准为各受偿户建设安置房（17 万元由村集体统一安排用于房屋建设，其余 8 万元由农户家庭统一支配用于房屋装修等）。此外，黑水三村还获得其他两项旅游生态补偿：一为占地补偿（因景区观景台建设占用该村集体林，玉龙雪山景区管委会每年补偿全村 8000 元）；二为村集体项目补偿（该村原有集体厕所及公用房因景区统一经营管理而被拆除，玉龙雪山景区管委会每年分别补偿 20 000 元和 30 000 元）。

此外，G 公司每年还针对当地居民子女实施教育奖励补偿，具体为：考取高中、一般大学和重点大学的，分别一次性奖励 800 元、1000 元和 5000 元；同时，G 公司每月还给经营服务区范围内的小学校提供 5000 元的粮油补贴。

2）间接补偿。

有关部门和企业针对玉龙雪山社区居民实施的间接旅游生态补偿主要包括吸纳社区居民参与景区工作、（依托景区旅游开发经营收益）帮助社区进行公共设施建设、为社区居民免费提供生产或服务技能培训等。

吸收社区居民参与景区就业的单位包括玉龙雪山景区管委会、G 公司、Y 公司等。据了解，目前当地社区约 600 人的劳动人口中，在景区就业的约为 400 人（约占全部劳动力人口的 67%）。社区居民从事的工作岗位包括电瓶车司机、环卫工人、养路工人、护林员、剧场演员、牲畜（牦牛、马匹）饲养员，以及一些公司统一经营摊位的服务人员（如租服装、打印照片、食品销售等服务人员）。

为帮助当地社区解决公共设施和服务不足问题，玉龙雪山景区管委会及玉龙山社区办事处还以部分旅游发展收益及国家和地方政府拨付的用于当地民生事业发展的资金，帮助上述受偿社区加强水、电、路、厕、“爱心”水窖等基础设施建设和村容村貌建设等。此外，还为雪花村修建白塔等宗教文化设施。

为社区居民免费提供生产或服务技能培训方面，除了 G 公司对在该公司就业的社区居民进行岗位培训，玉龙山社区办事处还定期或不定期组织有关人员，对（根据玉龙雪山自然保护区管理要求）可从事耕作或放牧的农户免费提供种子（苗）并进行农业生产技术培训，包括玉米、雪桃、核桃种植和牦牛饲养等。

玉龙雪山社区旅游生态补偿的实施由玉龙雪山景区管委会牵头，主要委托玉龙山社区办事处与各个受偿村组居民直接签订补偿协议，再依据补偿协议将旅游反哺农业补助金分发给当地居民。吸纳社区居民到企业工作、实施实物补偿及捐资助学等工作，则由景区旅游企业按照其与玉龙雪山景区管委会所签协议开展。其中，G 公司主要承担为当地居民提供相关就业岗位等职责；为当地居民提供农业技术培训、帮助社区修建公共设施等，一般由玉龙雪山景区管委会委托玉龙山社区办事处来组织实施。

2017 年 1 月，在玉龙县委、县政府和上级相关部门大力支持下，由景区管委会提供 50 万元帮扶启动资金，甲子村村委会成立了丽江甘子甘坂婚纱摄影服务有限公司。虽然全村 2480 名村民并没有出资，但均成为公司的自然人股东。作为村民集体经济组织，该公司以“党建+公司+农户”的模式运营，由玉龙山社区办事处、甲子村村委会负责监管，村民共同经营，收益按人均分配。在 2017 年 12 月 26 日的第一次分红仪式上，甲子村村委会 19 个村民小组共分得 248 万元，每人分得 1000 元。

6.1.3 玉龙雪山自然保护区旅游生态补偿路径效应分析

1. 自然环境补偿路径效应评价

（1）实施效果

针对玉龙雪山景区发展利益相关主体的调查结果显示，通过上述以景区旅游发展收益为依托的旅游生态补偿手段的实施，玉龙雪山景区（含玉龙雪山自然保护区）生态环境维护和建设近年来取得了一定成效。例如，在多数受访的当地居民看来，景区的生态环境质量比以往（社区自主旅游经营期间）有了较大提升，尤其是白水河（蓝月谷）、云杉坪、牦牛坪等主要景点范围内的环境脏、乱、差现象现已得到改观。玉龙雪山景区管委会有关人员认为，在上述针对自然环境的生态补偿措施作用下，景区各项环境指标均达到“5A”标准。近几年的游客抽样调查结果显示，旅游者对景区生态环境建设的评价均为良好以上。在玉龙雪山管理局人员看来，尽管旅游活动总体上对玉龙雪山自然保护区生态环境有一些负面影响，但旅游企业通过与玉龙雪山管理局签订护林防火责任书、管护协议书并缴纳或直接投入相应生态补偿资金进行林区资源环境与生物多样性保护，补偿工作效果较好；同时，由于生态保护宣传教育、经济补偿等措施的作用，社区居民的生态保护意识较之以往已有较大提高，多数居民能自觉配合管理部门进行生态资源与环境保护。此外，受访的 Y 公司、G 公司等企业管理人员均表示对景区目前的生态保护和建设效果很满意。针对到访玉龙雪山景区的游客进行抽样调查的结果则表明，对该景区生态景观与环境表示非常满意、满意、尚可的游客比例分别为 11.8%、52.9%和 29.4%，不满意的游客比例仅为 5.9%。调查显示，游客对玉龙雪山景区生态环境维护和建设状况的总体满意度较高。

（2）存在问题

调查情况表明，尽管依托旅游经营收益开展的针对玉龙雪山自然生态环境的补偿总体上取得了较好的效果，但该方面的旅游生态补偿仍存在一些不可忽视的问题，主要体现在以下几个方面。

1）用于自然生态保护的补偿资金渠道相对狭窄，较大的补偿资金缺口影响了旅游生态补偿的成效。当前，直接用于玉龙雪山景区（含自然保护区）自然资源保护与环境建设的旅游生态补偿资金，一般通过玉龙雪山景区管委会来筹集和投入①。据调查，尽管近年来玉龙雪山景区管委会每年投入的资金均为 1000 万元以上，但与景区现实所需的生态保护和建设资金相比，仍有较大缺口。尤其是作为自然保护区生态保护基本责任主体的玉龙雪山管理局，由于管理体制的影响，在景区旅游业蓬勃发展的背景下，也难以得到足够的补偿资金保证，目前能用于资源环境保护设施建设和管理支出的资金仍较缺乏。截至目前，自然保护区内还缺少常规的生态定位监测系统，垃圾收集处理设施等环保基础设施也十分不足；此

① 玉龙雪山景区每年按玉龙雪山大索道和云杉坪索道收入的一定比例上缴丽江市政府一定的环保基金，该基金主要由市政府统筹安排，用于全市范围内的生态保护和民生发展事业，因此，每年返还用于该景区资源环境保护的资金数量和比例并不固定。

外，由于玉龙雪山森林覆盖率较高，补偿资金的不足也影响了自然保护区森林巡护防火等生态保护工作的效果。

2）旅游生态补偿资金的使用和管理尚未实现规范化和制度化，导致补偿资金使用效率不高，相关主体的生态保护积极性受到影响。尽管玉龙雪山景区已建立起一套针对景区生态资源与环境保护的旅游生态补偿资金筹集机制，每年也有一定数量的资金投入自然生态环境补偿工作，但调查表明，该方面补偿资金的使用和管理尚未建立起规范化、稳定化的政策制度。具体而言，无论是在地方政府层面还是补偿实施主体（主要指玉龙雪山景区管委会和旅游企业）层面，用于景区生态保护和建设的旅游生态补偿资金投入比例或金额均未实现稳定化、常态化；同时，补偿资金使用过程和效果的监控和评估机制构建不足，导致补偿资金使用对景区生态环境保护和建设的支撑功能不稳定，所产生的效果也难以有效评估。此外，玉龙雪山景区每年按玉龙雪山大索道和云杉坪索道收入的一定比例上缴市政府的环保基金，当地旅游企业及保护管理部门对其反馈（返还）及使用的资金数量、比例等情况均不了解，也进一步反映了该地现有旅游生态补偿资金使用管理制度尚不健全的状况。针对该景区相关旅游企业管理人员的调查表明，所缴纳环保基金的返还及使用情况不明晰，在现实中已导致许多旅游企业直接投入资金等要素用于景区生态保护和建设的积极性受到抑制。

3）因生计压力或利益诱惑驱使的部分社区居民破坏性行为，也对玉龙雪山自然保护区生态环境保护和建设形成较大压力。虽然当地政府、玉龙雪山景区管委会和玉龙雪山管理局等部门对当地社区进行的经常化生态保护宣传教育活动已经取得了一定成效，大多数社区居民现已放弃对生态环境有负面影响的传统谋生手段（耕作、放牧、砍伐、狩猎等），大多能自觉地参与到景区生态环境保护当中，但目前仍有少数当地居民因家庭生计所迫或外部经济利益诱惑，出现偷伐、偷猎、在禁止区域放牧等违反资源环境保护管理规定的行为。这也导致了玉龙雪山景区及自然保护区管理部门生态保护管理压力增大。

2. 社区旅游生态补偿路径效应评价

结合景区统一旅游经营管理对社区居民既有利益造成的损失情况，玉龙雪山以玉龙雪山景区管委会为主导，按门票收入、公司缴纳、企业资助“三个一点”方式建立补偿资金渠道并形成多主体参与、多方式结合的社区旅游生态补偿机制；同时，考虑旅游经济效益增长及受偿社区地理区位、自主经营损失、生产条件等因素的差异，在国内自然保护区领域较早建立起的滚动式（5年一期）、差异化（分不同档次）的社区旅游生态补偿标准等，可为其他自然保护区旅游生态补偿实践的开展提供丰富借鉴。

为深入了解玉龙雪山社区旅游生态补偿实施路径的现实效应及其对同类自然保护区所能产生的启示意义，笔者与研究合作者专门针对该地社区旅游生态补偿方式的贡献度及居民继续受偿意愿问题进行了重点调查和分析。以下对该项研究的过程与结果等进行具体阐述。

（1）研究背景及意义

社区是旅游目的地增长管理中特有的重要因素（Simmons，1994），对于旅游发展背景下的自然保护区来说，尤为如此。在外来力量主导的旅游开发背景下，社区居民对自然保护区生态资源的传统利用方式和权利往往受到限制或剥夺而使其成为旅游生态补偿的重要对象；同时，基于长期共生关系而自觉或非自觉地产生对当地生态环境的守（保）护行为，也使其成为自然保护区旅游生态补偿实施的重要参与者，社区居民具有补偿对象和主体的角色双重性。基于社区居民对自然保护区旅游发展的主动或被动贡献而实施制度性的价值支付行为，有助于建立社区居民作为利益主体参与旅游发展的合法权利框架，以此为基础生产社区发展所需的社会资本并持续催生居民保护旅游生态环境和文化的内在动力。因此，关注社区利益、实施社区补偿也成为旅游生态补偿内涵的基本要点之一（刘敏等，2013）。

从现有文献来看，国外专门探讨社区旅游生态补偿的内涵、机制、路径和（效应）评价等问题的研究并不多见。已有相关研究主要集中于对 CBET（community-based ecotourism，基于社区的生态旅游）发展模式的分析，包括设立社区发展基金、提供乡土知识解说服务、进行社区能力建设培训等（Sproule，1996；Ngece，2002；Salafsky et al.，2001；Behrenfeld，2003）；也有学者基于社区居民接受意愿调查而探讨旅游生态系统补偿标准制定等（Matthew and Susana，2011）。

选择适宜的补偿路径和方式是社区旅游生态补偿机制构建的关键内容。国内学界在此方面有过一些探讨：蒋姮（2009）提出建立以增加居民就业机会和商业机会等为主要内容的生态旅游社区利益分享机制；杨桂华和张一群（2012b）强调建立所有权、管理权、经营权分离的旅游项目特许经营制度，加强实施培养社区自身发展能力的造血式生态补偿；刘敏等（2013）认为，在沟通、协商、谈判等参与机制作用下实现补偿应成为社区旅游生态补偿研究的重要问题；等等。这些都能为相关研究提供有益启示。但现实中，社区旅游生态补偿的实施效应应如何评价？社区居民对不同旅游生态补偿实施方式的认同度存在什么差异？其补偿需求结构有何特征？文献研究表明，目前学界对这些问题的研究甚少。本书认为，基于社区居民作为补偿对象及主体的双重角色地位考虑，对这些问题进行深入探究，有助于解析社区旅游生态补偿政策路径设计的合理可行性。为此，本书试图以国内较早开展社区旅游生态补偿实践的玉龙雪山自然保护区为案例，通过对该地社区旅游生态补偿方式的贡献度及居民继续受偿意愿的调查分析，对上述问题进行有关探讨。

（2）基本研究设计

1）问卷与量表开发。本书基于社区居民的视角，针对旅游统一经营管理背景下玉龙雪山社区旅游生态补偿的实施效应来设计问卷。问卷内容包括以下 3 个部分。

① 社区居民个人和家庭情况。此部分包括被调查者的性别、年龄、文化程度、家庭人口、收入来源、生活开支等。

② 相关补偿方式对居民生计或社区发展的贡献度。不同补偿方式的实施着眼点不同，对居民家庭或社区整体发展的意义及被感知程度也存在差异。目前针对社区旅游生态补偿方式实施贡献度的研究甚少，相关测量量表也未见于国内外文献。本书以玉龙雪山现行的社区旅游生态补偿内容为依据，结合专家咨询和玉龙雪山景区部分管理人员的意见，最终确定以补偿金发放、公共设施建设、生产生活资料补贴、安排工作、旅游项目特许经营、参与旅游企业经营管理、旅游经营服务培训、其他生产技能培训、捐资助学、生态保护教育等类具有功能差异性并能被调研对象——当地居民明显感知的补偿方式作为评价项目；采用李克特五级量表测量各补偿方式对家庭生计或社区发展的贡献度，按受访居民的认同程度分为 5 个等级（没有贡献、贡献不大、贡献一般、贡献较大、贡献很大），分值从 1 分递增至 5 分，分值越高表明居民对该补偿方式的贡献度评价越高。

③ 居民继续受偿意愿。继续受偿意愿体现了相关补偿方式在居民心目中的重要性及其差异。针对上述十类补偿方式，由居民按其继续受偿意愿情况进行重要性排序。排序后的补偿方式分值从 10 分递降至 1 分，排位越靠前的补偿方式，分值越高。

2）实地调研与抽样。2012 年 6 月 5—12 日，研究者就玉龙雪山社区旅游生态补偿实施状况及居民对补偿的感知评价等问题，对多个居民家庭进行入户调研。调研手段包括深度访谈法和问卷调查法：首先，对家庭人口结构、收入来源、生活开支等情况及受偿内容和方式等进行访谈；其次，对各家庭代表成员进行不同受偿方式的贡献度评价和继续受偿意愿的问卷调查（受访者填写或答问后由调查者代填）；最后，结合受访者的问卷填写内容进一步访谈，了解其对问卷中有关问题的看法。

为确保本次调查样本更好地代表受偿社区居民总体，研究者按照玉龙雪山景区管委会的 3 个补偿类区划分，采取配额抽样方法，即每个补偿类区挑选若干区位、资源条件等有一定代表性的自然村组作为样本区域，每个村组按家庭经济状况差异选择若干居民户作为调查样本。经过一周调研，研究者对玉龙雪山 15 个自然村共 64 户居民分别进行了访谈和问卷调查，其中一、二、三类受偿社区的被访家庭分别为 21 户、22 户、21 户，样本数量约占受偿居民家庭数量的 10%（注：本次调查采取现场访谈、问卷填写并检查回收的方式，上述调查样本均为合格样本）。入户调查结束后，研究者就调查样本的类型、层次等分布情况与玉龙雪山景区管委会、社区办事处等部门人员进行复核，确认受访样本结构与受偿社区实际情况基本吻合。因此，可以认为本次调查样本具有较好的代表性。

3）数据分析与处理。针对不同补偿类区居民家庭的访谈和问卷调查数据，本书利用 SPSS 19.0 统计软件，分别进行信度分析、均值比较分析、Friedman 检验、独立样本 T 检验等基本分析，依此探查不同旅游生态补偿方式对当地居民家庭生计或社区整体发展的贡献差异、同一补偿方式在不同补偿类区的贡献差异，以及各补偿方式在居民继续受偿意愿中的重要性差异等。此外，利用 SPSS 19.0 统计软件对各补偿方式的贡献度-意愿值进行 IP 分布图绘制和分析。

（3）调查结果与分析

1）受访样本分析。本次接受调查的 64 个样本家庭人口共计 326 人，平均每个家庭 5.1 人。从人口统计学特征看，正式受访者的年龄集中在 26～35 岁和 36～50 岁，分别占受访人数的 31.2%和 47.8%；文化程度总体较低，初中以下学历者占受访人数的 72.7%，高中以上学历者仅占 8.6%。居民受教育水平偏低的状况对其旅游生态补偿方式贡献度和重要性的认知结果会产生影响，尤其是一些短期或现实效应不太显著的补偿方式（如生态教育活动），其贡献度或重要性往往容易被低估，这一点在调查样本数据中有较明显体现。从经济收支情况来看，尽管受访家庭因人口负担、就业状况、生产条件等的不同而存在生活水平差异，但每年按当地户口数获得的补偿金收入占家庭经济开支的比例均可达 65%以上（其中 22 个家庭达 85%以上，占受访家庭样本数的 34.4%）；此外，通过在玉龙雪山景区管委会、旅游公司等单位就业所获的工资福利收入也成为 80%以上受访家庭的重要经济来源。

2）补偿方式贡献度分析。问卷调查量表信度检验一般采用测量量表内部一致性信度的 Cronbach’s Alpha 系数表示，Cronbach’s Alpha 系数达到 0.7 以上被认为是较好的信度指标（Hair et al.，1998）。本书利用李克特五级量表对玉龙雪山现有各类社区旅游生态补偿方式对居民生计或社区发展的贡献度进行测量，通过 SPSS 19.0 统计软件对其内部一致性进行检验，Cronbach’s Alpha 系数达到 0.720，说明本量表总体具有较好的信度。此外，该量表主要依据当地社区旅游生态补偿实施内容来设计并考虑调研对象的认知情况，因此能产生良好的效度。

① 不同补偿方式贡献度差异。通过描述性统计分析，可看出社区居民对不同旅游生态补偿方式的贡献度评价不一（图 6-1）；通过进一步进行 Friedman 检验，统计量表显示的卡方值为 394.831，自由度为 9，渐进显著性为 0.000，远小于 0.05 的显著性水平，说明在玉龙雪山社区居民心目中，上述不同补偿方式对于家庭生计或社区发展的贡献程度存在显著差异。

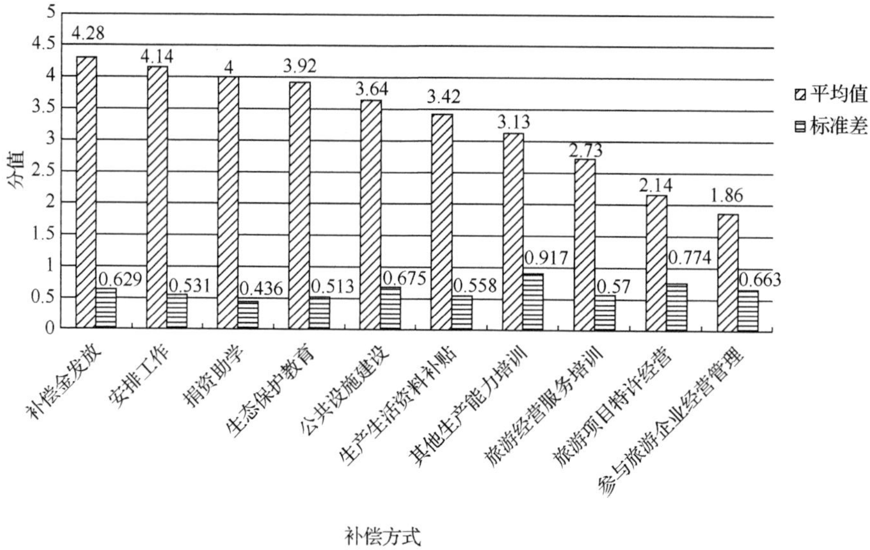

图 6-1 玉龙雪山社区旅游生态补偿方式贡献度评价分值比较

由图 6-1 可知，居民对现有社区旅游生态补偿方式的贡献度感知总体处于正向评价范围内（各补偿方式总平均值为 3.33）。其中贡献度最被认可的是玉龙雪山景区管委会每年向社区居民提供的直接经济补偿（“补偿金发放”）这一输血式补偿方式，其次为体现造血式补偿特征的“安排工作”。这两种补偿方式也是访谈过程中受访者提及最多的补偿方式。在当地居民看来，在实施退耕还林和取消社区自主旅游经营等政策的背景下，定期发放的经济补偿金能为家庭生计提供基本保障，而获得工作岗位则是一种稳定、低成本、可持续的利益获取方式，因此这两种补偿方式与家庭生计关系最密切。位列“补偿金发放”和“安排工作”之后，贡献度分值高于平均水平的补偿方式依次为“捐资助学”“生态保护教育”“公共设施建设”“生产生活资料补贴”。这几类具有公共服务性质的补偿方式，尽管其直接经济效应不如上述二者显著，但能有效促进居民自身文化素质和社区整体福利的提升，也成为较受居民认可的补偿方式。

相比而言，受访居民认为对当前家庭生计或社区发展贡献度较低的主要是一些造血式旅游生态补偿方式，包括“旅游项目特许经营”“旅游经营服务培训”“参与旅游企业经营管理”，其中前两项评价值偏低的原因与该地自 2006 年以来实行景区统一规范经营管理、取消大部分社区自主经营项目的政策紧密相关；而“参与旅游企业经营管理”的贡献度最低，体现了既有社区居民因自身文化水平限制而导致参与意识与能力不足的主观原因，也从一个侧面反映了有关部门和旅游企业对于创新社区旅游生态补偿模式、增强居民自我发展能力和旅游业内生发展动力的认识不足、机制缺失等问题。

② 补偿方式贡献度的类区差异。将调查样本按 3 个补偿类区拆分，对不同类区的旅游生态补偿方式总体贡献情况，以及同一补偿方式在不同类区的贡献度评价差异情况进行分析比较，编制了玉龙雪山不同类区旅游生态补偿方式贡献度评价分值表，见表 6-3。

表 6-3　玉龙雪山不同类区旅游生态补偿方式贡献度评价分值表

补偿方式	第一类区	第二类区	第三类区	独立样体 T 检验		
				一/二类区	一/三类区	二/三类区
补偿金发放	4.33	4.32	4.19	0.081（0.936）	0.734（0.467）	0.632（0.531）
生产生活资料补贴	3.48	3.36	3.43	0.673（0.505）	0.257（0.798）	0.390（0.699）
公共设施建设	4.14	3.59	3.19	2.906（0.006**）	6.232（0.000**）	2.372（0.022*）
安排工作	4.43	4.18	3.81	1.605（0.121）	3.938（0.000**）	3.062（0.004**）
旅游项目特许经营	2.71	2.23	1.48	2.544（0.015*）	6.440（0.000**）	4.731（0.000**）
参与旅游企业经营管理	2.33	1.95	1.29	2.332（0.028*）	5.966（0.000**）	5.217（0.000**）
旅游经营服务培训	3.10	2.68	2.43	2.667（0.011*）	4.128（0.000**）	1.688（0.099）
其他生产能力培训	2.14	3.14	4.10	−6.889（0.000**）	−15.84（0.000**）	−6.24（0.000**）

续表

补偿方式	第一类区	第二类区	第三类区	独立样本 T 检验		
				一/二类区	一/三类区	二/三类区
捐资助学	3.95	4.05	4.00	−0.695 (0.491)	−0.326 (0.746)	0.362 (0.719)
生态保护教育	4.19	4.00	3.57	1.486 (0.145)	4.382 (0.000**)	2.975 (0.005**)
总平均值	3.48	3.35	3.15	—	—	—

注：表中括号内数字代表 p 值，p 值代表原假设发生概率。

*、**分别表示在 5%和 1%的水平上显著。

由表 6-3 可看出，在 3 个补偿类区中，第一类区的旅游生态补偿贡献度总体评价值相对较高（总平均值为 3.48），第二和第三类区分别次之（总平均值分别为 3.35 和 3.15），但这并不代表每种补偿方式的贡献度评价情况在 3 个补偿类区的分布特征。通过对上述不同补偿方式的独立样本 T 检验，可看出每种补偿方式在不同类区的贡献度评价差异及其体现在每两个类区之间的显著性水平。

独立样本 T 检验结果显示，"补偿金发放""生产生活资料补贴""捐资助学"这几种补偿方式的贡献度评价值在 3 个类区间的差异均不显著，而"公共设施建设""旅游项目特许经营""参与旅游企业经营管理""旅游经营服务培训""其他生产能力培训"等补偿方式的类区间差异较显著。这些状况基本上符合玉龙雪山景区管委会对当地社区进行 3 个补偿类区划分并实施同一性和差异性结合的旅游生态补偿政策取向，即在补偿金发放、安排工作、生产生活资料补贴、捐资助学等方面对各类区实行相同或差异较小的补偿政策。对于第一类区，主要考虑其距核心景区较近、退耕（牧）地多且以往社区自主旅游经营规模较大、效益较好等因素，除了提供标准稍高的经济补偿金，在公共设施建设，以及少量的旅游项目特许经营、旅游经营服务培训和旅游企业经营管理参与机会方面给予比其他类区更多的倾斜；对于距核心景区较远、退耕（牧）地较少且以往社区自主经营规模较小的第三类区，除了上述共同性补偿方式，主要从生产发展扶持方面考虑，侧重居民的农牧业生产能力培训等；对于第二类区，差异化的补偿方式实施标准一般介于第一类区和第三类区之间。

值得一提的是，总体上受居民认可度最高的"补偿金发放"和"安排工作"这两种补偿方式，其贡献度评价在不同补偿类区间的差异性体现出不同特征。在"补偿金发放"方面，尽管当前一、二、三类区分别实施 7000 元/（人 • 年）、6000 元/（人 • 年）和 5000 元/（人 • 年）的递减补偿标准，但与存在较大类区差别的第一期（2006—2011 年）经济补偿相比，3 个类区居民在访谈中多认为当前所实施略有差异的补偿金发放标准是相对公平、可接受的标准，而问卷分析结果也表明该补偿方式的贡献度评价在 3 个类区间无显著差异。针对“安排工作”补偿方式的贡献度评价，一、二类区间的差异并不明显，而一、三类区及二、三类区间则有较显著差别，尤其是一、三类区之间。在就业安置方面，玉龙雪山景区管委会制定有照顾当地社区的政策，包括“同等条件下优先录用保护区内部及周边社区居民”“保证每户至少一人进入景区管理部门或旅游企业工作”等，但从弥补社区自主旅游经营损失程度的角度考虑，该政策执行实际上更多向第一、二类区倾斜，这也是第三类区许多居民反映的景区招工存在不公平的主要体现。同时，3 个类区均有居民反映的景区招工存在的“关系户”现象，以及有关单位招工时对年龄、文化程度等的条件限制等，也可能是“安排工作”这一补偿方式的贡献度评价在不同类区和家庭间存在差异的影响因素。

3）居民继续受偿意愿分析。除了进行社区旅游生态补偿方式的贡献度调查，研究者还开展受访居民的继续受偿意愿调查，通过对上述补偿方式进行重要性排序，了解其在居民心目中的受偿意愿差异情况。玉龙雪山社区旅游生态补偿方式继续受偿意愿比较见图 6-2。

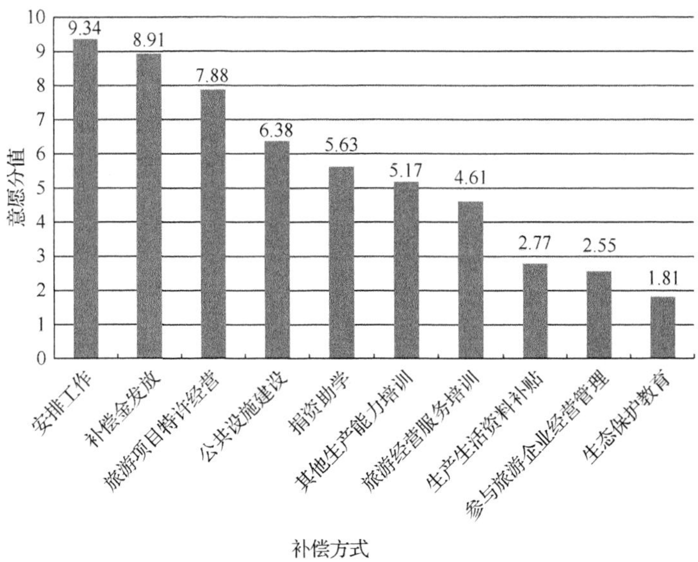

图 6-2　玉龙雪山社区旅游生态补偿方式继续受偿意愿比较

从图 6-2 可知，部分补偿方式的继续受偿意愿（按重要性排序）情况与上述贡献度评价情况基本一致，包括“补偿金发放”“安排工作”“公共设施建设”“参与旅游企业经营管理”“旅游经营服务培训”“其他生产能力培训”等；而“旅游项目特许经营”“生态保护教育”这两类补偿方式在居民心目中的重要性与其贡献度相比，排序情况有较大变化；“生产生活资料补贴”“捐资助学”的贡献度评价和重要性排序相对变化不大。

上述几种补偿方式的贡献度评价与继续受偿意愿情况的强烈反差值得关注和进一步分析。就“旅游项目特许经营”来说，由于当地自 2006 年来采取景区统一经营管理政策，其在社区旅游生态补偿格局中的地位逐渐被弱化，对居民家庭生计的总体贡献度也较低（评价值 2.14，位列第九）；然而其继续受偿意愿分值达到 7.88，按重要性排序仅列“安排工作”和“补偿金发放”之后，位居第三位。这说明尽管现实政策环境对社区自主旅游经营有较大限制，但作为自主性强、收益空间大的一种补偿方式，其对当地居民尤其是有过相关经营经历的居民来说，仍具有较强吸引力。在访谈中，不少居民表示希望有关部门能适当提供一些社区自主经营项目，以更好地调动他们参与景区旅游发展的积极主动性。另外，“生态保护教育”也是前后两种评价中排序差异较大的一类补偿方式。实际上，3 个类区居民在贡献度调查中均对该补偿方式给予较高评价（平均值为 3.92），并承认景区有关部门在社区开展的生态保护宣传和专题讲座等活动对提升居民的整体生态保护意识有较大帮助；但在访谈中发现，多数居民对“生态保护”的理解仅仅局限于不乱砍树木、不乱丢垃圾等基本层面，且认为自身的意识和行为已达到管理部门对景区生态保护的要求。因此，在继续受偿意愿调查中，“生态保护教育”成为居民心目中现实需求较小的一种补偿方式而位列重要性排序的末位，应可从中得到解释。

在旅游生态补偿方式贡献度评价与继续受偿意愿调查结果对比中，同样值得关注的补偿方式还有“参与旅游企业经营管理”。作为能体现居民参与外来投资者主导下的旅游利益生产、分配、控制和使用的力量与过程，具有经济、技术、制度、心理等层面旅游增权意义的一种较高层次社区参与旅游发展模式，“参与旅游企业经营管理”能使居民从被动参与转向主动行动，增强社区在旅游开发中的利益分享权并能部分地控制旅游业在地方的发展，“让旅游为我所用而不是我为旅游所用”（左冰和保继刚，2008），从而突破“社区参与只不过是象征性的，旅游利益继续被开发商、政府所控制而不是被社区所控制”（Macbeth，1996）的传统格局。作为一种社区旅游生态补偿途径，以资源或资金入股等形式引导居民参与旅游企业经营管理，在国外许多旅游地及国内四川九寨沟等景区已有成功实践并产生示范效应；但在玉龙雪山，该补偿方式不仅对居民家庭和社区整体发展贡献度偏低，在居民继续受偿意愿排序方面也十分滞后（第九位），在很大程度上体现出当地居民对这种在知识、能力、心理等维度上都有良好促进功能的旅游生态补偿手段的认知不足。

4）补偿贡献度-意愿值的 IPA 分析。IPA（importance-performance analysis，重要性-表现实绩分析法）是一个较受欢迎的管理分析工具。Martilla 和 James（1977）最早运用该方法进行了汽车经销商考核分析；此后，该方法在辨识商标、产品、服务、零售业等的优劣势等方面经常得到应用（Chu and Choi，2000）。在国内旅游领域，该分析工具近年来多用于旅游地形象感知和建设（宋子斌等，2006；余勇和田金霞，2011）、旅游市场开发（黄秀娟，2006）、旅游产业发展（谢丽佳和郭英之，2010）、旅游信息化建设（钟栎娜等，2012）等研究。IPA 运用的基本步骤如下：①通过问卷形式获取所要考核观测变量的重要性（I）及其表现（P）的分值；②以“重要性”为横轴（I 轴），“表现”为纵轴（P 轴），建立二维坐标空间（标有刻度的 IP 图）；③以观测变量的重要性、表现的各自总平均值为评价参考分界线，将坐标空间分成 4 个象限，即“继续保持（keep up the good work）”“不宜刻意追求（possible overkill）”“优先级低（low priority）”“重点改进（concentrate here）”等（Baloglu and Love，2003）；④根据各观测变量的重要性和表现的实际得分，分别将其定位在 4 个象限的相应位置。

前述分析表明，虽然玉龙雪山社区居民对现有旅游生态补偿方式的贡献度评价总体属于正向范围，但不同补偿方式对家庭生计或社区发展的作用存在明显差异；而居民继续受偿意愿调查结果则进一步反映了当地社区旅游生态补偿政策存在优化调整的空间。为更清晰地揭示当地居民对社区旅游生态补偿的需求结构特征，确定补偿政策改进路径及优先顺序，本书借助 IPA 进行分析：首先以问卷调查获取的各补偿方式贡献度评价和继续受偿意愿值为依据，分别以贡献度为纵轴（代表“表现”），继续受偿意愿为横轴（代表“重要性”），以补偿方式的贡献度、继续受偿意愿的各自总平均值（3.327，5.503）为分隔点，划分出四个象限的坐标空间，再根据各补偿方式的重要性和表现的实际得分，将其逐一标示在相应坐标位置，以此绘制出玉龙雪山社区旅游生态补偿方式的贡献度-意愿值 IP 分布图（图 6-3）。

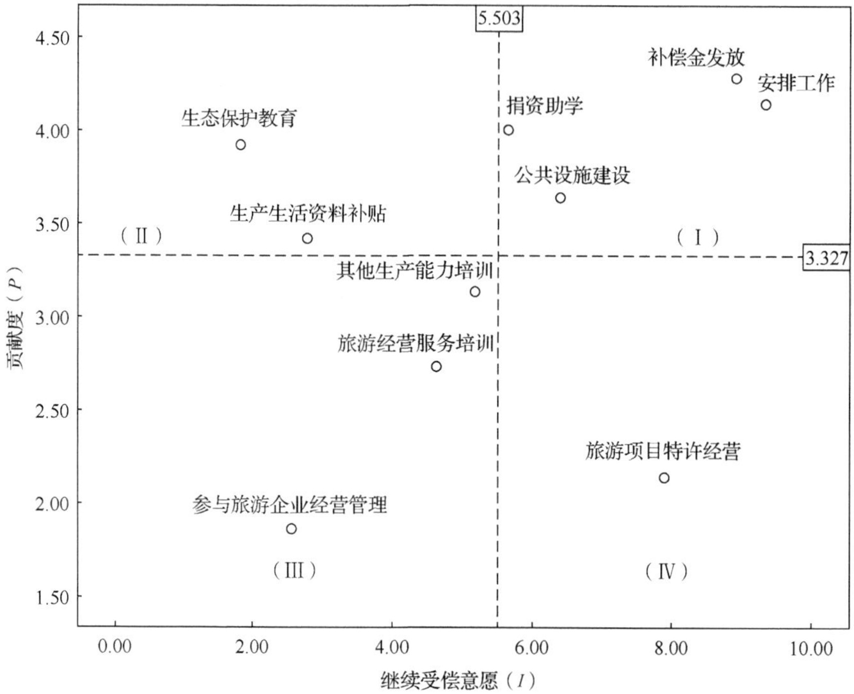

图 6-3　玉龙雪山社区旅游生态补偿方式的贡献度-意愿值 IP 分布图

图 6-3 显示，位于 IP 分布图第Ⅰ象限的包括“补偿金发放”“安排工作”“公共设施建设”“捐资助学”四种补偿方式，它们是居民心目中对家庭生计或社区整体发展的现实贡献度较高、继续受偿意愿较强的旅游生态补偿方式，也是有关部门当前实施成效较显著、适宜继续保持和加强的补偿方式。位于第Ⅱ象限的是贡献度较高、继续受偿意愿较弱的补偿方式，较为明显的是“生态保护教育”，其次为“生产生活资料补贴”。在 IP 分布图中，两者的基本解释是成效显著但重要性不高，相应建议为无须强调改善或应顺其自然。但调查情况表明，居民对“生态保护教育”的继续受偿意愿较弱与其对生态保护内涵的认知不足有密切关系，重要性不高并非该补偿方式在玉龙雪山的真实属性体现。因此，有关部门需要重新审视已实施的社区生态保护教育效果，通过教育方式方法的改进，进一步提升居民的生态保护意识和能力。位于第Ⅲ象限的是贡献度和继续受偿意愿均较低的补偿方式，最突出的是“参与旅游企业经营管理”，其次为“旅游经营服务培训”和“其他生产能力培训”。在 IP 分布图中，它们属于“优先级别低”的项目，但“参与旅游企业经营管理”“旅游经营服务培训”等补偿方式的受偿意愿排序靠后，既

与社区居民自身文化素质和认知水平有关，也有当地旅游业繁荣背后的社区参与旅游机制设计和建设不足的原因。有关部门和旅游企业对此应有充分认识，逐步为社区居民参与旅游经营管理创造适宜的环境与条件，以此激发居民自身发展潜能并增强当地旅游业的内生动力。位于第Ⅳ象限的只有“旅游项目特许经营”这一现实贡献度低而继续受偿意愿较强的补偿方式，其在 IP 分布图中属于需要重点改进项目；而调查过程也显示当地居民总体上对加强该补偿方式的实施力度有较高期望。因此，从帮助社区发展替代产业、加强社区自身“造血”机能培育的角度出发，能否突破既有政策限制，在规范管理的前提下加大该补偿方式的实施范围和力度，是有关部门应着重考虑的问题。

（4）研究结论与思考

基于旅游开发对社区生态权益形成的损失性境遇，考虑居民的补偿需求结构特征并选择适宜的补偿政策路径，是社区旅游生态补偿机制构建的必然要求。本部分基于当地居民的视域，就玉龙雪山社区旅游生态补偿方式的贡献度和继续受偿意愿进行调查分析，研究结果如下。

1）当地居民对现行社区旅游生态补偿方式的贡献度评价总体处于正向范围。贡献度最受认可的是“补偿金发放”，其次为“安排工作”。这两种补偿方式为多数居民家庭提供了主要经济来源。“捐资助学”“生态保护教育”“公共设施建设”“生产生活资料补贴”等具有公共服务性质的补偿方式也获得较高贡献度评价；而“旅游项目特许经营”“旅游经营服务培训”“参与旅游企业经营管理”等补偿方式对居民家庭生计或社区发展的贡献度较低，前两者与景区实行统一规范管理、取消大部分社区自主旅游经营项目的政策紧密相关。

2）在 3 个补偿类区中，第一类区的旅游生态补偿贡献度评价值总体较高，第二、三类区分别次之。其中，“补偿金发放”“生产生活资料补贴”“捐资助学”的贡献度评价在 3 个类区间没有显著差异，而“公共设施建设”“旅游项目特许经营”“参与旅游企业经营管理”“旅游经营服务培训”“其他生产能力培训”等补偿方式的类区间差异均较显著。这些状况基本体现了有关部门对 3 个类区实施兼有同一性和差异性特征的旅游生态补偿政策效应。

3）与存在较大类区差别的第一期经济补偿相比，当前略有区间差异的补偿金发放标准被多数居民认为是较公平、可接受的标准，该补偿方式的贡献度评价在 3 个类区间无显著差异。同为总体认可度较高的“安排工作”，其贡献度评价在一、三类区及二、三类区之间存在较显著差别，这与现实中就业安置政策更多向一、二类区倾斜有关；同时，景区招工中的“关系户”现象及对年龄、文化水平等条件的限制等，可能构成该补偿方式贡献度评价在不同类区和家庭间存在差异的影响因素。

4）居民继续受偿意愿调查显示，“补偿金发放”“安排工作”“公共设施建设”“参与旅游企业经营管理”“旅游经营服务培训”“其他生产能力培训”等补偿方式的重要性排序与贡献度评价情况基本一致，“生产生活资料补贴”“捐资助学”两者相对变化不大；而“旅游项目特许经营”“生态保护教育”的前后评价情况存在明显变化，反映出旅游项目特许经营作为自主性强、收益空间大的一种补偿方式，对当地居民有较强吸引力；此外，居民对“生态保护教育”的继续受偿意愿较弱与其对生态保护内涵的认知不足有密切关系。

5）以贡献度为纵轴、以继续受偿意愿为横轴进行 IP 分布图绘制和分析，可更清晰地揭示玉龙雪山当地居民对社区旅游生态补偿的需求结构特征。例如，“补偿金发放”“安排工作”“公共设施建设”“捐资助学”是适宜继续保持和加强的补偿方式，而“旅游项目特许经营”属于需要重点改进的补偿方式等。

调查显示，玉龙雪山现行的多种社区旅游生态补偿方式能在不同层面发挥作用。通过实施各种直接经济补偿和安排就业、捐资助学及基础设施建设和农牧业扶持等间接补偿手段，促进了当地社区的家庭收入、生活水平、社区发展条件的稳定和提高[①]，一定程度上解决了以往社区居民内部及当地社区与玉龙雪山景区管委会和相关旅游企业之间的矛盾，有效改善了社区自主旅游经营时期景区环境的脏、乱、差现象，降低了居民对玉龙雪山自然保护区生态资源的依赖程度，并促进了其生态环境保护意识的提升。然而，针对各补偿方式的贡献度及居民继续受偿意愿的调查分析表明，当地社区旅游生态补偿政策路径尚存优化调整的空间。

① 从补偿政策设计理念来看，尽管也考虑旅游开发和经营管理对当地居民生态资源利用权益的影响，但社区旅游生态补偿主要是玉龙雪山有关部门基于社区居民退出自主旅游经营而实施的利益损失补偿。这样的补偿政策更多被视为消除旅游开发和管理主体与社区居民间的利益冲突、营造有利经营环境的经济手段，其对补偿实施的根本目的——生态保护考虑甚少（张一群和杨桂华，2012）。受其影响，该地社区旅游生态补偿政策内容缺乏对“保护者受益”这一生态补偿基本理念的体现，如针对居民自发保护行为的奖励性补偿制度缺位、标准缺失等。这不仅削弱了社区补偿与居民生态保护行为间的互动激励效果，也降低了旅游生态保护和社区管理的效率。

② 从补偿政策内容框架来看，尽管采取多形式结合的补偿方式，但玉龙雪山

① 据调查，当地社区农民人均纯收入已由 2006 年的 6000 余元增加至 2017 年的 1.85 万元；截至 2017 年 9 月，当地在城区购买商品房的农户数有 238 户，有机动车户数达 481 户。

社区旅游生态补偿总体上体现出以输血式补偿为主、以造血式补偿为辅的特征。调查显示，当地居民对“补偿金发放”这一输血式补偿方式的贡献度评价最高，其继续受偿意愿也十分强烈，而当地有关部门也十分强调该方式在补偿政策中的突出地位。这些状况一方面体现了输血式补偿对于提供家庭基本生计来源、保障社区居民基本生存权益的关键作用，另一方面也反映出在旅游统一经营管理背景下，其作为社区居民与旅游开发和管理主体之间“矛盾冲突协调器”的工具价值（调查了解，当地社区补偿金发放标准的变化往往是居民以上访等行为与相关部门进行利益博弈的结果）。然而，以金钱和实物发放为主要形式的输血式生态补偿存在着无法解决发展权补偿，无法解决生态保护和建设投入上自我积累、自我发展的问题等先天缺陷（杨桂华和张一群，2012b）。因此，从长远角度看，输血式补偿对于社区居民自身发展能力的培育作用有限，甚至会促使当地居民对外部系统的物质支持形成路径依赖；其后果往往是弱化了当地社区自身的文化体系和自主权利，也不利于严格的生态保护（Hinch and Butler，1996）。

为此，从维持玉龙雪山社区旅游生态补偿的长效性、加强社区自身发展机能培育、增强居民生态保护内在持久动力的角度出发，应调整现有补偿政策的基本价值取向，加强造血式旅游生态补偿方式的实施。以政策扶持、服务实施和项目安排等为基本内容的社区造血式旅游生态补偿，并非简单地将生态经济利益受损的当地居民视为旅游发展系统之外的被动经济受偿者，应将其看作旅游发展环境的重要构成部分、具有多维发展需求和潜力的旅游利益相关者和参与主体。从社区旅游参与层次结构（Pretty，1995）来看，造血式旅游生态补偿参与促进水平可达到功能性、交互式和自我激励式的较高层次，在推动居民整体素质和社区发展机能提升方面具有输血式补偿难以替代的功能。

在玉龙雪山当前的社区旅游生态补偿格局中，“旅游项目特许经营”“参与旅游企业经营管理”等具有典型社区参与意义的造血式补偿方式并未显示出应有的价值或地位，与该地旅游业蓬勃发展的状况形成明显反差，这是值得关注和思考的问题。国外针对 CBET 项目评估的多项研究表明，基于社区参与的生态旅游项目既有利于旅游收入的公平分配，也能提高社区居民对自身的认识，培养其规划、管理和监督旅游活动的能力并自主决定未来发展方式（Behrenfeld，2003；Stronza，2002）。国际生态旅游协会（The International Ecotourism Society）为 NGO（非政府组织，Non-Governmental Organization）、社区和捐赠者所提供的生态旅游评估导则中也包括社区公众参与程度、社区能力建设等评估内容（Wood，1998）。实践表明，在传统生计受限制的状况下，通过旅游项目特许经营的方式引导社区居民有序参与旅游经营服务，不仅可帮助社区发展替代产业，促进社区传统产业结构的调整优化，还可通过本土居民这一“活态文化载体”更好地向游客展示当地文化并提升旅游吸引力；同时，这样的补偿方式还能充分调动社区居民参与当地旅游业发展的积极性和能动性，实现居民对旅游业的公平和有序参与。

有关研究显示，规范化组织和管理的社区自主旅游经营是更有利于环境保护的社区旅游参与方式（武春友等，2004）。因而，在严格生态管理政策的前提下，为具备自主创业意愿的居民提供更多旅游项目特许经营机会，应成为当地社区旅游生态补偿政策调整的方向之一。调查中，有相关意愿的受访居民表示愿意在有关部门的监督管理下，采取对环境友好的经营行为。

③ 通过“参与旅游企业经营管理”方式实施造血式旅游生态补偿，是社区参与旅游发展层次进一步提升的标志。该补偿方式具有帮助居民更新发展观念、激发主动参与意识并挖掘其学习、经营、管理、决策等多种潜能的综合价值；同时，该补偿方式更有助于缓解居民与外来旅游开发和经营者的矛盾与纠纷，并通过旅游利益的共享过程不断催生居民与旅游资源环境的共生意识，增强其旅游生态保护的内生动力。调查研究表明，玉龙雪山社区居民对“参与旅游企业经营管理”的继续受偿意愿排序十分滞后。本书认为，这一状况不能仅仅归咎于居民旅游增权发展意识和信心缺乏的主观因素，因为低层次、低报酬的体力工作（如服务员、保安等）与高层次、高收入的经营管理工作的反差对比可逐渐内化为许多居民的主动进取意识。实际上，当地有关部门应从现有的旅游企业和项目发展定位、社区参与旅游机制设计等方面寻找不足，努力探索该补偿方式在社区旅游生态补偿格局中的功能提升之道。毕竟社区居民的参与能力是可以成长的，伴随旅游发展，他们会逐渐成为旅游业的管理者、旅游影响的监督者和社区发展的主人（保继刚和孙九霞，2006）。

生态补偿是一个涉及层面较宽泛的定义域，旅游生态补偿目前属于其中一个较新的研究领域，其研究理论和技术体系仍处于探索构建阶段。本部分以玉龙雪山为案例，在有关部门对因该景区统一经营管理而遭受生态经济利益损失的社区居民实施旅游生态补偿的背景下，主要从受偿居民的视角研究社区旅游生态补偿的需求结构特征。研究结果能为该地及同类区域相关补偿政策路径设计和优化提供参考，也有助于促进旅游生态补偿效应评估研究方法体系的构建；但社区旅游生态补偿本质上是社区居民、旅游开发和经营者、政府管理部门及旅游者等相关利益主体间互动关系的体现，影响其政策制定的因素复杂多样，仅仅基于社区居民的视角来分析显然不足够。此外，受研究支撑理论与方法不足及调研对象的主观意识和认知水平等因素的影响，本部分研究可能存在问卷测量指标选择、样本数据来源等方面的局限。今后有望通过更多的地域社区旅游生态补偿效应的对比分析，以及面向其他利益主体的补偿认知研究，进一步构建自然保护区社区旅游生态补偿政策路径研究的方法体系。

6.2　西双版纳自然保护区旅游生态补偿实施路径及评析

6.2.1　西双版纳自然保护区旅游发展状况[①]

1. 西双版纳自然保护区基本情况

（1）西双版纳自然保护区地域范围

西双版纳自然保护区位于云南省西双版纳傣族自治州境内，由西向东分别坐落在勐海、景洪、勐腊二县一市，总面积为 242 510hm^2，占西双版纳傣族自治州土地总面积的 12.68%。西双版纳自然保护区由地域上互不相连的勐腊、尚勇、勐仑、勐养、曼搞 5 个子保护区组成，各子保护区的面积分别为勐腊 92 683hm^2、尚勇 31 184hm^2、勐仑 10 933hm^2、勐养 99 840hm^2、曼搞 7870hm^2。

（2）西双版纳自然保护区资源特色

西双版纳自然保护区是以保护热带森林生态系统和珍稀野生动植物为主要目的的大型综合性自然保护区，始建于 1958 年，是我国最早建立的保护区之一；1986 年，经国务院批准升格为国家级自然保护区；1993 年，加入联合国教科文组织“人与生物圈”保护区网。

西双版纳自然保护区是我国热带森林生态系统保存比较完整、生物资源极为丰富、面积最大的热带原始林区。该保护区野生动植物荟萃，珍稀、濒危物种多，还是我国亚洲象种群数量最多和较为集中的地区，素有“动植物王国”之称。全区天然植被划为 9 个植被类型和 49 个群系，已鉴定的高等植物约 5000 种，陆生脊椎动物有 823 种。其中，国家重点保护植物有望天树、版纳青梅、苏铁、藤枣、黑黄檀、滇南风吹楠、千果榄仁、四数木、合果木、大叶木兰、红椿、粗枝崖摩、桫椤等 31 种；自然保护区内拥有绿孔雀、黑长臂猿、亚洲象等 114 类国家重点保护动物（沈庆仲等，2016）；还有双带鱼螈等 7 种特有动物和细蕊木莲等 30 种特有植物。

由于西双版纳自然保护区拥有保存较完好的大面积原始热带森林、丰富多样的野生动植物资源，以及以傣族文化为主、浓郁独特的少数民族地域文化，因而

① 基础数据资料由云南西双版纳国家级自然保护区管护局（简称“西双版纳保护区管护局”）和相关旅游企业提供，其余由笔者和研究合作者根据调研情况整理而成。

长期以来受到国内外众多游客的喜爱及旅游业界人士的关注，自20世纪80年代以来，逐步发展成为中国著名的旅游胜地之一。

（3）西双版纳自然保护区规划发展

2008年6月开始，以国家林业局（今国家林业和草原局）发布的《同意将云南省列为国家公园建设试点省的通知》（林护发〔2008〕123号）为依据，西双版纳热带雨林国家公园以西双版纳自然保护区为依托，适当扩大范围并以《西双版纳国家级自然保护区总体规划（2005—2015）》《西双版纳国家级自然保护区生态旅游总体规划（2008—2015）》为基础进行规划建设。2009年2月12日，《云南省人民政府关于同意西双版纳国家公园总体规划的批复》（云政复〔2009〕9号）批准了《西双版纳热带雨林国家公园总体规划》。批复后的西双版纳热带雨林国家公园由勐养、攸诺、勐仑、勐腊、勐海、尚勇六大片区构成，总面积达28 5421hm^2。

根据《西双版纳热带雨林国家公园总体规划》，西双版纳热带雨林国家公园在原有西双版纳自然保护区基础上新增面积 42 911hm^2，占国家公园总面积的15.03%。整个西双版纳热带雨林国家公园按照五大功能区（自然生境区、生态保育区、传统利用区、游览展示区、公园服务区）的划分进行规划和建设。

（4）西双版纳自然保护区管理体制

按照《西双版纳傣族自治州自然保护区管理条例》，由西双版纳保护区管护局统一行使自然保护区的行政管理职能，对该自然保护区的自然环境和野生动植物资源进行保护和管理。该管理局由西双版纳傣族自治州人民政府领导，业务上受云南省林业厅指导。2010年3月22日，经州人民政府常务会议通过，在西双版纳保护区管护局加挂“西双版纳热带雨林国家公园管理局”的牌子。由此，西双版纳自然保护区和西双版纳热带雨林国家公园的管理机构形成了一套班子、两块牌子、履行两个管理职能的格局。

目前，保护区管护局除了内设职能机构（包括资源保护科、社区工作科、森林公安分局等部门），还下设勐腊、尚勇、勐仑、勐养、曼搞5个子保护区管理所（管理所受所在县人民政府和管理局双重领导），以及生态旅游管理所、科研所、社区工作科、国家公园管理科等直属管理机构。其中，生态旅游管理所是自然保护区/国家公园内旅游开发经营活动的责任管理部门；科研所主要负责涉及自然保护区/国家公园野生动植物资源保护的科学研究项目实施与管理工作；社区工作科的主要职责是建立自然保护区/国家公园资源保护的社区共管体系，并协调当地政府做好社区发展建设的扶持工作；国家公园管理科的主要职能包括制定和督促实施国家公园总体规划和相关项目规划，协调国家公园生态旅游景区内的科研监测工作并开展生态环境保护科普宣教工作等；各子保护区管理所主要负责辖区内的自然资源保护、生态环境监测工作，同时开展当地社区经济社会发展帮扶活动。

2. 西双版纳自然保护区旅游经营与管理

（1）旅游发展概况

西双版纳属云南六大旅游片区的滇西南边境旅游片区的核心区域，同时也是东南亚旅游圈的重要组成部分。西双版纳自然保护区（国家公园）占据了西双版纳傣族自治州北、南、西 3 个重点旅游区域。特殊的旅游区位条件，使其成为中国与东南亚旅游经济和文化交流的过渡地带和桥头堡。

西双版纳自然保护区的旅游开发和经营活动由来已久，其旅游业发展起步于 20 世纪 80 年代末期，90 年代中期进入快速发展期。1993 年，西双版纳自然保护区制定了旅游开发总体规划并进行先期重点开发项目——三岔河、勐仑和望天树景区的初步建设。2004 年，《西双版纳国家级自然保护区总体规划（2005—2015）》获得国家批准；2007 年编制的《西双版纳国家级自然保护区生态旅游总体规划》在对自然保护区生态旅游资源和市场等进行分析与评价的基础上，制定了自然保护区生态旅游发展战略并进行生态旅游发展总体布局、功能分区，以及资源、环境及社区文化保护规划等。该规划于 2008 年 9 月获得国家林业局正式批复［《国家林业局关于云南西双版纳国家级自然保护区生态旅游总体规划的回复》（林护发〔2008〕182 号）］，是云南省第二个获国家林业局批准实施的国家级自然保护区生态旅游总体规划。

目前，西双版纳自然保护区已建成并开放的旅游景区包括野象谷景区（4A）、望天树景区（4A）、原始森林公园景区（4A）、勐远仙境景区、绿石林景区和雨林谷景区（3A）。其中，野象谷、望天树和森林公园景区已在国内旅游市场中形成了一定的品牌知名度，成为西双版纳旅游的典型代表。据统计，2009—2018 年，西双版纳自然保护区（国家公园）各旅游景区累计完成投资 45 214.02 万元，累计接待游客 2990.59 万人次，旅游经营收入共计 210 395 万元；游客接待量和旅游经营收入均保持着两位数以上的年增长率。

（2）旅游项目经营

西双版纳自然保护区（国家公园）内分布着 6 个旅游景区。除原始森林公园景区是承包经营外，其余各景区一般以合作建设、特许经营等方式开展经营活动。西双版纳自然保护区各景区的经营主体、性质及主要的经营项目见表 6-4。

表 6-4　西双版纳自然保护区各景区的经营主体、性质及主要的经营项目

景区名称	经营主体	企业性质	经营项目	签约年份	经营期限/年
野象谷景区（4A）	山东成泰索道发展有限公司野象谷分公司	国有	索道建设与运营	1997	50
	西双版纳野象谷景区有限公司（云南省旅游投资有限公司控股66%）	国有控股	除索道外的所有经营项目	2003	50
望天树景区（4A）	西双版纳望天树旅游开发有限公司（景洪成投公司控股 51%）	国有控股	景区建设和运营	2005	50
勐远仙境景区	西双版纳万福生态旅游发展有限公司	民营	景区运营	2008	50
绿石林景区	中国科学院（简称“中科院”）西双版纳热带植物园与保护区管理局共建	国有	以科研、科普为主要目的	2005	40
雨林谷景区（3A）	西双版纳雨林谷旅游开发有限公司	民营	景区建设和运营	1999	40
原始森林公园景区（4A）	西双版纳原始森林公园有限公司（云南省旅游投资有限公司控股 66%）	国有控股	景区建设和运营	1994	70

资料来源：杨桂华，等，2015．旅游生态补偿[M]．北京：科学出版社．

（3）旅游事务管理

在西双版纳自然保护区管护局下属管理机构中，生态旅游管理所是自然保护区/国家公园旅游开发经营活动的责任管理部门，其主要职能包括：负责组织编制自然保护区生态旅游总体规划；根据经批准的自然保护区生态旅游总体规划，审定在景区内的各项生态旅游设施建设项目和经营活动的设计方案；对依法批准的生态旅游建设项目进行督查，对未经审批的建设项目或经营活动依法制止或取缔；负责对自然保护区景区经营者进行年度考核；开展自然保护区生态旅游引资，组织景观资源合作评估，促进自然保护区生态旅游业发展；负责审订、规范自然保护区内生态旅游宣传标牌和导游解说词；规范生态旅游经营行为，组织对自然保护区景区从业人员的生态旅游培训；负责自然保护区科普宣教工作；等等。

为加强自然保护区生态旅游景区开发和经营活动的规范管理，自 2008 年以来，西双版纳保护区管护局陆续出台了《西双版纳国家级自然保护区生态旅游景区（点）管理办法（试行）》、《西双版纳国家级自然保护区生态旅游景区（点）量化考核标准（试行）》、《西双版纳国家级自然保护区生态旅游景区（点）日常工作管理细则》及《西双版纳国家级自然保护区生态旅游景点（区）日常监管制度》

等规范性文件。这些文件除明确生态旅游管理所作为西双版纳自然保护区旅游发展责任管理主体的地位和职责外，还分别从开发建设、资源保护、科普宣教、社区扶贫、安全管理、规范经营等方面规定了自然保护区内各景区开发和经营者的责任与义务，包括：旅游项目及配套设施建设须经西双版纳保护区管护局或相关主管单位审核批准；承担景区规划控制范围内自然资源管护责任；配合自然保护区管理部门履行生态环境教育职能，通过科普宣教设施建设等，发挥好相关方面的科普宣教功能；配合生态旅游管理所对从业人员进行自然保护法规和自然科学知识培训；按照社区共管计划吸收自然保护区周边社区居民就业；引导并帮助周边社区参与生态旅游活动，实现利益合理分配；接受相关部门安全检查、监督和管理，独立承担景区安全责任；协同自然保护区相关管理部门做好护林防火工作；按期缴纳资源保护管理费或旅游收益分成；等等。此外，还明确了景区量化考核的方式、标准及奖惩规定等。

6.2.2　西双版纳自然保护区旅游生态补偿路径①

西双版纳自然保护区是云南省最早开展旅游生态补偿的地区之一。该地以自然保护区范围内的景区旅游经营收益作为重要资金来源，建立起“景区企业上缴—州财政返还—保护管理部门实施”的旅游收益缴纳及反哺制度（杨桂华等，2015）；同时通过多种形式的补偿手段，促进自然保护区生态系统功能维护，以及社区建设与发展，取得了一定的自然和社区旅游生态补偿效果。

1. 旅游生态补偿资金来源

作为西双版纳自然保护区旅游开发和经营活动的责任管理单位，生态旅游管理所通过与自然保护区内各景区经营企业的协商与谈判，针对不同景区的资源禀赋、生态区位、产品类型等情况，制定了各景区旅游生态补偿费用收取标准并分别签订缴纳协议。

按照协议规定，西双版纳自然保护区内相关景区企业按门票或索道票等经营收入的相应比例向州财政专户上缴旅游收益分成资金。州财政部门部分返还（平均返还比例为 50%～70%）后，由自然保护区管理部门安排用于自然保护区（2009 年后扩展到整个国家公园）生态资源保护和社区建设发展事业。

旅游收益分成资金收取自 1998 年开始，最初为原 Y 旅游公司（隶属西双版

① 基础数据资料由西双版纳保护区管护局和相关旅游企业提供，其余由笔者和研究合作者根据调研情况整理而成。

纳保护区管护局）向其管理的各个景区企业收取资源保护费，即根据购买门票进入景区的游客数量，按 1 元/人实施“一刀切”式收取。之后，开始在野象谷景区实行按门票收入的 8%收取（后来由于国企改革等因素，该景区改为按门票收入的 5%和索道票收入的 8%收取）。目前，旅游收益分成资金（资源保护费）除野象谷景区按门票的 5%、索道票的 8%收取，勐远景区按门票的 5%收取并逐步递增至 10%外，其他景区均为按 10%及以上比例征收（雨林谷景区：资源保护费每两年递增 10%，由 2 万元/年增至 4 万元/年封顶，之后多次调整，2019—2023 年为 10 万元/年，2024—2028 年为 15 万元/年，2029—2038 年为 20 万元/年。绿石林景区：建成开放后，按每年门票收入的 10%缴纳。望天树景区：合同中规定建设期每年上交 15 万元，运营期上交门票收入的 10%并逐步递增至 16%，自 2013 年起按“门票+空中走廊票”的 11%收取。原始森林公园景区：每年以承包形式缴纳相关费用（并非按比例），用于资源与环境保护。

近年来，旅游收益分成资金已成为西双版纳自然保护区国家财政转移支付和地方政府财政预算之外生态保护资金的重要补充，以及社区建设扶持资金的来源之一（表 6-5 和表 6-6）。2010 和 2011 年，西双版纳自然保护区和国家公园内旅游景区缴纳的旅游收益分成资金分别达到 355.4 万元和 350 万元，西双版纳州财政部门反哺资金分别为 325 万元和 245 万元。2014—2018 年，各旅游景区缴纳和旅游权益分成资金合计 3669.75 万元。自 2012 年起，西双版纳保护区管护局出台旅游收益分成反哺资金使用管理方案，规定基本支出（含公用经费）和（生态保护、社区帮扶等）项目支出分别占 25%和 75%，其中用于社区帮扶的资金比例固定在 10%左右；另外，2013 年开始安排 10%的资金用于国家公园建设。

表 6-5　西双版纳野象谷景区 2010—2012 年旅游收益分成缴纳情况　　单位：万元

项目	2010 年	2011 年	2012 年	备注
门票收入	4392.01	5369.84	6261.10	按门票收入的 5%缴纳
缴纳金额	219.60	268.49	313.06	

资料来源：相关数据由西双版纳保护区管护局提供。

表 6-6　西双版纳野象谷索道 2010—2012 年旅游收益分成缴纳情况　　单位：万元

项目	2010 年	2011 年	2012 年	备注
索道营业收入	1736.14	2620.79	2737.63	按营业收入的 8%缴纳
缴纳金额	138.89	209.66	219.01	

资料来源：相关数据由西双版纳保护区管护局提供。

2. 对自然生态系统的补偿

近年来，依托大部分比例的地方政府旅游收益反哺资金（自 2009 年以来，每年约为 70%；2015 年以后不再反哺）及其他保护和建设资金，西双版纳自然保护区（国家公园）生态旅游管理所及其他相关部门组织开展了西双版纳自然保护区和国家公园范围内的一系列生态保护和建设活动。具体如下。

1）督促指导自然保护区和国家公园内各景区生态保护项目建设。包括在望天树景区建立生态监测样地并开展望天树旅游影响监测及调查；在野象谷景区建设亚洲象监测系统、环境保护和索道监控系统、高架巡护监测栈道；协助科研所完成亚洲象繁育基地建设，通过人工辅助更新、食物源基地建设保护野生亚洲象；与相关部门、科研院所和环境保护组织合作建设生物走廊带修复生境（如勐腊片区—尚勇片区、勐养片区—勐腊片区）；等等。

2）建设生态保护科普宣教设施。包括建设自然博物馆、亚洲象博物馆并免费向公众开放，配合望天树景区建设热带雨林博物馆，推进云南省生物多样性保护教育基地建设等。

3）组织开展自然保护、生态旅游等主题教育培训活动。包括举办“热带雨林—望天树”专题讲座、“自然资源管理培训项目·环境教育培训班”、“国家公园和自然保护区志愿者管理培训班”、“GEF（global environment facility，全球环境基金）项目资源保护与合理利用培训班”和“国家公园生态旅游景区环境资源监测及管理培训班”等，并在有关景区组织开展自然保护、生态旅游、绿色导游、国家公园建设、亚洲象保护等专题知识讲座，加强景区员工、游客及周边社区居民等的生态保护教育培训。此外，还参与筹办西双版纳热带雨林保护基金会及募捐活动，组织开展资源保护社区共管活动（管理部门提供误工补助，社区居民参与森林巡护、防火并提供信息），协调有关部门开展森林巡护、防火工作等。

除生态旅游管理所等部门依托反哺的旅游收益分成及其他保护资金组织开展的生态保护和建设活动外，西双版纳自然保护区多数景区经营企业也投入一定资金（除缴纳旅游收益分成资金外）和人力、物力，开展相应内容的自然资源保护和环境建设工作，实施对景区范围内自然生态系统的补偿。景区企业自然生态系统补偿工作的具体内容见表 6-7。

表 6-7 景区企业自然生态系统补偿工作的具体内容

补偿实施主体	主要补偿工作内容（旅游收益分成资金缴纳以外）
望天树景区	建立 4 块永久性固定监测样地，与生态旅游管理所、中科院西双版纳热带植物园共同开展望天树景区旅游影响监测研究（每年投入 5000 元以上）；开展游客及周边居民生态教育；实施森林防火；建设污水处理工程等
野象谷景区	（配合自然保护区管理机构）负责亚洲象种源繁育基地运作、监测和救助野生亚洲象；建设景区生态环境保护和索道监控系统、南北门高架巡护监测栈道等设施；景区内生产经营尽量减少对生态的干扰
野象谷索道	主要开展经营区域内的自然植被保护和人工绿化工作
森林公园景区	对目前未开发的区域进行严格保护；加强护林防火巡护；制止附近村民偷伐偷猎行为；配合保护区管护局、中科院等单位开展生态科研、监测等相关工作；建科普展馆并配合林业部门开展野生动物救护和放养活动；开展青少年科普教育等
勐远景区	建设 1.8km 巡护监测栈道及孔雀养殖场等
金孔雀集团（下辖野象谷、森林公园、基诺山寨、勐景来等景区）	捐赠 100 万元建立西双版纳热带雨林保护基金会

资料来源：杨桂华，等，2015．旅游生态补偿[M]．北京：科学出版社．

3．对社区居民的补偿

（1）社区基本分布情况

西双版纳热带雨林国家公园（含西双版纳自然保护区）内部及边缘共有民族村落（寨）265 个（其中公园内部 122 个，公园边缘 143 个），总人口 90 000 余人，以傣族居民为主体，另有哈尼族、布朗族、拉祜族、彝族、基诺族、瑶族、佤族、回族、白族、苗族、景颇族、壮族 12 个少数民族。

（2）管理部门支持帮扶

基于西双版纳自然保护区内部及周边众多居民通过生态资源“社区共管”方式或一些自觉主动行为形成的环境保护贡献，在旅游收益分成反哺资金及国家和地方财政转移支付资金等的支持下，西双版纳保护区管护局生态旅游管理所协同社区工作科等部门，对有关社区实施了以多种支持帮扶方式为内容的补偿活动。具体如下。

1）支持社区生产、生活设施建设。在建立“社区共管”模式，推行社区参与性资源管理的同时，与村民共同制订发展计划，确定和实施具体帮扶项目；先后投资 800 多万元帮助 140 多个村寨 2560 户村民，进行兴修水利、修路架桥、人畜饮水、照明用电、节能灶改造、建设沼气池、植树造林等工程项目建设，以及帮助修建村民活动室、绿色文化室等文化活动设施。

2）组织开展社区生产经营技能培训。除了针对居民开展有关资源环境保护的科普宣教活动，还对社区生产经营提供技术培训支持，如 2011 年扶持挂钩的茨菜塘贫困村养殖小耳朵猪（平均每户增收 500 元）；争取经费 12 万元投入，与中科院昆明热带植物分院合作扶持勐仑所曼俄村种植染布植物、棉花 5.2 亩，开展染布植物的保护与传承项目研究；编辑印发《社区共管与发展实用技术培训教材》800 册；等等。

3）帮助居民解决“人象冲突”及野生动物肇事伤害矛盾。自 2006 年起，每年筹集资金扶持受亚洲象肇事伤害较严重的村寨建设示范村；从 2010 年开始，建立了自然保护区野生亚洲象公众责任保险，将自然保护区内部及周边社区居民纳入被保险人范畴（2011 年起扩展为西双版纳州野生动物肇事公众责任保险）。此外，在西双版纳保护区管护局制定实施的《西双版纳国家级自然保护区生态旅游景区（点）管理办法（试行）》和《西双版纳国家级自然保护区生态旅游景区（点）日常工作管理细则》等规章制度中，还明确了景区周边社区居民从事景区就业和参加生态旅游活动获得收益的权利。

据统计，1988—2010 年，西双版纳自然保护区管理部门累计投资 1360 万元用以扶持社区发展。2010—2014 年，西双版纳国家级自然保护区管理部门将州财政反哺的自然保护区旅游收益分成资金的 10%用于社区建设发展帮扶，并纳入年度工作计划（其中，2010—2011 年，州财政反哺的自然保护区旅游收益分成资金为 570 万元，用于社区建设发展帮扶的资金约 60 万元）。2015 年以后，州财政不再进行旅游收益分成资金反哺，西双版纳国家级自然保护区管理部门通过“多途径筹措资金+景区”（如野象谷景区）挂钩扶贫等方式，继续帮扶社区发展。

（3）旅游企业支持帮扶

西双版纳自然保护区和国家公园各景区内部少有社区居民分布，在景区建设和经营过程中也较少出现社区居民直接利益受损的情况，因此，景区开发和经营者并未对居民实施直接经济补偿，但许多景区经营者基于景区与周边社区协调发展考虑，也采取了一些社区发展帮扶措施，包括吸纳居民就业、项目建设用工、分流游客（至周边农家乐）、购买大象食物和其他土特产品、部分景区经营项目优先承包给社区居民等。景区和旅游企业对社区居民的支持帮扶做法见表 6-8。

表 6-8　景区和旅游企业对社区居民的支持帮扶做法

帮扶实施主体	社区帮扶内容
望天树景区	用工招聘时优先录用社区居民；购买部分社区农产品；带动周边社区发展农家乐、小旅馆等
野象谷景区	吸纳周边社区 600 多名居民在景区就业（约超过景区员工的 2/3）；建设项目用工优先考虑当地居民；每年花费约 400 万元向周边社区购买大象草料；开展捐资助学活动（认帮勐远一座小学多名学生）；挂钩香烟箐村小组扶贫，每户至少安排一人到景区通过免费培训后就业等
野象谷索道	优先录用社区居民就业（目前就业比例占员工总数的 90%）
勐远仙境景区	吸纳周边社区居民在景区就业（约占景区员工的 2/3）；采用社区融合发展模式，帮扶周边 4 个村寨共同发展等
原始森林公园景区	降低周边村民就业要求条件；给社区困难家庭送慰问金；给村民提供景区部分经营摊位（卖水果等）；挂钩半坡寨村小组扶贫，每户至少安排一人到景区通过免费培训后就业等
金孔雀集团	提供就业岗位，带动周边社区一些农家乐、小旅馆等的发展

资料来源：杨桂华，等，2015．旅游生态补偿[M]．北京：科学出版社．

据西双版纳自然保护区管理部门统计，2009 年以来，西双版纳自然保护区和国家公园内的景区开发和经营，为国家公园内部及周边社区直接解决就业岗位 2000 多个；社区居民从景区获得的工程项目平均每年超过 200 万元；游客用餐每年带动景区周边社区增加直接收入超过 6000 万元。自 2007 年《西双版纳国家级自然保护区生态旅游景区（点）管理办法（试行）》颁布实施以来，各景区本地用工比例均达到 60%～80%。

6.2.3　西双版纳自然保护区旅游生态补偿路径效应调查

在针对西双版纳自然保护区旅游发展状况及旅游生态补偿实施路径的前期调研基础上，结合本书后期工作的要求，笔者及研究合作者于 2014 年 7 月中旬再次前往该保护区开展为期两周的实地考察调研。就本书撰写对该案例地旅游生态补偿路径效应问题的研究需求，笔者分别对该地保护管理部门、旅游企业、社区居民和旅游者等主体进行相关问卷调查与访谈，进一步获取了必要的研究基础资料，可为西双版纳自然保护区旅游生态补偿路径的评析与优化研究提供有益参考。

1. 对保护管理部门的调查

针对西双版纳自然保护区旅游收益分成资金缴纳与反哺制度执行情况、执行过程存在的障碍因素，旅游收益分成反哺资金使用对自然保护区自然生态保护、社区建设发展的作用及各自的具体表现，旅游收益分成反哺资金管理制度建设情况，以及资金使用和管理方面存在的不足等问题，笔者对西双版纳保护区管护局生态旅游管理所、资源保护科、社区工作科及勐腊、勐仑、勐养 3 个子保护区管理所共计 24 人进行了问卷调查，同时结合受访者的问卷填写内容进一步访谈，了解其对问卷中有关问题的看法。受访者对有关问题的具体看法及样本统计结果见表 6-9～表 6-11。

表 6-9　西双版纳保护区管护局人员对旅游收益分成资金缴纳与反哺制度执行情况统计

问题项	受访者看法	百分比/%
旅游收益分成资金缴纳与反哺制度执行情况	十分顺利	29
	较顺利	54
	一般	17
	较不顺利	0
	非常不顺利	0
旅游收益分成资金缴纳与反哺制度执行过程中有哪些障碍因素（注：不定项选择）	资金收取标准核算方法不足	63
	旅游景区经营效益不稳定	71
	容易受地方行政干预	75
	人情交往因素影响	58
	对有背景的旅游企业难以有效征收	33

资料来源：笔者根据实地调研情况整理而成。

表 6-10　西双版纳保护区管护局人员对旅游收益分成反哺资金使用效果情况统计

问题项	受访者看法	百分比/%
旅游收益分成反哺资金使用对自然保护区自然生态保护的作用	作用很大	33
	作用较大	46
	作用一般	8
	作用较小	13
	没有作用	0
旅游收益分成反哺资金使用对自然保护区生态保护哪些方面有积极影响（注：不定项选择）	生态环保设施建设	92
	森林巡护防火	83
	野生动植物保护	83
	生态环境检测	46
	科普宣教设施建设	92
	生态保护科研项目研究	63
	开展自然保护、生态旅游等专题教育培训活动	88

续表

问题项	受访者看法	百分比/%
旅游收益分成反哺资金使用对社区建设发展的作用	作用很大	8
	作用较大	21
	作用一般	46
	作用较小	25
	没有作用	0
旅游收益分成反哺资金使用对社区建设发展有哪些积极影响（注：不定项选择）	社区生产生活设施建设	88
	居民生产和经营技能培训	79
	社区环境卫生治理	25
	补偿野生动物肇事损（伤）害	33
	教育和养老等福利事业扶持	4

资料来源：笔者根据实地调研情况整理而成。

表 6-11　西双版纳保护区管护局人员对旅游收益分成反哺资金使用与管理制度情况统计

问题项	受访者看法	百分比/%
旅游收益分成反哺资金管理制度建设情况	非常健全	0
	较为健全	8
	一般	29
	较不健全	46
	非常不健全	17
旅游收益分成反哺资金使用和管理存在哪些不足（注：不定项选择）	未做到专项管理、分账核算	92
	缺乏监督管理机构	25
	缺乏审查监管和责任追究机制	46
	缺乏资金使用效果评估机制	58
	针对性的宣传沟通不够	42
	对居民自发保护行为的奖励性补偿制度缺乏	58

资料来源：笔者根据实地调研情况整理而成。

由表 6-9～表 6-11 可以了解西双版纳自然保护区管理部门人员对该保护区旅游生态补偿机制建立实施效应的有关看法。问卷调查与访谈结果显示，83%的受访人员认为按“景区企业上缴—州财政返还—保护管理部门实施”建立的旅游收益缴纳及反哺制度在实践中执行较顺利或十分顺利；但该制度执行过程中也存在一些障碍因素，主要包括地方行政力量干预、景区经营效益不稳定、资金收取标准缺乏科学核算方法等，同时还有人情交往因素对资金缴纳标准等的影响，以及个别旅游企业“游离”于该制度之外的问题。关于旅游收益分成反哺资金使用效果方面，79%的受访者认为对自然保护区生态资源与环境保护的作用较大或很大，主要体现在生态环保设施建设、开展自然保护和生态旅游专题教育培训活动、森林巡护防火、野生动植物保护、科普宣教设施建设，以及生态保护科研项目研究等方面。相比而言，反哺资金使用对社区建设发展的作用多被认为较一般（46%），但认为其对社区建设发展作用较大或很大（29%）的人数比例略高于认为作用较小者（25%）。具体来说，该反哺资金使用对社区生产生活设施建设、居民生产和经营技能培训，以及社区环境卫生治理、野生动物肇事损（伤）害补偿等方面有一定积极作用。针对“旅游收益分成反哺资金管理制度建设情况如何”“反哺资金使用和管理方面存在哪些不足”的问题，多数受访人员（63%）认为该反哺资金管理制度较不健全或非常不健全，具体存在的问题包括：旅游收益分成反哺资金未做到专项管理、分账核算；缺乏资金使用过程的审查监管、责任追究机制和效果评估机制，以及针对居民自发性保护行为的奖励性补偿制度与标准；有关部门对该反哺制度的针对性宣传，以及与有关旅游企业、社区居民等利益主体沟通不够等。

2. 对景区经营企业的调查

针对西双版纳自然保护区内望天树、野象谷（含索道）、原始森林公园、雨林谷 4 家主要景区共 5 家经营企业的有关调查，分别涉及旅游收益分成资金收取方式的合理性、对不同景区实施差异化旅游收益分成资金收取标准的必要性，以及确立资金收取标准应考虑的因素、旅游收益分成反哺资金对自然保护区（含景区）自然生态保护的作用及其表现、景区对周边社区建设发展的支持程度、景区对社区建设发展帮扶效果较好的措施等方面的问题。各景区接受访谈并进行调查问卷填写的管理人员共计24人。受访者对有关问题的具体看法及样本统计结果见表6-12～表 6-14。

表 6-12 景区企业管理者对旅游收益分成资金收取方式及标准情况统计

问题项	受访者看法	百分比/%
当前的旅游收益分成资金收取方式是否合理	非常合理	4
	较合理	42
	一般	29
	较不合理	17
	非常不合理	8

续表

问题项	受访者看法	百分比/%
不同景区是否应实施差异化旅游收益分成资金收取标准	非常必要	13
	较必要	37
	无所谓	17
	不太必要	25
	完全没必要	8
旅游收益分成资金收取标准确立应考虑哪些因素（注：不定项选择）	景区收入构成情况	17
	景区发展阶段	17
	企业经营收益情况	92
	旅游项目的环境影响	75
	景区旅游发展增值情况	13

资料来源：笔者根据实地调研情况整理而成。

表 6-13　景区企业管理者对旅游收益分成资金使用效果情况统计

问题项	受访者看法	百分比/%
旅游收益分成反哺资金使用对自然保护区（含景区）自然生态保护的作用	作用很大	29
	作用较大	46
	作用一般	17
	作用较小	8
	没有作用	0
旅游收益分成反哺资金使用对自然保护区（含景区）生态保护哪些方面有积极影响（注：不定项选择）	生态环保设施建设	83
	森林巡护防火	79
	野生动植物保护	79
	生态环境检测	21
	科普宣教设施建设	75
	生态保护科研项目研究	29
	开展自然保护、生态旅游等专题教育培训活动	83

资料来源：笔者根据实地调研情况整理而成。

表 6-14　景区企业管理者对景区帮扶社区发展情况统计

问题项	受访者看法	百分比/%	备注
本景区对周边社区建设发展的支持程度如何	非常高	8	取各景区受访人员的平均比例
	较高	42	
	一般	33	
	较低	17	
	非常低	0	

续表

问题项	受访者看法	百分比/%	备注
景区哪些帮扶措施对社区发展的带动效果较好（注：不定项选择）	吸纳居民就业	88	
	让居民承包一些经营项目	83	
	分流游客（至周边农家乐）	75	
	项目建设用工	38	
	购买社区农产品	42	

资料来源：笔者根据实地调研情况整理而成。

针对西双版纳自然保护区景区企业管理者的调查表明，当前由西双版纳保护区管护局主导的旅游收益分成资金收取制度及方式的合理性基本上被该资金缴纳主体——景区经营企业所认可（认为较合理或非常合理的受访者比例为 46%，认为较不合理或非常不合理的占 25%）；同时，50%的景区企业管理者赞成不同景区实施差异化的旅游收益分成资金收取标准，该比例也高于不支持实施差异化标准的管理者（33%）。对于确立该资金收取标准应考虑的因素，多数受访者认为应主要从企业经营收益情况、旅游项目的环境影响这两个方面衡量；此外，景区收入构成情况（门票占景区经营收入比例高低等）、景区发展阶段（建设期、运营期）、景区旅游发展效益增值情况等因素也被一些景区的企业管理者提及。就旅游收益分成反哺制度实施的效应问题，多数受访者（75%）肯定了反哺资金使用对自然保护区（含景区）生态环境保护的作用，并认为生态环保设施建设、开展自然保护和生态旅游专题教育培训活动、森林巡护防火、野生动植物保护、科普宣教设施建设等是该反哺资金作用发挥的主要方面，同时对生态保护科研项目研究、生态环境检测也有一定作用。这与受访的西双版纳保护区管护局人员的意见较为一致。关于景区对周边社区建设发展的支持方面，约一半的景区企业管理者认为所在景区的帮扶程度较高（含非常高），但有 50%受访者认为并非如此。进一步的访谈显示，这与不同受访者的判别标准差异有关，即有的景区企业管理者认为只要景区对周边社区建设发展有相关帮扶措施，便可视为“支持程度较高”；而持不同意见者则指出只有景区积极主动地实施多种社区发展帮扶措施并获得明显效果的情况，才可反映出其具有较高的支持程度。不过所有受访者在“景区哪些帮扶措施对社区发展的带动效果较好”的问题上有相对一致的意见，即吸纳居民就业、让居民承包一些景区经营项目、分流游客（至周边农家乐）是较有效的社区帮扶措施，其次是购买社区农产品、项目建设用工等。

3. 对社区居民的调查

针对西双版纳自然保护区内上述四家景区周边社区居民（共计 39 人），首先就其对自然保护区旅游收益分成缴纳及反哺制度的了解程度、景区经营企业对社区建设发展的支持程度及带动效果较好的帮扶措施等问题进行问卷调查和访谈；继而，以对旅游收益分成反哺制度有所了解（包括选择“完全了解”和“了解一些”）的居民（22 人）为对象，进一步就旅游收益分成反哺制度对社区建设发展的作用及其表现、对自然保护区实施旅游收益分成社区反哺制度的满意度，以及对本地旅游发展利益分配方面的意见或期望等问题进行调查。根据受访居民的文化水平差异情况，调查问卷采取受访者填写或答问后由调查者代填的方式；问卷填写完毕后，再结合受访者的填写内容进一步访谈，了解受访居民对问卷中有关问题的看法。受访居民对有关问题的具体看法及样本统计结果见表 6-15～表 6-18。

表 6-15　社区居民对旅游收益分成缴纳及反哺制度的了解情况统计

问题项	受访者看法（39 人）	百分比/%
是否了解自然保护区实施的旅游收益分成缴纳及反哺制度	完全了解	10
	了解一些	46
	不太了解	31
	完全不了解	13
西双版纳保护区管护局人员向社区居民宣传解释旅游收益分成反哺制度的情况	经常宣传解释	13
	有时宣传解释	66
	很少宣传解释	13
	从未宣传解释	8

资料来源：笔者根据实地调研情况整理而成。

表 6-16　社区居民对旅游收益分成缴纳及反哺制度的评价情况统计

问题项	受访者看法（22 人）	百分比/%
旅游收益分成反哺制度实施对社区建设发展的作用	作用很大	13
	作用较大	32
	作用一般	36
	作用较小	15
	没有作用	4
旅游收益分成反哺资金使用对社区建设发展的哪些方面有积极影响（注：不定项选择）	社区生产生活设施建设	77
	居民生产和经营技能培训	68
	社区环境卫生治理	45
	补偿野生动物肇事损（伤）害	27
	教育和养老等福利事业扶持	27

续表

问题项	受访者看法（22 人）	百分比/%
对自然保护区实施旅游收益分成社区反哺制度的满意度	非常满意	18
	较满意	41
	一般	27
	较不满意	14
	非常不满意	0

资料来源：笔者根据实地调研情况整理而成。

表 6-17　社区居民对于景区支持社区建设发展的评价情况统计

问题项	受访者看法（39 人）	百分比/%
景区经营企业对您所在社区建设发展的支持程度如何	非常高	3
	较高	10
	一般	39
	较低	33
	非常低	15
景区哪些帮扶措施对社区发展的带动效果较好（注：不定项选择）	吸纳居民就业	82
	让居民承包一些经营项目	87
	分流游客（至周边农家乐）	56
	项目建设用工	41
	购买社区农产品	54

资料来源：笔者根据实地调研情况整理而成。

表 6-18　社区居民对旅游利益分配的意见（期望）情况统计

问题项	受访者看法（22 人）	百分比/%
对本地旅游发展带来的利益分配方面有哪些意见（期望）（注：不定项选择）	旅游收益分成反哺社区的资金比例应更高	36
	多发展能带动社区增收的项目	91
	景区应吸纳更多居民就业	82
	景区多分流一些游客到周边社区	59
	景区直接给居民经济补偿	27

资料来源：笔者根据实地调研情况整理而成。

由表 6-15～表 6-18 可以了解当地居民对西双版纳自然保护区旅游收益分成反哺制度实施及邻近景区有关社区帮扶行为的认知情况。调查显示，56%的受访居民对自然保护区旅游收益分成反哺制度有所了解，但也有 44%的受访居民不太了解或完全不了解。这可能与旅游收益分成反哺制度在不同社区的实施情况存在差异，以及实施者的宣传力度不同有关。针对该反哺制度有所了解的社区居民（22人），笔者就其对反哺政策实施对社区建设发展的作用及表现、政策满意度等问题进一步开展问卷调查与访谈。结果显示，45%的受访居民认为该政策实施对社区建设发展有积极作用，认为作用较小者仅占19%，这说明该政策对社区建设发展的积极影响总体较被认可。具体而言，受访居民认为旅游收益分成反哺资金对于社区生产生活设施建设、居民生产和经营技能培训等的作用较明显，对于社区环境卫生治理、野生动物肇事损（伤）害补偿、教育和养老等福利事业扶持等方面也有一些积极作用。调查同时显示，受访居民对该政策的总体满意度较高（59%）。可以看出，社区居民在旅游收益分成社区反哺制度实施方面的观点与西双版纳保护区管护局受访人员基本一致。这说明尽管旅游收益分成反哺社区的资金比例不高，但通过多种形式的补偿手段，也在一定程度上获得了社区帮扶的良好效果。然而，受访居民对于景区支持社区发展的评价结果与景区企业管理者明显不同，认为景区经营企业对社区建设发展支持程度较高（含非常高）的居民仅占全部受访居民（39人）的13%，远低于认为支持程度较低（含非常低）者（48%）的比例。针对“景区哪些帮扶措施对社区发展的带动效果较好”的问题，受访居民与景区企业管理者的看法较相近，均认为吸纳居民就业、让居民承包景区经营项目、分流游客（至周边农家乐）等是社区帮扶效果较好的措施。当问及“对本地旅游发展带来的利益分配方面有哪些意见（期望）”时，在对自然保护区旅游收益分成反哺制度有所了解的受访居民（22人）中，多数希望景区能做到“三多”——多发展能带动社区增收的项目、多吸纳居民就业和多分流一些游客到周边社区；另有少数居民认为，应提高旅游收益分成反哺社区的资金比例、景区应直接给居民经济补偿等。进一步访谈得知，由于各旅游景区中一般没有社区分布且景区开发经营对社区直接利益损害较少，多数居民认为要求景区直接发放经济补偿金并不现实，但仍希望社区能与景区实现互动发展，尤其希望景区企业多实施具有“造血”功能的社区发展扶持措施。因此，可以认为社区居民对于当地旅游生态补偿实施路径的要求总体上较为理性。

4. 对到访游客的调查

游客与西双版纳自然保护区当地社区居民的接触机会甚少，对于自然保护区管理部门及旅游企业所实施社区补偿的效果缺乏认知；因此，针对到访游客进行的自然保护区旅游生态补偿实施路径效应调查，主要着眼于游客对西双版纳自然保护区旅游生态景观与环境质量的认知情况，具体包括以全部受访游客为对象的旅游生态景观与环境的满意度调查，以及以重游者为对象的旅游生态景观与环境质量变化的感知调查。本调查采取按景区游客量进行合理配额基础上的随机抽样的方法，分别对望天树、野象谷（含索道）、原始森林公园和雨林谷等重要景区的游客进行问卷调查和访谈。总共发放问卷 260 份，回收问卷 212 份（包括重游者问卷 72 份），均为有效问卷。来自上述四个景区的受访游客分别为 52 人、66 人、62 人、32 人，其中，重游者分别为 23 人、25 人、16 人、8 人。受访游客对有关问题的具体看法及样本统计结果见表 6-19 和表 6-20。

表 6-19　到访游客对西双版纳自然保护区旅游生态景观与环境的满意度情况统计

问题项	受访者看法（212 人）	百分比/%
对当前西双版纳自然保护区旅游生态景观与环境的满意度	非常满意	8
	较满意	58
	一般	18
	较不满意	12
	非常不满意	4

资料来源：笔者根据实地调研情况整理而成。

表 6-20　重游者对西双版纳自然保护区旅游生态景观与环境质量变化的感知情况统计

问题项	受访者看法（72 人）	百分比/%
与上次相比，西双版纳自然保护区旅游生态景观与环境质量有何变化	明显变得更好	11
	有一些提升	36
	感觉不出来	40
	变得差一些	10
	明显变差	3

资料来源：笔者根据实地调研情况整理而成。

由表 6-19 可以看出，到访西双版纳上述主要景区的游客对自然保护区旅游生态景观与环境的满意度总体较高（较满意以上占 66%）。该调查采用按有关景区客流量进行合理配额基础上的随机抽样方法，因此，可认为该调查结果能反映当前西双版纳自然保护区旅游生态资源与环境在旅游者视角中属于较良好状态。针对其中重游者的进一步调查显示（表 6-20），有 47%的重游者认为与上次相比，西双版纳自然保护区旅游生态景观与环境质量有所提升或明显变得更好，这比认为景观与环境质量有所下降的重游者比例（13%）高得多。尽管部分游客对旅游景观与环境质量的感知可能受其自身主观因素或游程中其他因素影响，与现实状况存在一定偏差，但在西双版纳自然保护区游客接待量呈现逐年增长的背景下，这一调查结果可认为是自然保护区管理部门、旅游景区经营企业及社区居民等主体近年来投入资金、人力和物力进行生态保护与建设现实成效的反映；同时，也能从一定程度上反映出有关主体针对自然保护区自然生态环境的旅游生态补偿路径实施获得的良好效果。

6.3 海南重点海洋自然保护区旅游生态补偿实施路径及评析

6.3.1 海南重点海洋自然保护区的资源特征及旅游开发状况①

1. 海南海洋自然保护区的类型及其分布特征

海南省是我国管辖海洋面积最大的省份，海洋生物资源种类丰富，包括珊瑚礁、红树林、海草床等在内的具有重要保护价值的生物或典型海洋生态系统。据不完全统计，海南省已先后建立了 23 个海洋自然保护区（4 个国家级、8 个省级和 11 个市县级），其中以珊瑚礁生态系统、红树林生态系统、海草床生态系统保护为目的的自然保护区分别为 4 个、9 个和 1 个，以其他海洋生物资源保护为目的的自然保护区有 9 个。其中，已建立的 4 个国家级海洋自然保护区分别为海南东寨港国家级自然保护区（简称“东寨港自然保护区”）、海南三亚国家级珊瑚礁自然保护区（简称“三亚珊瑚礁自然保护区”）、海南万宁大洲岛国家级海洋生态自然保护区（简称“大洲岛自然保护区”）和海南铜鼓岭国家级自然保护区（简称“铜鼓岭自然保护区”）。

（1）珊瑚礁的分布特征

海南省地处热带北缘，属热带季风气候。得天独厚的地理位置和气候环境为珊瑚的生长发育及珊瑚礁的形成提供了优越的条件。截至目前，海南省已建立的以珊瑚礁生态系统保护为重要目的的自然保护区包括铜鼓岭自然保护区和三亚珊瑚礁自然保护区，以及海南西南中沙群岛省级自然保护区和海南白蝶贝省级自然保护区。

据统计，海南岛共有造礁石珊瑚 110 种和 5 个亚种，西沙群岛珊瑚礁分布区造礁石珊瑚种类有 38 属 127 种及亚种，另有记录为 13 科 50 属 204 种。除珊瑚种类丰富外，海南省的珊瑚礁分布区域也较广，东部的文昌、琼海、万宁、陵水，南部的三亚，西部的东方、昌江、临高、儋州、澄迈等沿海市县以及三沙市各个岛礁周边海域均有珊瑚礁及造礁石珊瑚分布，其中文昌、琼海沿岸珊瑚礁是海南

① 基础数据由海南省政府有关部门、相关海洋自然保护区地方政府及管理单位公布的资料，以及课题组实地调研获取的资料整理而成。

岛规模最大的珊瑚礁分布区，文昌是海南岛最大珊瑚礁分布的市县。海南岛南部尤其是三亚鹿回头东西两侧的海湾中，珊瑚礁发育良好，是我国重要的岸礁分布区域。海南岛西部沿海的东方、昌江、临高、儋州和澄迈等地也有较大规模的岸礁分布。除此之外，海南岛东岸的分界洲岛、大洲岛，南岸的蜈支洲岛、东排岛、西排岛、东锣岛、西鼓岛，西岸的邻昌礁、大铲礁等岛屿分布着丰富的离岛岸礁。根据《2015 年海南省海洋环境状况公报》可知，海南东海岸的长圮、铜鼓岭、龙湾、蜈支洲、亚龙湾、大东海、小东海、鹿回头和西瑁洲等地域的珊瑚礁生态系统处于健康状态。目前，南部三亚市海岸活造礁石珊瑚覆盖率最大，其次是东部（包括文昌、琼海、万宁、陵水）沿海区域，而西部（包括东方、昌江、儋州和临高）海岸活造礁石珊瑚覆盖率较低。总体来看，海南全省范围内珊瑚礁系统相对稳定的是西沙、中沙、南沙海域和海南岛东南岸海域。

（2）红树林的分布特征

红树林是生长在热带、亚热带海岸潮间带的木本植物群落，也是海滩上特有的森林类型。海南岛是中国红树种类最多，分布和保存面积最大的区域之一，红树林面积占全国红树林总面积的 33%，在中国乃至世界红树林中占有重要地位。海南的红树林主要分布于海南岛北部、南部和西部的 10 个市县沿海一带河口港湾的滩涂上，尤其集中分布于海口市、文昌市、澄迈县、儋州市和三亚市五市县（共占全岛红树林面积的 98.5%）。目前，海南全省已建立了 8 个红树林自然保护区，分别为东寨港自然保护区、海南清澜港省级自然保护区、三亚河红树林自然保护区、三亚亚龙湾青梅港红树林自然保护区、儋州新英湾红树林市级自然保护区、儋州东场红树林市级自然保护区、临高彩桥红树林自然保护区及海南花场湾红树林自然保护区。其中，东寨港、清澜港两处自然保护区的红树林分布面积分别占海南岛的 44.51%和 39.75%。总体上，海南的红树林分布明显呈现出区域不均、局部集中的特点。

海南共有红树、半红树物种 44 种，物种丰富齐全。在海南丰富的红树物种中，有许多珍贵、稀有和濒危的物种，如水椰、红榄李、海南海桑、杯萼海桑、卵叶海桑、拟海桑、木果楝、正红树、尖叶卤蕨等；其中，海南海桑和尖叶卤蕨为海南特有物种。从植物群落构成来看，海南岛海岸带的红树林主要由白骨壤群落、红海榄群落、桐花树群落、木榄群落、角果木群落、正红树群落、海莲群落、榄李群落、杯萼海桑群落 9 种群落及多种混合林组成。

由于台风、虫害，以及人工围海造田、开塘养殖、海岸带项目开发建设等自然和人为因素，长期以来，海南的红树林生长环境不断受到破坏、面积减少。据统计，海南岛 20 世纪 50 年代中期共有红树林面积 9992hm^2，至 1983 年，红树林面积已减少到 4836hm^2，1998 年进一步减至 4772hm^2。2015 年，海南岛的红树林面积已经降至 2958.95hm^2（涂志刚等，2015）。除面积缩减外，部分红树林已退化成半红树和次生疏林，残林比重增大，群落由复杂到简单、从乔木向灌木方向演替，防护效能逐渐下降。

（3）海草床的分布特征

海草床是地球生物圈中最富有生产力、服务功能价值最高的生态系统之一。我国海草床分布区域从黄海及渤海沿岸海域一直延伸到福建、台湾、广东、广西以及海南沿海海域，其中在海南岛邻近海域分布面积最大。海南岛沿海海域海草种类为 2 科 8 属 13～14 种（包括泰来藻、海菖蒲、海神草、喜盐草和二药藻等），分布面积约 4864.7hm^2。目前，海南的海草床主要分布于东部沿岸，西部沿岸仅有零星分布。从分布的区域特征来看，海南的海草床多分布于近岸海域的珊瑚礁坪内侧或潟湖沿岸，主要位于潮间带低潮区和潮下带上部 4m 水深范围内，其中，珊瑚礁坪内侧沿岸港湾的海草床主要有两大片区：琼海海草床及文昌海草床。琼海海草床由北向南为双外村至谭门沿岸，文昌海草床由北向南为高隆湾至冯家湾沿岸。其他珊瑚礁坪内侧有海草分布的沿岸区域有东郊椰林湾、口牙港等。潟湖沿岸海草分布区域主要有花场湾、新村港、黎安港、铁炉港、老爷海、小海等，其中，花场湾、新村港和黎安港海草床分布面积比较大。从行政区域来看，文昌（2664.9hm^2）、琼海（1494hm^2）、陵水（524hm^2）、澄迈（89hm^2）和三亚（50.4hm^2）是目前海南省海草床分布面积较大的市县。

人为干扰是导致海草床退化的主要原因，突出表现为在海草床海域破坏性的挖捕和养殖活动，以及在海草生境和周边的围填海活动。近年来，海南岛东部沿岸海草床平均覆盖度整体呈现下降趋势。例如，1995—2007 年，陵水县黎安港湾内有一半的水面被用于养殖异枝麒麟菜，这严重影响了海草的正常生长；而陵水新村港南岸的海草床，自 1991 年开始有观测记录以来，除 2006—2010 年平均覆盖度能够维持基本稳定外，其余时间的海草床平均覆盖度下降均较明显。万宁老爷海和小海都曾经分布有大片海草床，但由于养殖活动严重污染，海草床大片死亡，现仅剩小面积斑块稀疏分布。2007 年，海南省建立了首个以海草床为主要保护对象的海洋特别保护区——陵水新村港与黎安港海草特别保护区，开始对海草床及其依存的海洋生态环境进行系统性的保护。

2. 海南重点海洋自然保护区旅游开发利用现状

不同类型和级别的海洋自然保护区的建立，对海南岛沿海地带的海洋生态系统、珍稀动植物或特殊景观资源的保护产生了重大意义。自然保护区的建立使很多不合理的海洋捕捞和海岸带开发活动得到有效制止，海滨旅游资源及生态环境得到了有效保护，为海滨生态旅游业发展提供了良好的物质基础。目前，三亚珊瑚礁自然保护区、东寨港自然保护区和铜鼓岭自然保护区已成为海南省重点旅游区。

（1）三亚珊瑚礁自然保护区旅游开发现状

三亚珊瑚礁自然保护区自东向西由亚龙湾片区、鹿回头半岛——榆林角片区和东、西瑁岛片区三部分组成，保护总面积为 $85km^2$。该自然保护区海域与三亚市几处主要著名旅游海湾——亚龙湾、大东海海湾、三亚湾及天涯海角相邻，丰富了三亚海滨旅游的景观及生态内涵。尽管三亚珊瑚礁自然保护区是国家级海洋保护区，但由于珊瑚礁是热带海岸特有的地貌景观，具有较高的观赏和体验价值，加上许多珊瑚礁保护地域（如大东海、鹿回头、西岛、亚龙湾等）离海岸线较近、交通便利、游人集中等，其旅游开发利用程度相当高。

自 20 世纪 90 年代开始，许多旅游开发和经营企业在三亚珊瑚礁保护地域内部及周边开展了以珊瑚礁观赏和体验为主要内容的海滨观光和游乐活动［包括浮潜、水肺潜水（岸潜、船潜、专业潜水、精品潜水和豪华开放水域潜水）、半潜船海底观光、透明底船海底观光，以及水下照相摄影项目、海底漫步等］，不仅吸引了众多游客参与，也创造了十分可观的旅游经济效益。在上述区域开展的旅游活动，逐渐抵制了过度捕捞、炸鱼、毒鱼、采集珊瑚等渔业生产活动，使以往破坏珊瑚及其生态环境的行为得到了有效控制；然而，珊瑚礁旅游活动也不可避免地对珊瑚礁生态系统造成了影响乃至破坏，如游客踩踏/采摘珊瑚、玻璃底船触礁、含油污水排放、诱鱼投饵过量、半潜艇的噪声及其对局部水流和沉积物的扰动等，均会对珊瑚及其生态环境造成干扰。缺乏科学统一的规划和规范有效的管理，这些珊瑚礁保护区域的游客容量通常未得到有效控制，长期持续的旅游活动使受损的珊瑚礁生态系统难以得到及时修复，从而导致珊瑚及其生态环境的退化。有关调查和研究显示，三亚珊瑚礁自然保护区内的活珊瑚覆盖率、群落结构等自 2006 年以来呈现逐渐下降和退化趋势；其中尤以大东海、亚龙湾、西岛等旅游开发规模较大区域为甚（吴钟解等，2012）。

（2）东寨港自然保护区旅游开发现状

东寨港自然保护区是以保护红树林为主的北热带边缘河口港湾和海岸滩涂生态系统及越冬鸟类栖息地的国家级自然保护区。该保护区是我国建立的第一个红树林自然保护区，也是迄今为止我国红树林自然保护区中红树林资源最多、树种最丰富的自然保护区。1988 年以来，该自然保护区利用丰富的红树林资源优势，与当地村民合作在实验区开辟红树林生态旅游。1998 年，东寨港红树林旅游区被评为海南省优秀旅游景区。截至目前，红树林旅游区已投资经营的旅游项目包括游船观光、栈道观光、垂钓等。红树林旅游发展也促进了当地村民的增收，除了到红树林旅游股份有限公司就业，部分居民还在游客中心附近、栈道边开设面向游客的商业摊点（售卖餐食或纪念品）、开办农家特色餐馆、为游客提供租船出海（观光、垂钓等）等。2014 年 4 月，李克强总理前往东寨港红树林考察生态环保工作，东寨港掀起新一轮的旅游热潮。据红树林旅游股份有限公司有关人员介绍，该旅游区开园前每天游客平均仅有不足百人，节假日最多时也仅有 1000 余人；李克强考察之后，双休日客流量平均可达 5000 人以上。客流量的快速增长，进一步带动了当地旅游经济效益和红树林旅游品牌知名度的提升。

为了更好地合理利用红树林资源，使红树林旅游品牌进一步做大做强，2012 年，海口市规划局与海口市旅游发展委员会共同组织编制了《海口市东寨港旅游区总体规划（2012—2030）》。该规划的总体发展定位是以红树林湿地保护和生态修复为核心，在合理保护的基础上，结合当地人文风情进行适当开发，形成以科研教育、文化体验和休闲养生等为主要功能的生态旅游区，其发展目标是建设成为以红树林等自然和历史人文资源保护、休闲旅游为主要特色，在国内外享有盛誉的中高级生态旅游示范区。该规划将红树林片区划分为北部滨海休闲分区、北部养生休闲分区、演丰风情小镇分区、特色休闲运动分区等 7 个区域。目前，红树林湿地森林小镇、红树林乡村旅游区、演丰风情小镇 3 个旅游项目已经落地，周边乡村区域的接待服务体系也不断得到完善。据了解，今后海口市旅游管理部门还将联合有关旅游协会、旅游企业陆续推出融入更多新元素的红树林生态旅游线路，让越来越多的游人走进红树林、感受红树林和保护红树林。

（3）铜鼓岭自然保护区旅游开发现状

铜鼓岭自然保护区位于文昌市东部、琼东北滨海平原，面积 $4400hm^2$，其中陆地面积 $1333hm^2$、海域面积 $3067hm^2$，主要保护对象有热带常绿季雨矮林生态系统及其野生动物、海蚀地貌、珊瑚礁及其底栖生物，是一个集森林生态系统、珊瑚礁生态系统、物种资源、地质地貌资源和海洋生物资源于一体的生态系统类型自然保护区。该自然保护区以铜鼓岭为中心，包括淇水湾、月亮湾、石头公园、宝陵河、云龙湾、大澳湾等区域。根据综合科学考察统计数据，该自然保护区内陆域植物资源有 984 种，其中濒危植物 12 种，海南特有物种 35 种（海南苏铁、茶槁楠、古山龙、海南青牛胆、海南染木树等）；陆域动物资源中，有 18 种国家Ⅱ级重点保护动物（主要有猕猴、海南兔、虎纹蛙、领角鸮、红隼等）；珊瑚礁 40 种，其中硬珊瑚 32 种、软珊瑚 8 种。丰富的物种资源和优美的自然环境为铜鼓岭自然保护区旅游业发展奠定了良好的基础。

《铜鼓岭国际生态旅游区总体规划》于 2007 年获得海南省政府审批通过。该旅游区是国家旅游局确定的 2017 全国优选旅游项目以及海南省 25 个重点旅游度假区之一，也是海南省“十三五”重点项目、海南省旅游发展规划重点项目和海南省投资重点项目。该旅游区地处海南岛最东端的热带滨海生态资源核心区，总体规划面积为 86 平方公里，其中陆地面积为 46 平方公里，包括铜鼓岭国家级自然保护区、宝陵河、淇水湾、月亮湾地带；海域面积为 40 平方公里，既拥有 30 公里海岸线的原生态热带雨林、亿万年海蚀地貌、山海一体的海湾水域自然风光，又毗邻中国航天城，尽享卫星发射的壮丽景观。

铜鼓岭旅游区由华隆投资集团进行整体规划和建设，其总体布局是以铜鼓岭自然保护区为核心，设置铜鼓岭自然保护区、淇水湾滨海度假区、月亮湾滨海度假区、云梯创意园区、宝陵河公共中心区、龙楼旅游风情小镇区、沿海生态保护区、外围生态农庄区等 8 个功能区。按照区域发展总体规划，铜鼓岭国际生态旅游区将与文昌航天主题公园交相辉映，共同建成高层次的旅游观光、休闲度假及科普教育基地。“十三五”期间，该旅游区按照“一核、两翼、两纵、六横”的空间规划格局，规划设计并开发建设铜鼓景区、神话世界、环球乐园、铜鼓佛光、海石天地、主题酒店等六大特色主题智慧旅游度假景区，沿 30 公里海岸带的铜鼓岭滨海绿色长廊环绕铜鼓岭风情镇、北美风情镇、欧洲风情镇、南洋风情镇、宝陵湖风情镇等特色旅游服务区；通过实施“绿色崛起、产业驱动、航天助推”的发展策略，着力打造生态、文化、智能、体验相结合的国家级旅游度假休闲区，建设中国航天城“后花园”、生态环保示范区。目前，铜鼓岭旅游区已初步建成以岭、石、林、雾、河、海、湾为特色，集海岸山岭、海湾、热带季雨矮林风光以及海洋文化、伏波文化、生态文化为一体的国际生态旅游度假区。

6.3.2　海南重点海洋自然保护区旅游生态补偿实施路径[①]

随着区域生态文明建设战略的推进和旅游可持续发展战略的逐步深入人心，海南许多海洋自然保护区域也在旅游开发热潮中不断寻求自身优化发展的途径，旅游背景下的生态保护，以及有关主体的利益关系协调的重要性也越来越受到关注。自 2015 年以来，结合有关课题研究任务，笔者及研究合作者分别以三亚珊瑚礁自然保护区、东寨港红树林自然保护区、铜鼓岭自然保护区、大洲岛自然保护区等海南省重点海洋自然保护区为对象，通过实地考察、深入访谈、座谈研讨等方式开展了系列化调查活动。调查情况表明，在旅游开发利用背景下，上述海洋

① 基础数据由相关海洋自然保护区管理单位提供的资料及课题组实地调研所获取的信息整理而成。

自然保护区已有一些旅游生态补偿相关实践做法，具体包括以下两大方面。

1. 对海洋自然保护区自然生态系统的补偿

从生态学的角度来看，针对自然环境的生态补偿主要强调对生态系统功能的恢复和重建，即通过开展一系列生态环境保护和修复的行为，让自然保护地的生态系统恢复到开发之前的状态或更好的水平。

自 1995 年起，三亚珊瑚礁自然保护区管理部门分别在鹿回头、大东海和亚龙湾试点珊瑚人工繁殖（将从海底截肢的珊瑚采集到陆地上培养，培壮后再把珊瑚苗放回海底，固定在死珊瑚礁上扩大种植；或向适合珊瑚生长的海底沉入移植好的人工珊瑚礁等）。观测结果表明，这种做法对于上述海域珊瑚礁群的恢复和珊瑚礁生物的回归产生了一定成效。目前，该自然保护区正设计投放多种适宜不同环境的人工礁体以进行珊瑚礁生态修复。同时，该自然保护区保护管理部门还在西岛建设珊瑚礁修复基地，积极组织相关旅游企业和社区居民参与珊瑚礁保护管理和生态修复工作，定期对游客和企业员工进行珊瑚礁知识普及等。除此之外，该自然保护区内的珊瑚礁监控中心也于 2017 年 9 月开始投入使用，珊瑚的人工培植已从实验室走向大海，从定点移植到全面铺开。近年来，三亚市先后出台了涉及海洋生态资源保护和生态补偿工作、涵盖三亚珊瑚礁自然保护区范围的若干文件，包括《三亚市潜水活动珊瑚礁生态损失补偿管理办法》《三亚市潜水旅游活动用海管理规定》《三亚市用海项目海洋生态损害评估方法》等。其中，2016 年 9 月出台的《三亚市潜水旅游活动用海管理规定》，不仅明确了全市 12 个可开展潜水经营活动的区域，还对潜水经营资质要求、规划布局、潜水人数等做出了具体要求，包括对于珊瑚覆盖率低于 10%的海域，不得审批或出让用于经营潜水旅游活动；潜水旅游经营单位必须在本用海区域内实行潜水点轮换制度，且须按规定对本潜水区域实行潜水旅游活动最大容量控制制度，并教育游客做好珊瑚资源保护工作；同时，对潜水旅游经营活动中占用海洋资源实行生态补偿制度。2017 年 2 月发布的《三亚市潜水活动珊瑚礁生态损失补偿管理办法》规定，凡在三亚市辖区海域（含三亚珊瑚礁自然保护区）开展的潜水旅游经营活动，经营者都应遵循“用海者补偿”的原则，提前缴存一定数额的珊瑚礁生态损失补偿保证金，作为治理修复珊瑚礁生态环境的费用；用海者申请在珊瑚礁海域开展潜水活动，应开展生态现状调查与生态资本评价，作为评估潜水活动珊瑚礁生态损失和核算补偿资金的基准；同时，用海者还应每 3 年开展一次潜水用海区珊瑚礁生态调查与损害评估，以便重新核定生态损失补偿资金数额；等等。这些文件的发布与实施，对旅游发展背景下三亚市（含本自然保护区）海洋生态补偿制度的合理构建起到了重要推动作用。

2014 年，海口市人民代表大会常务委员会出台了《海口市人民代表大会常务委员会关于加强东寨港红树林湿地保护管理的决定》，该决定扩大了东寨港自然保护区的保护控制范围，实行分区保护和管理，通过启动生态修复工程加大对红树林湿地的保护力度，包括退塘还林、人工种植红树林、加强水质监测和环境整治等。同时，该自然保护区管理局还通过与海口香格里拉大酒店等旅游企业合作，设立了红树林保护基金并开展红树林认种认养项目，由酒店出资、自然保护区派出专业技术团队进行红树林的种植和养护，同时酒店每个季度至少组织员工开展一次红树林造林或养护活动。通过定期组织酒店员工及社会志愿者实施红树林造林或养护活动，对红树林生态系统保护产生了积极意义。

为保护好大洲岛自然保护区生态环境，有关部门和万宁市政府于 2015 年开始采取措施对大洲岛进行生态修复集中整治。首先迁出岛上的暂住户和海水养殖户，禁止非法岛上旅游，拆除岛上违建。2015 年 9 月 23 日，万宁市政府与省海洋与渔业厅联合印发了《万宁市大洲岛保护区内违建物拆除实施方案》，并于当年 12 月 31 日完成大洲岛上 131 户、375 间，共 7630 平方米的违建物拆除，全面恢复大洲岛原有生态面貌和景观。经过 5 年持续不断的整治，岛上自然植被恢复良好，沙滩上的垃圾基本不见踪影，海底珊瑚色彩斑斓，美不胜收。从大洲岛上迁出的渔民，主要安置在新潭湾休闲渔港从事捕捞作业和休闲渔业经营。

此外，2017 年 1 月 1 日起实施的《海南省珊瑚礁和砗磲保护规定》要求，海南省及有关沿海市县政府应当支持珊瑚礁资源的保护及生态恢复的科学研究和推广应用，鼓励单位和个人投资珊瑚礁资源的保护和生态恢复，对保护珊瑚礁做出显著成绩的单位和个人给予奖励。该规定还要求加强对珊瑚礁、砗磲保护的宣传教育和科学知识普及工作，引导社会组织和公民参与珊瑚礁、砗磲保护工作，建立珊瑚礁、砗磲保护志愿服务机制。同时，要求在珊瑚礁分布区域开设旅游项目的单位和个人应当使用清洁能源交通工具，采用区域轮换轮作的观光方式等措施，防止、减少旅游活动对珊瑚礁分布区域的环境污染和生态破坏，并对所造成的损害依法承担责任。这也为海南省有关海洋自然保护区旅游生态补偿工作的顺利开展奠定了良好的制度基础。

2. 对海洋自然保护区有关利益主体的补偿

除了对自然生态系统实施保护和建设等相关生态补偿措施，海南一些海洋自然保护区也针对旅游开发利用情况，对因旅游项目开发和海洋生态保护而利益受损的社区居民等有关利益主体提供相应形式的补偿。例如，三亚市针对海滨保护地域旅游开发造成的影响，以涉海企业为突破口，政府搭建平台，引导和鼓励企业通过自愿协商建立企业间、区域间横向补偿关系；另外，对因旅游项目开发和海洋生态保护而利益受损的社区居民和相关单位提供相应的经济补偿（包括提供补偿金、财政扶持基金等）、技术补偿（提供技术咨询服务和人才支持等）等。

三亚珊瑚礁自然保护区内的西岛旅游区已建立了当地渔民入股并在旅游从业、经营、管理等不同层面参与景区发展的社区旅游生态补偿模式，以及通过社区共管等方式实施海洋生态保护等。在该自然保护区的亚龙湾片区，通过有关旅游企业的积极参与和配合，有力制止了采摘珊瑚、炸鱼、毒鱼和非法捕捞等活动，使珊瑚礁生态系统得到了有效管理和保护；另外，入区开展旅游经营活动的企业也将被禁止或限制在自然保护区内从事传统渔业生产的部分当地居民纳入公司就业等。据调查了解，在该保护区内的某滨海旅游区，为游客开展珊瑚礁潜水服务活动的旅游企业均需按人次向该旅游区经营管理单位（三亚 D 公司）缴纳生态保护管理费用（根据游客潜水区域的差异，一般为 30～60 元/人次）。

在东寨港自然保护区，自然保护区管理局除了通过与周边若干酒店合作设立红树林保护基金并开展红树林认种认养项目，还配合地方政府，在实施“退塘还（红树）林”等红树林保护工程、禁止居民自主经营游船项目、禁止居民在红树林自然保护区放养咸水鸭等之后，统筹协调东寨港红树林自然保护区周边居民的转产、就业和安置等问题，建立红树林保护及旅游区统一管理后的地方利益补偿机制。当地居民在地方政府、保护区管理部门和旅游企业的组织协调和安排下，除了到旅游公司就业，还逐步开展形式多样的红树林乡村旅游经营服务活动（包括在旅游区内开设经营摊点、开办农家特色餐馆等），部分居民还入股参与东寨港红树林景区游船项目经营并按比例获取收益分红。

铜鼓岭自然保护区范围内的原住居民人口较多（约 5000 人），当地居民一些传统的生产活动（捕捞、养殖、采挖珊瑚等）对自然保护区海域生态环境威胁较大。铜鼓岭国际生态旅游区建立后，在地方政府、保护区管理部门的引导和支持下，许多居民通过有偿参与生态保护项目、到旅游开发企业就业、开展一些特许的自主旅游项目经营等活动，获得了比以往更加稳定可观的生计来源。

6.3.3 海南重点海洋自然保护区旅游生态补偿现存问题

笔者及研究合作者针对自然保护地资源管理部门、旅游管理部门、旅游经营者和社区居民等多种利益相关者的不同形式（访谈、座谈研讨、问卷调查等）的调查结果显示，以三亚珊瑚礁自然保护区、东寨港自然保护区和铜鼓岭自然保护区等为代表的海南省重点海洋自然保护区，在利用海滨生态资源开展旅游活动的同时，也开始注重依托自然保护地旅游业发展，通过相应补偿制度和方式的建立和实施，在一定程度上促进了海洋生态环境的维护和改善，并保障了因旅游开发经营而利益受损的当地居民的生计来源。然而有关调查也显示，上述海洋自然保护区在旅游生态补偿机制建立、实施和监管等方面仍存在诸多问题，主要体现在以下方面。

1. 旅游生态补偿理念认知存在偏差

结合实地调研情况，以“谁受益谁付费，谁破坏谁补（赔）偿，谁保护谁受益”的生态补偿基本准则来衡量，可发现上述海南重点海洋自然保护区有关利益主体在生态补偿理念认知方面存在一定的不足或偏差，具体表现如下。

1）对“谁受益谁付费”理念认知不足。例如，在接受访谈的三亚珊瑚礁自然保护区（包括大东海、三亚湾等片区）23 位开展海上休闲娱乐服务项目经营活动的企业管理者当中，34.8%的受访者认为其企业不应缴纳除税收外的其他费用，即使国家海洋管理部门已有明文规定的海域使用费；针对东寨港自然保护区和铜鼓岭自然保护区旅游企业管理者的有关问卷调查显示，持相同观念（点）的受访者比例分别为 28.6%和 37.5%。这些调查情况反映了许多海洋自然保护区旅游开发经营者还存在着免费消费心理，其“受益者付费”的生态补偿理念和意识存在不足。

2）“谁破坏谁补（赔）偿”理念得不到贯彻实施。首先体现在开发经营者方面。例如，三亚大东海、西岛等海洋自然保护区范围内有早期存在的一些个体旅游餐饮经营者（如依托渔排经营的餐厅），由于设施设备落后，污水和垃圾收集和处理不到位，他们通常会将生活污水直接排入海里，对游客产生的固体垃圾实行就地填埋，造成土壤污染并间接导致海洋水体污染。但笔者及研究合作者通过访谈和问卷调查等方式对大东海和西岛区域内 10 家旅游餐厅经营者的调查表明，这些经营者大多缺乏应有的生态补偿意识，不愿意支付任何生态补偿费用，也不愿购置相关设备在其经营区域内统一进行污水和垃圾处理。此外，针对大东海、三亚湾等海洋自然保护区范围内 23 位开展海上休闲娱乐服务项目经营活动的企业管理者的访谈表明，60.9%的受访者认为除必要的税收和海域使用费外，不应再缴纳其他任何相关费用（包括公司的游船、摩托艇等运营所产生污染的环境治理费）；在东寨港、铜鼓岭两处自然保护区，持相同观念（点）的受访者比例分别为 56.3%和 67.2%。此外，当地政府相关部门对“破坏者补偿”的原则也缺乏应有的执行管理。例如，对于三亚珊瑚礁自然保护区周边的游船、餐厅经营业主排放生活污水和废油泄露造成水体和固体垃圾污染等，由于缺乏生态保护监管执法权，自然保护区管理部门除要求整改外，往往难以按照“谁破坏谁补（赔）偿”的要求实施有效的补偿管理措施。

3）对“谁保护谁受益”理念存在认知偏差。例如，尽管在东寨港自然保护区、三亚珊瑚礁自然保护区建设过程及旅游开发过程中，不少 NGO 及社会环保人士通过其非营利、公益性的慈善捐赠、义务劳动、智力支持等系列活动，促进了海洋生态资源保护和环境建设，也对旅游开发和经营过程中的利益受损者和地方弱势群体提供了相应支持，然而，对于这样的公益性活动，许多当地政府管理部门人员和旅游开发商通常认为理所应当，并未考虑如何基于这些社会环保组织或人士的保护行为建立制度化、规范化的补偿机制。此外，在铜鼓岭自然保护区范围内的淇水湾、月亮湾等滨海度假区，众多旅游开发企业为了保证其经营区内的环境质量，往往要求渔民或周边农民放弃传统的存在负面环境影响的生产方式或工具，造成其经济收入减少，但这些受益企业通常并未为渔民和周边农民提供足够的经济或其他形式的补偿。

2. 海洋生态保护资金及人力投入不足

海洋自然保护区生态环境保护和建设工作具有很强的公益性质，然而调研发现，海南重点海洋自然保护区在此方面的资金、人力等要素投入大多存在不足。

目前，三亚珊瑚礁自然保护区所用于生态保护和建设的资金，大部分来自国家和地方公共财政拨付的自然保护区建设和维护经费，小部分来自实施海域使用活动的相关企业向海洋渔业管理部门缴纳的海域使用费、部分旅游企业（主要为该保护区内的某滨海旅游区的潜水经营公司）向旅游区经营管理单位缴纳的珊瑚礁生态保护管理费用，以及少数旅游企业和社会组织以赞助或捐助形式交付的资金。在东寨港自然保护区，尽管海口香格里拉大酒店出资 10 万元设立了红树林保护基金，与该自然保护区管理局共同开展红树林造林和养护活动，但相对于红树林生态保护和建设项目所需投入的成本而言，该保护基金规模仍显得十分不足。在铜鼓岭自然保护区，有关旅游企业除投入必要资金在其开发和经营地域范围内开展植树种草等绿化活动外，目前对于整个自然保护区生态环境维护和修复工作尚缺少专门的资金支持。总体上看，上述海南重点海洋自然保护区当前可用于生态补偿的资金较为紧缺。以三亚珊瑚礁自然保护区资源环境保护基本主体——三亚珊瑚礁自然保护区管理处为例，除开展必要的珊瑚礁巡护和环保执法等工作外，管理局难以从当地旅游市场获得必要的资金支持用于开展环境监测与生态修复等更深入全面的珊瑚礁生态系统维护工作。补偿资金的缺乏也会影响到人力、物力等相应要素的投入，使海洋自然保护区生态补偿措施难以得到很好实施，从而不利于其旅游生态环境的整治和优化提升。

3. 旅游生态补偿途径和方式单一

在海南重点海洋自然保护区中，三亚珊瑚礁自然保护区范围内的西岛、亚龙湾、大东海等地域已通过渔民入股参与景区经营管理、旅游企业吸纳当地居民就业并配合制止采摘珊瑚和非法捕捞等活动、根据潜水区域和人次缴纳珊瑚礁生态保护费用等实践，初步形成了若干类型的旅游生态补偿方式；东寨港自然保护区、铜鼓岭自然保护区也已实施安排部分当地居民到旅游公司就业、在旅游区内开展若干形式的自主旅游经营服务项目，东寨港保护区部分社区居民还入股参与红树林景区游船项目经营并按比例获取收益分红，也逐渐丰富了所在自然保护区的旅游生态补偿内容。但对比上述旅游生态补偿实现路径框架的具体构成内容，可以看出海南重点海洋自然保护区当前的旅游生态补偿方式还比较单一，缺乏多样性。具体体现为：从补偿对象需求来看，对海洋自然保护区生态系统的补偿多限于被动的水域污染治理工作和局部的生态系统修复活动，而系统化实施的生态系统监测、生态功能修复等行为较少；对于旅游生态保护和建设者，一般只有精神层面的嘉奖，物质层面的补偿较少，政策制度层面的补偿十分不足；从补偿运作机制来看，各海洋自然保护区均缺少市场运作和社会参与的旅游生态补偿方式，现有的政府主导型公共补偿也仅限于自然保护区范围；从补偿实施载体来看，各海洋自然保护区有关部门主要通过常规生态保护与建设项目形式开展生态补偿工作，以政策扶持或智力支撑方式支持旅游企业、社区居民和环保组织（人士）等有关主体开展的旅游生态补偿实践活动较少。

4. 旅游生态补偿标准欠缺或不科学

旅游生态补偿实施标准是海洋自然保护区旅游生态补偿获得良好效应的关键。从有关调研情况来看，海南重点海洋自然保护区旅游生态补偿标准的建设目前仍处于初级阶段。在针对自然环境的生态补偿方面，除了开展潜水服务活动的某滨海旅游区相关旅游企业要按人头向该旅游区经营管理单位缴纳相应标准的珊瑚礁生态保护费用外，多数海洋自然保护区目前不仅尚未形成按相应比例或金额向旅游企业提取旅游收入资金用于生态保护和建设的制度和标准，更缺乏补偿资金返还后的相关使用标准和管理规定；此外，多数旅游企业还缺乏自身经营地域范围内的生态环保投入标准。因此，尽快研究并制定完善与自然保护地实际情况相符的旅游生态补偿标准，是建立科学化、制度化的海洋自然保护区旅游生态补偿机制之迫切所需。社区补偿方面，一次性征地赔偿依然是上述海洋自然保护区旅游开发过程中基本的或唯一的补偿方式，尽管由旅游开发增值效应而引发的社区居民和开发商、地方政府等主体间的长期间歇性利益矛盾近年来不断呈现，但除三亚珊瑚礁自然保护区内的西岛旅游区、东寨港自然保护区已建立起渔民入股参与景区经营收益分红外，在其他海洋自然保护区，如何将社区居民纳入海洋旅游业发展核心系统并制定长效的社区利益补偿标准，基本上还未真正进入有关部门和旅游企业的议事日程。同时，各海洋自然保护区针对社区居民、社会环保组织和人士自发（觉）性旅游生态保护行为的奖励性补偿制度供给不足、补偿标准基本缺失，这不仅削弱了海洋旅游发展与生态环保行为之间的互动激励效果，也限制了旅游背景下海洋自然保护区生态管理工作效率的发挥。

5. 旅游生态补偿资金使用管理制度不健全

旅游生态补偿资金管理是旅游生态补偿管理机制构建的关键环节。科学合理的资金管理制度可提高补偿资金的使用效率，并对补偿资金使用过程与效果形成有效的监督和评估。

以上述有关海洋自然保护区资源管理部门、旅游管理部门和部分旅游企业管理人员为对象，基于实地访谈和座谈研讨等方式进行的旅游生态补偿资金管理的相关调查表明，规范化、稳定化的补偿资金管理制度在各自然保护区基本上尚未得到建立。据了解，除了各海洋自然保护区保护管理单位按照公共财政管理的要求，对通过财政转移支付途径获取的海洋生态维护和建设经费实施规范化、制度化的资金管理外，部分旅游企业缴纳的旅游生态维护和建设费用（如三亚某滨海旅游区潜水经营企业向经营管理单位缴纳的珊瑚礁生态保护管理费用），以及少数旅游企业和社会组织以赞助或捐助形式交付的生态补偿资金，目前多数未做到专户管理和专款专用（海口香格里拉大酒店与东寨港红树林自然保护区管理局通过认种认养项目协议设立的红树林保护基金除外），也缺乏相应的资金使用过程的监管机制；同时，上级有关主管部门也多未制定这些生态补偿资金使用的监督和审查机制。此外，这些补偿资金对所在自然保护区生态环境维护和建设方面的使用效果如何，有关部门也大多缺乏相应的评估和反馈机制，总体上不利于提升这些生态补偿资金使用的效率。上述情况从不同角度反映了海南重点海洋自然保护区现有的生态补偿资金使用管理存在的问题。究其原因，主要由于旅游生态补偿机制在海南重点海洋自然保护区尚处于探索构建阶段，在补偿实施和监管层面，还缺乏针对旅游生态补偿资金使用和管理的具体化、规范化的制度安排。

6.4 典型案例地旅游生态补偿实践路径综合评析

按照上述自然保护区旅游生态补偿实现路径的基本框架，考虑到玉龙雪山自然保护区、西双版纳自然保护区和三亚珊瑚礁自然保护区所具有的多向度典型性或代表性（包括旅游综合效应的显著性、旅游生态补偿制度或模式的特色性和典型性，以及研究基础资料的丰富性等），以下主要以这三处自然保护区作为典型案例地，结合其有关实践做法，对其旅游生态补偿路径进行对比评析。研究结果对于目前正处于旅游生态补偿实践探索阶段的国内众多同类自然保护区来说，具有现实的参考和借鉴意义。

6.4.1　旅游生态补偿运作机制建立方面

调查研究显示，为确保旅游业与自然保护区生态环境保护和社区建设事业等的协调发展，玉龙雪山自然保护区、西双版纳自然保护区和三亚珊瑚礁自然保护区通过长期的实践探索，已构建或初步构建了以旅游发展效益或相关要素为依托的旅游生态补偿运作机制。案例地旅游生态补偿运作机制见表 6-21。

表 6-21　案例地旅游生态补偿运作机制

案例地	自然生态补偿	社区生态补偿
玉龙雪山自然保护区	旅游企业缴纳用于景区（含自然保护区）生态环境维护的环保基金、环境维护费、护林防火保证金等，并在经营地域范围内开展相关环境保护工作；玉龙雪山景区管委会每年投入部分旅游资金用于景区环境维护（侧重环卫管理）和环保工程建设；玉龙雪山管理局对（自然保护区内的）旅游企业实施护林防火等责任管理	玉龙山社区办事处作为地方（玉龙县）政府派出机构，负责社区管理事务，代表地方政府协调景区企业与社区居民的矛盾，协助玉龙雪山景区管委会开展旅游社区反哺工作
西双版纳自然保护区	西双版纳保护区管护局生态旅游管理所与各景区经营企业协商并确定上缴州财政的旅游收益分成比例。财政返还的补偿资金，由西双版纳保护区管护局统一安排使用，作为国家财政转移支付和地方财政预算的生态保护资金的重要补充	西双版纳保护区管护局生态旅游管理所、社区管理科等部门负责对部分旅游收益反哺资金进行统一安排，用于支持社区发展建设事业
三亚珊瑚礁自然保护区	当地政府制定相关法规制度，对三亚市辖区（含自然保护区）海域开展的潜水旅游等经营活动实行海洋资源生态补偿制度；同时通过一定激励手段，鼓励潜水旅游经营单位和社区居民参与珊瑚礁保护与修复工作。三亚珊瑚礁自然保护区管理处定期或不定期对企业员工、社区居民和游客进行珊瑚礁生态保护科普宣教活动；许多旅游企业积极配合地方政府及三亚珊瑚礁自然保护区管理处，制止采摘珊瑚、炸鱼、毒鱼和非法捕捞等活动；在西岛旅游区，地方政府、旅游开发商与地方居民签订协议，通过社区共管等方式实施海洋生态保护等	地方政府牵头、三亚珊瑚礁自然保护区管理处和区内旅游企业配合，从生计维持与提升发展的角度考虑，针对为保护珊瑚礁生态环境做出贡献的社区居民开展相关补偿活动

资料来源：笔者及研究合作者根据调研情况整理而成。

作为云南省旅游生态补偿实践开展较早的自然保护地，玉龙雪山自然保护区和西双版纳自然保护区在利用生态资源开展旅游活动的同时，注重以旅游收益作为重要资金补充，各自建立起具有一定特色和典型意义的旅游生态补偿运作机制。其中，玉龙雪山结合自然保护区、风景名胜区、旅游开发区和地方社区“四区一体”的管理体制特征，在玉龙雪山景区管委会的主导下，建立起以景区门票、旅游索道、环保观光车等旅游项目经营收益为依托，旅游企业、社区办事处、保护区管理局及社区居民等多方主体参与实施的旅游生态补偿协调化运行机制，发挥有关主体在景区旅游生态环境保护与社区建设发展方面的能动性。西双版纳结合自然保护区面积较大、旅游景区数量、类型较多且非集中性分布等状况，通过自然保护区旅游管理机构——生态旅游管理所与各景区企业的协商与谈判，分别确定各景区上缴州财政的旅游收益缴纳比例，建立起“景区企业上缴—州财政返还—保护管理部门实施”的旅游收益缴纳及反哺制度。旅游收益分成资金由州财政部门部分返还后，主要由保护区管护局安排用于自然保护区生态资源保护和社区发展帮扶工作。实践表明，两地所构建的旅游生态补偿运作机制都能为当地生态保护和社区建设等工作开展提供一定的制度保障，对其他同类区域相关实践也有较好的借鉴作用。同时，两地的旅游生态补偿运作机制也有一定的相似性和差异性，具体体现如下。

从基本性质来看，上述两处案例地的旅游生态补偿运作机制具有一定相似性，即均体现为代表地方政府的管理单位主导和推动下、以市场化运作为主要特征的旅游生态补偿运作机制；同时，旅游生态补偿的市场化运作内容均表现为以旅游企业所缴纳的相关税费为旅游生态补偿的重要资金来源，直接市场交易形式的补偿较少。从构成内容来看，两地旅游生态补偿运作机制则存在明显差异性。一是补偿工作主导和推动者的性质不同，玉龙雪山为兼有旅游管理和经营职能的玉龙雪山景区管委会，西双版纳则是具有单一保护管理职能的保护区管护局。主导者的属性差异对旅游生态补偿工作的目标定位、补偿项目的功能性质等均会有一定影响。二是补偿实施主体方面，除了作为旅游生态补偿主导和推动者的管理单位，西双版纳的补偿实施主体还有景区经营企业，未包括其他领域旅游开发和经营者等主体；而玉龙雪山的补偿实施主体不仅涵盖自然保护区内的各类旅游企业，还包括社区办事处、保护区管护局等单位，其主体多元化特征较为突出，而玉龙雪山的有关实践也证明了多元化补偿主体对于旅游生态补偿资金筹集及补偿工作的协同开展更为有利。三是保护主管单位在旅游生态补偿运作机制中的权责地位差异较大。在玉龙雪山，由于玉龙雪山管理局（副科级）和玉龙雪山景区管委会（正处级）等管理部门在当地行政管理体制中的地位差异较大，导致前者在自然保护区旅游生态补偿工作方面不仅缺少话语权，甚至在当地旅游发展效益持续良好的背景下，玉龙雪山管理局也难以得到来自旅游管理部门和企业的生态保护及建设资金支持，这与其作为生态保护主管单位的职责要求形成较大反差。但在西双版纳，西双版纳保护区管护局既是资源环境保护主管单位，也是旅游生态补偿的主导和推动者，其在该自然保护区旅游生态补偿运作机制建立与实施过程中的权责对等性较高，话语权也较强。

就三亚珊瑚礁自然保护区而言，当地政府依据“用海者补偿”的原则，通过制定《三亚市潜水活动珊瑚礁生态损失补偿办法》《三亚市潜水旅游活动用海管理规定》等具有法定效力的文件，要求三亚市辖区（含本自然保护区）海域开展潜水旅游活动的经营者缴存珊瑚礁生态损失补偿保证金至市海洋与渔业局、监管银行和用海者三方共管的监管银行账户，为该自然保护区旅游生态补偿机制构建提供了有效的法制保障。同时，由当地政府牵头并投入必要资金、三亚珊瑚礁自然保护区管理处参与组织和实施管理，在西岛、鹿回头、大东海、亚龙湾等片区建设珊瑚礁修复基地，组织引导相关旅游企业和社区居民、旅游者参与珊瑚礁生态保护与修复工作；并以通报表扬、经费奖励等方式，对在用海期间本区域珊瑚覆盖率提高的潜水旅游经营单位进行激励。总体上看，在旅游开发利用背景下，涵盖该自然保护区范围的、多方主体（地方政府、保护管理单位、旅游企业、社区居民、游客等）参与实施的旅游生态补偿运作机制已得以初步建立，有关主体对促进珊瑚礁生态保护与旅游开发、社区建设等方面协调发展的思想意识和能动性均得到一定程度的提升和发挥。然而，从公平性、协同性角度审视，该自然保护区现有旅游生态补偿机制构建仍存在不少问题。其中尤为突出的是，作为珊瑚礁生态保护与管理基本责任主体的三亚珊瑚礁自然保护区管理处，除依靠有限的公共财政拨款开展珊瑚礁资源管护和环保执法等工作外，难以从当地蓬勃发展的海洋旅游业（以自然保护区及周边地域生态资源为重要依托）获得必要的资金和人力、物力支持用于开展环境监测与生态修复等珊瑚礁生态系统维护工作，体现出该自然保护区旅游地域系统内部生态利益分配和生态责任承担的不对等这一突出问题，同时也是自然保护区旅游生态补偿机制建设公平性不足的重要体现。

6.4.2 旅游生态补偿实施方式选择方面

旅游生态补偿实施方式具体包括针对补偿主体的补偿资金收取方式和针对补偿对象的补偿实施方式。

向自然保护区范围内的旅游开发和经营单位收取相关税费并以其作为重要的补偿资金来源，是玉龙雪山自然保护区、西双版纳自然保护区和三亚珊瑚礁自然保护区旅游生态补偿实施路径的一个共同特征。案例地的旅游生态补偿资金收取情况见表 6-22。

表 6-22　案例地旅游生态补偿资金收取情况

案例地	补偿资金收取
玉龙雪山自然保护区	1）旅游企业缴纳：①Y 公司每年按旅游索道（大索道和云杉坪索道）票面收入的一定比例向市政府上缴环保基金；②各旅游企业每年根据企业规模及经营状况向玉龙雪山景区管委会缴纳环境维护费；③各旅游企业每年向玉龙雪山管理局缴纳护林防火保证金；④G 公司每年根据游客量、经营绩效等上缴部分旅游收入。 2）玉龙雪山景区管委会筹集：主要从景区门票收入中提取
西双版纳自然保护区	结合有关旅游景区的区位特征、产品性质、经营效益、发展阶段及增值效应等情况，由各景区经营单位分别按一定比例（个别为定额缴纳）向州财政缴纳旅游收益分成资金
三亚珊瑚礁自然保护区	1）潜水旅游活动经营者需要提前将珊瑚礁生态损失补偿保证金缴存至三亚市海洋与渔业局、监管银行和用海者三方共管的监管银行账户。 2）保护区内某滨海旅游区开展珊瑚礁潜水旅游的经营者均需要根据游客潜水区域的差异、按人次向该旅游区经营管理单位（三亚 D 公司）缴纳生态保护管理费用

资料来源：笔者及研究合作者调研情况根据整理而成。

表 6-22 显示了案例地旅游生态补偿资金来源及收取方式等情况。在这方面，3 处自然保护区具有一定的相似性和差异性，具体分析如下。

1）补偿资金来源方面。从玉龙雪山、西双版纳两处自然保护区的相关实践来看，利用自然保护区土地、自然景观等资源进行营利性经营的旅游项目经营收入是旅游生态补偿资金的主要来源。其中，门票、索道票经营收入均为两地较为固定的补偿资金来源渠道，不仅是用于自然生态补偿的资金构成主体，也是社区补偿的重要资金来源。但相对来说，玉龙雪山自然保护区旅游生态补偿资金渠道更为广泛，除景区门票、索道经营收入外，其他旅游经营项目（如环保车、旅游餐饮、旅游演艺等）收入也是补偿资金的组成部分；而西双版纳自然保护区的旅游生态补偿资金来源则主要为景区门票和索道经营收入。此外，在玉龙雪山景区实行统一经营管理并取消社区自主旅游经营后，取代原有社区自主经营服务的旅游企业（主要为 G 公司）的旅游经营收入，成为该地社区旅游生态补偿资金来源的主要渠道。这也是玉龙雪山与西双版纳两地在社区补偿资金来源方面的重要差别。当然，上述差别与两地旅游业发展状况的差异密切相关，如西双版纳自然保护区旅游经营项目类型及景区中的社区自主经营项目较少等。

2）补偿资金收取方面。以门票、索道等为主要经营内容的旅游景区（项目），其补偿资金一般按票面营业收入的一定比例来提取，这是玉龙雪山和西双版纳两地在旅游生态补偿资金收取方式方面相似性的主要体现。玉龙雪山自然保护区除了门票、索道以外的旅游项目，其补偿资金既有按旅游企业营业收入一定比例提取的，也有按相对固定金额收取的。另外，从补偿资金收取类型和途径来看，玉龙雪山自然保护区既有由旅游企业直接向地方财政部门缴纳（旅游索道）环保基金的做法，也有旅游企业向玉龙雪山景区管委会缴纳环境维护费、环保赞助费（Y公司）、旅游反哺农业资金（G 公司），以及向玉龙雪山管理局缴纳护林防火保证金的途径。相比而言，西双版纳自然保护区的补偿资金收取类型和途径相对单一，主要是旅游景区经营企业向地方财政缴纳旅游收益分成资金的做法。

与玉龙雪山和西双版纳两地相比，三亚珊瑚礁自然保护区部分旅游企业（主要为某滨海旅游区的潜水经营公司）按游客人次向旅游区经营管理单位缴纳的珊瑚礁生态保护管理费用，体现出同样的旅游生态补偿理念和原则——补偿资金来源于旅游开发和经营收益，收取方式也具有相对固定性。但由于该补偿制度覆盖范围较小，补偿资金量不足，难以对自然保护区旅游生态环境保护与建设形成有力支撑。尽管 2017 年 2 月颁布实施的《三亚市潜水活动珊瑚礁生态损失补偿办法》规定了三亚市域范围内的潜水旅游活动经营者均应遵循“用海者补偿”原则，提前缴存一定数额的珊瑚礁生态损失补偿保证金（该规定同样适用于三亚珊瑚礁自然保护区）。但从本质上看，该补偿保证金属于当地海洋管理部门为防止和减少用海者开发和经营活动导致海洋生态环境破坏，通过行政手段让其预支的环境违法成本，而非基于“受益者付费”原则，由实施海洋资源开发的生态经济利益获得者向生态保护者提供可用以弥补其保护成本投入的补偿。换言之，若用海者未出现环境违法行为，其补偿保证金将得到无偿退还，不能转化为海洋生态保护成本投入要素。因此可认为，该补偿保证金作为三亚珊瑚礁自然保护区旅游生态补偿资金来源渠道的属性特征并不明显。这也是该自然保护区旅游生态补偿路径仍处于探索阶段的一个重要体现。

针对受偿对象（主要为自然环境和社区居民）的旅游生态补偿实施方式方面，玉龙雪山自然保护区、西双版纳自然保护区和三亚珊瑚礁自然保护区既有一些共同做法，也有不少体现自身特征的差异化方式。案例地旅游生态补偿实施方式（针对受偿对象）见表 6-23。

表 6-23 案例地旅游生态补偿实施方式（针对受偿对象）

案例地	补偿实施内容	
	对自然环境的补偿	对社区居民的补偿
玉龙雪山自然保护区	玉龙雪山景区管委会所筹集的旅游生态补偿资金主要用于修建景区（含自然保护区）排污和垃圾处理系统、植树造林、森林消防、植被恢复及环保人工费等景区环保事业；有关旅游企业还通过日常检查维护、植被恢复、修建排污系统、组织志愿者开展环境保护活动等工作，进行景区资源环境维护	1）直接经济补偿：提供旅游反哺农业资金（全面覆盖景区内居民）自主经营房拆迁补助（根据居民自主经营房位置及面积等）和提供物质资料补贴等。 2）其他补偿方式：建拆迁安置房并提供装修补助、吸纳居民就业、提供教育奖励和补贴、公共设施建设、农牧业生产扶持（免费提供种子及生产技能培训等）等

续表

案例地	补偿实施内容	
	对自然环境的补偿	对社区居民的补偿
西双版纳自然保护区	约 90%的旅游收益反哺资金由保护管理部门安排用于生态保护和建设（包括森林巡护防火、生态样地监测、野生象监测和救助、环保设施建设、科普宣教、开展资源社区共管活动等）；景区企业也提取部分经营收入进行景区环保设施建设、护林防火、生态监测（如望天树、野象谷景区）、野生动物救助、捐助雨林保护基金会等	约 10%的旅游收益反哺资金由保护管理部门安排用于开展农户技能培训、社区生产生活设施建设（建沼气池、修路架桥、人畜饮水、照明用电等）；一些景区企业也通过吸纳社区就业、购买社区农产品（如大象食料）、分流游客（到社区农家乐）等方式带动社区经济发展
三亚珊瑚礁自然保护区	1）珊瑚礁生态损失补偿保证金适用的补偿范围包括珊瑚礁生态修复费用、恢复期珊瑚及其他生物资源损失费用、恢复期海洋生态服务功能损失费用，以及为确定珊瑚礁生态损失的性质、范围、程度而支出的调查费用等。 2）某滨海旅游区潜水旅游经营者缴纳的生态保护管理费用，主要由旅游区经营管理单位用于运营管理开支和必要的生态保护设施建设	自然保护区内许多旅游企业积极配合地方政府及三亚珊瑚礁自然保护区管理处，将被禁止或限制从事传统渔业生产的部分当地居民纳入公司就业等。西岛景区还建立了当地渔民入股参与景区经营管理的社区旅游生态补偿模式

资料来源：根据笔者及研究合作者的调研情况整理而成。

针对表 6-23 的分析显示，在关于自然环境的旅游生态补偿方式方面，西双版纳和玉龙雪山两地体现出较多相似性，即均采取直接补偿和间接补偿结合的方式。直接补偿方式主要体现为保护管理部门（西双版纳保护区管护局）或景区管理部门（玉龙雪山景区管委会）将来自旅游企业或项目经营收入的补偿资金直接安排用于森林巡护防火、生态监测、野生动物保护、环保设施建设等生态保护和建设直接投入方面，以及旅游企业投入相应资金进行其经营地域范围内的环保设施建设和日常生态维护管理工作等。间接补偿方式则包括上述相关管理部门利用旅游生态补偿资金，或旅游企业投入资金建设与生态保护相关的科普宣教设施、开展相关科研项目研究或科普教育活动，以及捐赠生态环保基金会（如西双版纳雨林保护基金）等。在三亚珊瑚礁自然保护区，《三亚市潜水活动珊瑚礁生态损失补偿办法》规定的用海者为履行治理修复珊瑚礁生态环境责任而缴存珊瑚礁生态损失补偿保证金，在制度层面明确了对珊瑚礁生态系统进行直接性旅游生态补偿的主要资金来源，但由于该办法出台时间较短，保证金缴存和使用管理制度尚处于进一步完善过程中，其在该自然保护区旅游生态补偿实践中的效果评估也尚需时日。同时，个别片区旅游企业向旅游区经营管理单位缴纳的珊瑚礁生态保护管理费用，用于旅游区运营管理开支和必要的生态保护设施建设，体现出与西双版纳和玉龙雪山两处自然保护区相似的补偿路径特征；但相比而言，该补偿方式在三亚珊瑚礁自然保护区的覆盖范围和影响力均小得多。此外，三亚珊瑚礁自然保护区管理处定期或不定期对企业员工、社区居民和游客进行珊瑚礁生态保护科普宣教活动，以及地方政府、旅游开发商与西岛居民签订协议，引导居民通过社区共管方式实施海洋生态保护等，也属于与其他两处自然保护区有关做法类似的间接性旅游生态补偿方式；但相比而言，这些补偿措施背后的旅游发展支撑力量较其他两处自然保护区要薄弱得多。

对社区居民的旅游生态补偿方面，由于各案例地在社区与旅游（景）区区位关系上存在差异，因而补偿实施方式的侧重点也有所区别。在玉龙雪山，因景区（含自然保护区）与当地社区在地域范围上有较多重叠，加之社区自主旅游经营项目以往曾经大量存在，因此在该景区实施统一规范经营管理之后，对社区居民采取直接经济补偿与其他补偿方式相结合的方式进行补偿。一方面，将部分旅游生态补偿资金用于对社区居民定期发放基本生活保障金，以弥补社区原有自主旅游经营项目被取消后的经济利益损失；另一方面，以玉龙雪山景区管委会、社区办事处和相关旅游企业（主要为 G 公司）为主体，其他旅游企业为辅助，投入相应资金对社区的经济、社会、文化等发展事业进行帮扶，包括吸纳居民就业、建设社区公共设施、改造村容村貌、捐资助学、进行生产技能培训等。在西双版纳自然保护区，当地社区多分布于景区之外，景区开发和经营导致社区居民直接利益损失的情况较少，因此，直接经济补偿方式在该地社区旅游生态补偿领域未体现；但西双版纳保护区管护局也利用部分旅游收益分成资金对当地社区民生事业发展进行扶持，包括支持社区生产生活设施建设、开展农户技能培训等；同时，建立自然保护区野生亚洲象公众责任保险，帮助居民解决“人象冲突”及野生动物肇事伤害导致的损失。另外，一些景区企业也通过吸纳社区就业、购买社区农产品、分流游客到社区等方式支持社区经济发展。在这个方面，则体现出与玉龙雪山社区旅游生态补偿路径的相似性。就三亚珊瑚礁自然保护区有关实践来看，许多旅游企业努力配合政府及三亚珊瑚礁自然保护区管理处，将传统渔业生产活动被禁止或限制的部分社区居民纳入公司就业等做法，与其他两处自然保护区具有相似性，也取得了良好的补偿效果（“十多年前，因传统捕捞、采挖珊瑚礁活动被禁止，当地渔民抵触情绪突出；如今，渔民变身旅游公司员工，不仅吃上了旅游饭，还成了珊瑚礁保护的‘忠实卫士’”——三亚珊瑚礁自然保护区管理处某工作人员）。值得一提的是，在地方政府协调下，该自然保护区内的西岛旅游区所建立的当地渔民入股参与景区经营管理的社区旅游生态补偿模式，则属于具有较强造血式功能特征、标志着地方居民参与旅游达到交互式和自我激励式这种较高层次的社区旅游生态补偿方式。相比社区参与旅游仍基本停留在被动式、象征性层次的其他两处自然保护区，该补偿模式的实施不仅在推动当地居民整体素质和社区发展机能提升方面产生了实质意义，也为尚处于探索进程中的三亚乃至海南省海洋自然保护区旅游生态补偿制度建设形成了鲜明的示范效应。

针对上述三处案例地的调查研究表明，多种方式结合的社区旅游生态补偿方式，既能有效保障社区居民在旅游区统一经营管理后的基本生活来源，也能在一定程度上促进社区居民自身素质和自我发展机能的培育；但针对玉龙雪山社区补偿方式的贡献度和继续受偿意愿的研究表明，“旅游项目特许经营”“参与旅游企业经营管理”等具有典型造血式功能的补偿方式并未体现出其应有价值，当地社区旅游生态补偿政策路径尚存优化空间；而三亚西岛由当地渔民入股参与旅游区经营管理的社区旅游生态补偿模式，其实践经验及示范意义仍有待进一步总结和推广。此外，从补偿实施载体类型来看，各案例地以政策扶持、智力支撑等形式呈现的社区旅游生态补偿方式尚较少；同时，针对有旅游生态保护贡献的社区居民的精神和制度层面补偿内容较缺，不利于形成多元协调的社区旅游生态补偿路径，以及通过补偿来促进居民实施旅游生态环境保护的全面激励机制。

6.4.3 旅游生态补偿实施标准确立方面

旅游生态补偿实施标准具体包括针对补偿主体的补偿资金收取标准和针对补偿对象的补偿资金投入标准。

从玉龙雪山自然保护区、西双版纳自然保护区旅游生态补偿实施路径内容来看，两地旅游生态补偿资金收取标准均较为明确，并体现出以下几个共同特点。

1）按照比例或金额制定补偿资金收取标准。两地对于门票、索道票等有固定收入标准的旅游项目，按其票面价格的一定比例提取补偿资金的情况较多，其中，门票类经营项目的收取比例一般为 5%～10%，索道类项目则一般为 8%～16%；而按相对固定金额从门票、索道等项目之外的旅游项目经营收入（益）中提取的补偿资金标准，在两地不同旅游企业（景区）之间存在较大差异（从 2 万元/年到 800 多万元/年不等）。

2）补偿资金收取标准多与旅游项目或企业经营（赢利）状况相符合。例如，同样作为索道类旅游经营项目，玉龙雪山大索道、云杉坪索道分别按营业收入的 15%和 16%收取补偿资金，而西双版纳野象谷索道则按营业收入的 8%收取，这主要与两地索道旅游经营效益的差异有关。类似的情况还包括玉龙雪山 G 公司（每年提取 800 万元用于社区补偿）与西双版纳雨林谷景区（承包经营费由 2 万元/年增至 4 万元/年封顶）所缴纳补偿资金数量的差异等。

3）补偿资金收取标准有固定化和动态化之分。从两地旅游生态补偿资金现有收取情况来看，实施固定化标准是较为常用的做法，但也存在具有动态化特征的补偿资金收取标准。例如，在西双版纳近年来开发的勐远景区、雨林谷景区及望天树景区等，补偿资金收取标准的制定主要基于对旅游项目发展周期及其增值效应的考虑。

总体上，玉龙雪山、西双版纳两地在针对补偿主体的补偿资金收取标准建设方面已初步呈现规范化和常态化格局。尤其是西双版纳自然保护区针对不同景区的资源禀赋、生态区位、产品类型、旅游发展阶段和增值效应等因素而制定的差异化、动态化旅游生态补偿资金收取标准，可为其他同类自然保护区旅游生态补偿实践提供有益借鉴。但与此同时，两地在此方面也存在一个共性问题——旅游生态补偿资金收取标准多为利益主体博弈结果。由于旅游生态补偿标准制定受所在地生态保护和建设需求、社区经济发展状况、旅游项目经营效益、相关主体的权力结构关系及利益诉求等多种因素影响，当前国内外尚缺乏公认的标准测算方法，因此实践中的补偿资金收取标准一般通过旅游企业等补偿主体与相关管理部门的协商谈判而确定，其制定和实施往往是参与标准制定的利益相关各方的博弈过程与结果的体现。例如，西双版纳野象谷景区的门票收入补偿标准原定为 8%，但实施过程中只按 5%的比例缴纳，便是上述多种因素影响下的景区经营企业与保护管理部门等利益主体博弈后的体现。针对景区管委会及有关旅游企业的调研情况反映，该地旅游生态补偿资金收取标准过程也存在类似情况。

从三亚珊瑚礁自然保护区有关实践来看，某滨海旅游区珊瑚礁潜水旅游经营者根据游客潜水区域的差异、按人次向该旅游区经营管理单位缴纳生态保护管理费用（一般为 30～60 元/人次），属于在一定金额范围内、根据生态资源禀赋和生态区位等因素制定的兼具固定化和差异化特点的旅游生态补偿资金收取标准，与玉龙雪山、西双版纳两地的有关做法具有相似性。然而进一步审视可发现，作为当前该自然保护区旅游生态补偿基本制度保障的《三亚市潜水活动珊瑚礁生态损失补偿办法》，尽管也明确提出该市域范围（含自然保护区）内潜水旅游的补偿实施标准（包括“用海者申请珊瑚礁海域开展潜水活动，应开展生态现状调查与生态资本评价，作为评估潜水活动珊瑚礁生态损失和核算补偿资金的基准”“用海者每 3 年开展一次潜水用海区珊瑚礁生态调查与损害评估，核定生态损失补偿资金数额”等)，但由于目前针对珊瑚礁资源的生态资本评价及其损害评估仍缺乏较成熟的科学方法，且由作为旅游开发和经营者的用海单位而非拥有相应资质的第三方作为评价主体，不仅可能使生态资本评价及其损害评估流于形式，也容易导致潜水旅游生态补偿资金收取标准制定缺乏应有的客观公正性原则。这也反映出三亚珊瑚礁自然保护区旅游生态补偿资金收取标准建设总体上仍滞后于玉龙雪山自然保护区和西双版纳自然保护区的现状。

在针对自然环境、社区居民等受偿对象的旅游生态补偿资金投入标准方面，玉龙雪山、西双版纳两地的做法存在较大差异性，即前者对自然环境补偿和社区补偿的投入资金相对均衡，而后者更多侧重于对自然环境的补偿投入。这与两地的生态系统状况与保护要求、社区分布情况等的差异密切相关，具体如下。

据调查，在玉龙雪山，作为关键补偿实施主体的玉龙雪山景区管委会，近 3 年来每年筹集并投入景区生态环境补偿（主要用于景区生态环保设施及工程项目建设）的资金均达 1000 万元以上；有关旅游企业的自然生态补偿资金投入（主要用于其经营地域内资源环境的维护管理）尽管缺乏准确统计，但根据保护管理部门估算，年均也可达到 500 万元以上。在社区旅游生态补偿方面，玉龙雪山景区管委会考虑景区统一经营管理对社区居民既有利益造成的损失及受偿社区地理区位、生产条件等的差异情况，建立了滚动式、差异化、定期发放的社区旅游生态补偿金标准。相对而言，该地针对社区居民的直接经济补偿标准较为具体明确；分析结果也表明，“补偿金发放”这一直接经济补偿方式的贡献度评价在现有 3 个受偿类区间无显著差异，不同类区居民多认为当前略有差异的补偿金发放标准是相对公平、可接受的标准。总体上，玉龙雪山景区管委会近年来每年投入景区生态保护与建设的资金量与按照“三个一点”方式提取并用于社区旅游生态补偿的资金量（2012—2015 年：平均 1568 万元/年）大致相当，体现出有关部门对自然和社区补偿投入方面的均衡考虑。

在西双版纳自然保护区，其保护的热带雨林生态系统及野生大象种群近年来受地方生产活动的负面影响较突出，且各旅游景区中一般都没有社区分布，因而对于财政部门返还的旅游收益分成资金，保护管理部门主要（90%左右）安排用于对热带雨林生态系统的监测、保护和恢复，以及对野生象群的监测与救助等自然环境生态补偿方面。同时，一些景区经营企业也有投入旅游经营收入进行景区生态资源环境日常维护管理、生态监测、环保设施建设及野生动物救助等做法，但除个别景区生态保护项目（如望天树景区旅游影响监测研究每年投入 5000 元以上）外，大多景区对自然环境的旅游生态补偿投入资金比例和金额均缺乏相对固定性。对于社区旅游生态补偿，尽管自然保护区管理部门也以旅游收益分成资金及国家和地方财政转移支付资金等为依托，对当地许多社区及其居民实施了多种方式的支持帮扶活动，但总体而言，社区补偿所使用的旅游收益分成资金份额相对较小（自 2011 年以来，年均为 10%左右，不含州政府为自然保护区内部及周边居民购买的野生动物肇事公众责任保险的投入）。

调查情况表明，玉龙雪山、西双版纳两地在针对受偿对象的旅游生态补偿投入标准建设方面仍处于初级阶段。在自然环境补偿方面，尽管两地补偿实施关键主体（玉龙雪山景区管委会、西双版纳保护区管护局）每年投入生态保护和建设的补偿资金比例或金额相对明确，但该方面的补偿资金使用标准仍未实现制度化、规范化；同时，两地多数旅游企业还缺乏自身经营地域范围内的生态保护和建设投入标准，部分旅游景区或企业甚至不设用于生态环境保护的专项资金。在社区补偿方面，尽管玉龙雪山景区管委会通过定期、定量提供补偿资金，保障了受偿社区的基本利益，但补偿资金发放主要基于对居民退出景区自主经营的利益损失补偿，且补偿标准常有变化（往往是社区居民与相关部门利益博弈的结果），体现出其标准制定过程中理性依据的不足。此外，两地针对社区居民自发保护行为的奖励性补偿制度与标准缺失，以及因宣传与沟通不够而导致部分居民对补偿标准的差异化缺乏理解等，也是两地社区旅游生态补偿标准建设方面值得重视的问题。需要指出的是，玉龙雪山有关部门考虑受偿社区地理区位、居民自主经营损失、生产条件等差异，以及景区效益增长、物价变化等因素而建立的滚动式（5 年一期）、差异化（分不同档次）、定期发放（每年一次）的社区旅游生态补偿标准，对于许多开展相关补偿实践的自然保护区来说，具有较好的借鉴意义。

相比玉龙雪山、西双版纳两处自然保护区，三亚珊瑚礁自然保护区在面向受偿对象的旅游生态补偿投入标准建设方面显得更为滞后。尽管《三亚市潜水活动珊瑚礁生态损失补偿办法》明确提出了（潜水旅游经营者缴纳的）珊瑚礁生态损失补偿保证金适用的补偿范围，但以珊瑚礁生态系统所提供游憩服务功能价值为核算依据的具体补偿实施标准依然缺乏。同时，该办法主要考虑的是珊瑚礁生态环境遭旅游活动破坏后进行被动性治理的投入核算，缺乏对潜水旅游经营者主动开展生态保护投入标准的明确规定。此外，即便是已确立旅游企业所应缴纳补偿资金标准并付诸实践的该保护区内的某滨海旅游区，也缺乏该项补偿资金返还后的相关使用标准和管理规定；更遑论尚未建立旅游生态补偿资金收取标准的其他片区。同时，针对社区居民、社会环保组织和人士等主体自发（觉）性（非自身职责范围内）的海洋生态保护行为的奖励性补偿标准缺失，也是三亚珊瑚礁自然保护区旅游生态补偿投入标准建设滞后的重要体现。

6.4.4　旅游生态补偿支撑体系构建方面

作为保障旅游生态补偿机制有效运行而进行的各项补偿保障制度建设，旅游生态补偿支撑体系涵盖制度、管理和技术等不同层面的内容。

从现实情况来看，上述 3 处案例地在旅游生态补偿方面均已形成了基本的制度支撑：玉龙雪山以玉龙雪山景区管委会为主导、以旅游企业及经营项目收益为依托而建立的多主体参与的旅游生态补偿运行机制，西双版纳以西双版纳保护区管护局为主导所建立的“景区企业缴纳—州财政返还—保护管理部门实施”的旅游收益缴纳及反哺制度，以及制定和实施《西双版纳国家级自然保护区生态旅游景区（点）管理办法（试行）》和《西双版纳国家级自然保护区生态旅游景区量化考核标准（试行）》等规范性文件，从开发建设、资源保护、科普宣教、社区扶贫等多方面规定自然保护区内各景区开发和经营者对自然保护区资源环境保护和社区建设发展的责任与义务等，都能为所在自然保护区旅游生态补偿工作的开展提供一定的制度保障。但有关调查和分析也显示，两地在旅游生态补偿制度建立、执行和监管等方面仍存在诸多不足，具体包括：有关管理部门对旅游生态补偿的政策理念存在认知偏差（如制定社区旅游生态补偿政策的出发点多为消除社区矛盾、营造有利的旅游经营环境，甚少考虑生态保护因素）；旅游生态补偿资金使用管理制度不健全；补偿资金收取及使用标准制定的科学依据和技术保障不足；宣传沟通不畅、执行监管缺失等因素造成的社区居民与相关利益主体间的矛盾与冲突；等等。在三亚珊瑚礁自然保护区，《三亚市潜水活动珊瑚礁生态损失补偿办法》《三亚市潜水旅游活动用海管理规定》等文件的颁布和实施，形成了旅游生态补偿的基本制度保障。同时，当地政府借助一定的精神和物质激励手段，鼓励潜水旅游经营单位和社区居民参与珊瑚资源的保护与修复工作，并通过推行社区共管方式实施海洋生态保护等，初步建立起多方主体参与实施的自然保护区旅游生态补偿运作机制。但与玉龙雪山、西双版纳两地类似，该自然保护区包括保护管理者、旅游开发和经营者及社区居民在内的许多利益主体，对旅游生态补偿的基本理念和内涵认知仍存在不足或偏差。例如，三亚珊瑚礁自然保护区管理处一些人员认为自然保护区旅游生态补偿责任主体主要是国家和地方政府，而受偿对象只应是珊瑚礁生态系统；许多旅游企业管理者则不同意“谁受益谁付费”这一基本补偿原则，认为企业已通过纳税尽了自身义务，不应再为自然保护区生态补偿承担责任。一些（原有渔业生产活动被禁止的）当地居民认为土地被征用与否是其是否应获得旅游生态补偿的主要依据。进一步调研还显示，这些利益主体对于旅游生态补偿所涉及不同利益相关者的权责关系，以及合理的补偿措施将给各自带来的利益变化情况等，也多缺乏较清晰的把握。

补偿资金管理是自然保护区旅游生态补偿支撑体系构建的一个关键环节。科学合理的资金管理制度可提高补偿资金使用效率，并对补偿资金使用过程与效果形成有效的监督和评估。调查显示，3 处案例地在旅游生态补偿资金管理方面有以下基本做法（表 6-24）。

表 6-24 案例地旅游生态补偿资金管理做法

案例地	补偿资金管理做法
玉龙雪山自然保护区	Y 公司缴纳的索道环保基金由丽江市政府统筹安排和管理；景区门票收入中提取的补偿资金、各企业缴纳的环境维护费、G 公司每年上缴的旅游收入及企业赞助资金，由玉龙雪山景区管委会管理和安排使用；企业缴纳的护林防火保证金由玉龙雪山自然保护区管理局管理，根据企业护林防火情况进行处理
西双版纳自然保护区	补偿资金纳入州政府非税收入管理，政府层面尚无针对该资金返还使用的管理办法；资金使用由西双版纳保护区管护局根据保护管理和社区工作需要，提出项目申请计划，州财政按相关程序审查并视情况下拨。西双版纳保护区管护局自 2012 年起出台旅游反哺资金使用管理方案[基本支出（含公用经费）和项目支出分别占 25%和 75%；用于国家公园建设和社区帮扶资金分别占 10%]
三亚珊瑚礁自然保护区	潜水旅游经营者将珊瑚礁生态损失补偿保证金缴存至市海洋与渔业局、监管银行和用海者三方共管的监管银行账户。因潜水旅游活动导致或将要导致珊瑚礁生态损失的，由三亚市海洋与渔业局负责（使用补偿保证金及财政拨付的生态保护和建设资金）开展生态损失补偿及修复的管理工作

资料来源：笔者及研究合作者调研情况根据整理而成。

针对上述 3 处案例地的旅游生态补偿资金管理现状调查表明，规范化、稳定化的补偿资金管理政策制度在各地均未得到有效建立。具体而言，各案例地在自然保护区和所在行政区域层面均未建立起权责明确的旅游生态补偿资金使用监督管理机构，也缺乏相应的补偿资金使用过程和效果的监控和评估机制；同时，在地方政府层面及补偿实施主体（保护管理部门、景区管理部门、旅游企业等）层面，旅游生态补偿资金均未做到专项管理、分账核算等。在玉龙雪山，用于景区（含自然保护区）生态保护和建设的旅游生态补偿资金投入比例或金额仍未达到制度化、规范化要求，多数旅游企业对自然环境的补偿资金投入仍未实现稳定化、常态化。在西双版纳自然保护区，近年来用于自然保护区生态保护和建设方面的补偿资金（旅游收益分成资金）投入比例或金额逐步实现常态化、稳定化；同时，虽然（旅游景区缴纳后）州财政反哺补偿资金的平均比例（50%～70%）比其他非税收入要高，但补偿资金下拨过程和比例往往受行政力量、人情交往等因素影响，与现实中补偿使用需求往往不对应。此外，玉龙雪山景区每年按旅游索道经营收入一定比例上缴当地政府的环保基金，其反馈和使用资金数量、比例等情况尚未实现透明化（当地旅游企业、自然保护区管理局对其返还及使用情况均不了解），也进一步反映了该地现有旅游生态补偿资金使用管理制度不够完善的状况。在三亚珊瑚礁自然保护区，根据《三亚市潜水活动珊瑚礁生态损失补偿办法》规定，潜水旅游经营者需要将珊瑚礁生态损失补偿保证金缴存至市海洋与渔业局、监管银行和用海者三方共管的监管银行账户。该规定实际上是将珊瑚礁生态保护与管理的基本责任主体——自然保护区管理处排除在自然保护区旅游生态补偿资金使用监管体系之外。即便在已初步建立起旅游生态补偿资金收取标准的某滨海旅游区，潜水旅游经营者按人次缴纳的生态保护管理资金（主要由旅游区经营管理单位支配使用），也缺乏规范化、稳定化的使用过程监管制度，以及使用效果的监控和评估机制。

本书认为，导致上述 3 处案例地在旅游生态补偿资金管理方面存在诸多共同问题的原因，主要在于旅游生态补偿作为以市场化运作为主要特征的新型生态补偿途径，其政策制度构建尚处于探索阶段；因而，各地在旅游生态补偿实施和行政监管等层面均缺乏针对补偿资金使用和管理的具体制度安排。

此外，在现有行政管理体制格局下，承担自然保护区生态系统功能维护职责的保护管理部门，对于拥有政府背景的旅游企业（尤其是行政级别较高的国有企业）的开发经营行为及其旅游生态补偿行为，往往难以实施真正有效的监督管理，这也是构成旅游生态补偿制度支撑方面的制约因素。相比其他案例地，玉龙雪山的这一问题显得更为突出。

第7章　自然保护区旅游生态补偿实现路径的基本选择

基于旅游背景下不同主体间生态和经济利益关系协调的要求，以旅游开发利用活动导致的相关损失性境遇为依据而实施旅游生态补偿，是实现自然保护区旅游开发利用与生态环境保护、社区建设等多元协调发展目标的重要途径。现实中，基于上述目标和要求，依托旅游发展形成的资金、人力、物力等要素开展旅游生态补偿活动的自然保护区不断增多。从本书针对国内外有关自然保护地及玉龙雪山自然保护区、西双版纳自然保护区、三亚珊瑚礁自然保护区等典型案例地旅游生态补偿实践的分析结果来看，国内多数自然保护区在旅游生态补偿实施路径方面目前存在一些共性问题，具体包括：涵盖补偿机制构成要素的旅游生态补偿运行模式缺失或不明确，针对不同对象的补偿实施标准缺乏或不科学，对补偿工作具有支撑保障作用的管理制度和政策措施建立不足等。

鉴于不同自然保护区在旅游生态补偿基本目标和要求方面的共同性或相似性，以及上述共性问题在国内多数自然保护区旅游生态补偿实践中的客观存在，可以认为，尽管不同地域、不同类型的自然保护区旅游生态补偿面临的现实问题及具体补偿工作内容存在差异，但基于自然保护区旅游生态补偿基本目标和要求而进行的补偿路径选择，也存在一些共性需求。总体来说，应当包括补偿基本运行模式的构建、补偿标准核算方法的确立及补偿支撑保障体系的建立等方面。这几个方面也是自然保护区旅游生态补偿实现路径基本框架的构成主体，其中，补偿基本运行模式（涉及补偿运作机制和补偿方式的选择）、补偿标准核算方法是关乎补偿运作实施效果的主要方面，构成补偿实践运作层面的基本内容；而补偿实践运作又需要通过一系列补偿管理制度安排和政策措施予以保障。因此，本书以这些共性需求为依据，以国内外有关自然保护地和上述几处典型案例地的旅游生态补偿路径经验与问题为参照，提出一些具有普适性意义的自然保护区旅游生态补偿基本实现路径，旨在对多数自然保护区的旅游生态补偿实践工作提供参考和借鉴。

7.1 自然保护区旅游生态补偿基本运行模式

作为旅游生态补偿机制构建的重要内容，补偿运行模式主要回答的是“怎样实施旅游生态补偿”的问题，其内容包括补偿主体和客体的界定，补偿范围和对象的明确，补偿途径和方式的选择，补偿实施与反馈机制的建立等。因此，结合研究区域的现实情况及补偿需求特征，构建科学合理的补偿运行模式，是旅游生态补偿顺利实施并获得成效的关键。

结合自然保护区旅游生态补偿涉及的利益关系特征，以及补偿实施的障碍因素分析，以玉龙雪山自然保护区、西双版纳自然保护区及三亚珊瑚礁自然保护区等典型案例地旅游生态补偿路径调查分析为依据，以国内外自然保护地旅游生态补偿相关实践经验及问题为借鉴，本书认为，可对自然保护区旅游生态补偿基本运行模式进行如下构建（图 7-1）。

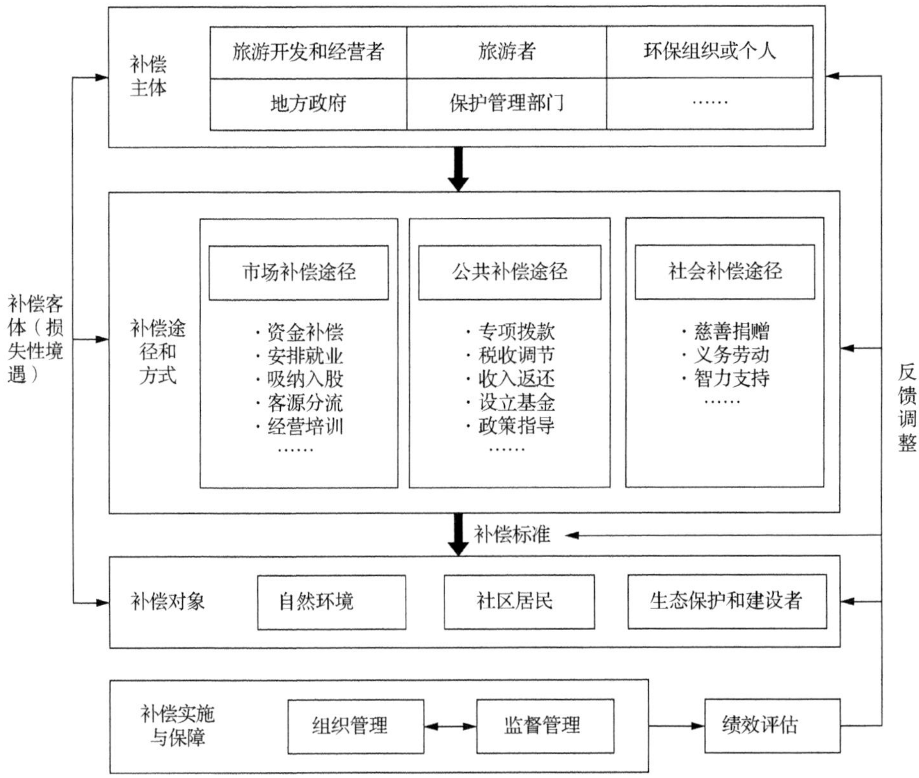

图 7-1 自然保护区旅游生态补偿基本运行模式

7.1.1　补偿主体和客体

本质上，旅游生态补偿主体是在旅游发展过程中既具有享受生态系统服务外部经济性的权利，又应对自身行为（旅游开发和经营、消费等）导致的外部不经济性承担补偿义务的组织或个体。从这层意义上说，自然保护区旅游生态补偿主体主要是指自然保护区旅游开发利用过程中的生态经济利益获得者，以及因自身行为对自然保护区生态资源与环境造成损耗或破坏，或给其他主体的生态经济利益带来损害的相关方。

从国内自然保护区旅游开发和经营管理实践及其形成的损失性境遇来看，有 3 类利益相关者应作为旅游生态补偿实施的主要责任主体，即旅游开发和经营者、旅游者、地方政府和保护区管理部门等。其中，旅游开发和经营者通过对自然保护区生态资源的开发利用而获得旅游经济效益，旅游者则通过对生态景观的欣赏和依托生态资源开发的其他产品体验来满足其旅游需求，两者均为自然保护区生态系统服务价值的利用者和生态效益的受益者；同时，旅游开发和经营者的不科学开发理念、不合理的利用方式，旅游者的不文明消费行为等，又是现实中导致自然保护区生态资源和环境破坏，以及社区居民等主体的生态和经济利益损失的重要原因。对于自然保护区所在地政府及相关管理部门来说，促进旅游背景下相关主体利益关系的协调并维护自然保护区生态系统的服务功能价值，是发挥其作为生态资源公共管理者和生态利益公共维护者角色的基本要求；同时，许多地方政府和管理部门通过行使公共资源类景区的控制权和收益权，也已成为自然保护区旅游背景下的生态经济利益获得者；更何况，其不科学的旅游开发决策和不恰当的管理行为等，还易导致自然保护区资源环境遭破坏或相关主体利益受损（张一群和杨桂华，2012）。

此外，一些生态保护组织、慈善基金会等社会团体或环保主义个人也常有通过宣传、捐赠、劳动、培训等活动形式参与自然保护区生态保护和建设、社区扶贫发展等做法。从利益主体关系结构来看，这些生态保护组织和个人与自然保护区旅游发展涉及的生态和经济利益分配并不具有直接联系，与自然保护区旅游生态补偿核心利益相关者之间也不存在直接权利和义务关系，但其主动实施旅游生态环境保护的行为，是其社会责任意识在自然保护区领域的具体转化和体现；从实施效果来看，其主体行为不仅能直接或间接地促进自然保护区旅游生态环境效益的产生，也能对自然保护区旅游生态补偿涉及利益关系的协调产生积极影响。基于此，可将生态保护组织和个人列入自然保护区旅游生态补偿非责任主体的范畴。

自然保护区旅游生态补偿客体是指因自然保护区旅游开发利用及旅游生态保护导致的、以生态经济利益为基本内容的损失性境遇，主要涉及 3 个方面：一是作为旅游业发展基础的自然保护区生态资源与环境在旅游开发利用过程中受到的损耗及破坏；二是因旅游开发利用和旅游生态保护行为导致的自然保护区生态资源所有权或使用权人（包括资源管理者、社区居民等）相关权利的行使被限制乃至剥夺而遭受的损失；三是有关主体为旅游背景下的自然保护区生态保护和环境建设所付出的资本、劳动等相关要素成本或为此承受的直接或间接利益损失。作为补偿客体的主要体现，这 3 个方面的损失性境遇构成了自然保护区旅游生态补偿工作开展的基本依据。

7.1.2 补偿范围和对象

生态补偿的范围是指生态补偿的具体适用场合。随着自然保护区旅游活动开展的逐步深入，旅游开发、经营和管理所涉及的项目类型也越来越多样化。针对上述国内有关案例地的调查显示，自然保护区已开展的旅游项目已涵盖观光游览、交通服务、餐饮、住宿、演艺娱乐、购物、野营、探险等多种类型，几乎涉及旅游产业的全部要素。对于自然保护区生态系统和相关利益主体而言，这些旅游项目的开发和经营会在生态和经济利益层面形成不同程度的损失性境遇。这也构成了自然保护区旅游生态补偿的基本范围（畴）。

基于旅游生态补偿的基本内涵、原则，结合实践中自然保护区旅游开发利用活动所形成的各种损失性境遇情况，可将以下 3 类主体确定为自然保护区旅游生态补偿的对象，即自然保护区自然生态系统、与自然保护区资源环境有长期共生关系的社区居民及自然保护区资源环境的保护者和建设者。其中，自然保护区自然生态系统既是旅游活动开展的物质基础，也是有关旅游项目开发和经营所产生损耗和破坏行为的承受主体；社区居民是自然保护区生态资源和环境的传统守护者和直接管理者，其资源利用方式和权利往往因旅游项目开发和经营而受到一定程度的限制或约束；自然保护区资源环境的保护者和建设者则是在旅游发展过程中，通过非自身职责范围的、有意识或无意识的行为客观上对自然保护区生态系统服务功能价值的维护和发展做出贡献的单位或个人（包括有此方面行为的自然保护区当地居民及社会环保组织和个人等）。

需要指出的是，由于社区居民、社会环保组织和个人等因自身主体性质的多元性及其旅游背景下生态和经济利益增损的相对性的影响，其在自然保护区旅游生态补偿关系域中往往兼有补偿主体和受偿对象的角色双重性。为此，在自然保护区旅游生态补偿实践中，应结合这些主体的生态和经济利益损益情况及其行为效应与其他主体的利益关联性，对其作为补偿关系域构成主体的属性进行明确界定；同时，通过相应的补偿政策实施，达到强化其保护旅游生态环境的意识和行为或对其旅游生态保护活动形成有效激励的目的。

7.1.3　补偿途径和方式

从狭义角度来看，旅游生态补偿属于一种市场化生态补偿机制；但在已有的自然保护地生态补偿实践中，公共补偿和社会补偿的方式通常能与市场化补偿方式形成协同和共生效应。因此，从广义角度考虑，可将一些与自然保护区旅游业发展有关联的公共补偿和社会补偿方式纳入旅游生态补偿运作体系，与市场补偿手段共同发挥对自然保护区旅游生态保护和建设的促进作用。具体来说，广义的自然保护区旅游生态补偿应包括以下基本途径。

1）政府主导的公共补偿。政府是保护生态环境和提高居民福利的责任主体。在现有的财政转移支付、区域政策倾斜、生态项目实施等自然保护区生态补偿手段的基础上，结合自然保护区旅游生态补偿的长期目标，可进一步发挥政府在宏观调控、政策指导等方面的作用：一方面，可采取专项拨款、税收调节、门票收入和（旅游项目）特许经营费返还等形式，对自然保护区旅游资源保护与生态环境建设提供公共资金支持；另一方面，以自然保护区旅游生态系统可持续发展为目标，在严格实施旅游项目准入制度的基础上，进一步制定实施相关政策，促进环保型旅游项目建设、生态保护行为激励、社区发展条件建设、社区生态旅游发展、居民教育培训支持等。此外，还可通过设立政府公共管理的自然保护区旅游生态补偿基金，多渠道筹集资金用于旅游资源保护和环境建设等，以此作为国家和地方政府生态环保项目资金的补充。

2）受益者付费的市场补偿。以旅游开发和经营企业、旅游者等自然保护区生态系统游憩服务功能价值的受益者作为旅游生态补偿主体，根据旅游项目的区位、性质、旅游活动类型等的区别，以及这些补偿主体在自然保护区旅游活动开展过程中的利益获取和对生态环境的损耗或破坏等情况，按照“受益者付费、破坏者补偿”的补偿原则，以及符合实际的补偿衡量标准，对其征收一定数量或比例的旅游生态补偿费，并通过建立相应的资金使用管理制度，将该项费用返还用于自然保护区生态资源与环境保护及与之相关的民生项目发展等。除直接的资金补偿外，旅游开发和经营企业还应配合自然保护区地方政府和相关管理部门，对为自然保护区旅游生态保护和建设做出贡献的社区居民等相关主体提供支持，如安排就业、吸纳入股、客源分流、组织培训等。

3）自愿性的社会补偿途径。以一些自觉承担社会责任的公益组织或个人为主体，通过慈善捐赠、义务劳动、智力支持等活动，对自然保护区旅游发展过程中的弱势群体或利益受损者实施相应内容和形式的补偿，或通过对旅游项目发展效应进行评价并采取一定的协调手段，在相关补偿责任主体与补偿对象之间架起沟通的桥梁，以此推进自然保护区旅游生态补偿的实施进程。

当前，国内自然保护区旅游生态补偿还处于初级发展阶段。在基于旅游发展的政府公共补偿机制缺失、补偿资金来源不足的情况下，应以受益者付费的市场补偿途径为主导，充分发挥其在自然保护区旅游生态补偿资金筹集方面的作用，同时为自然保护区生态保护和环境建设实施提供现实保障。在此基础上，逐步拓展自然保护区旅游生态补偿渠道，形成受益者付费的市场补偿、政府公共补偿和自愿性社会补偿等多种补偿途径并存，政策补偿、资金补偿、项目补偿、实物补偿、智力补偿等多种补偿方式相互促进的局面，为建立规范化、制度化、协同化的自然保护区旅游生态补偿机制奠定坚实基础。

7.1.4 补偿实施与反馈机制

加强补偿工作的组织安排、协调管理、合理监督和有效反馈，是建立完善旅游生态补偿政策制度、减少或消除不同部门的“分割式”管理所导致的资源环境保护和管理效率低下等问题的现实要求。结合国内自然保护区旅游生态补偿有关实践状况分析，从旅游生态补偿机制构建的现实需求出发，可从以下几个方面着手。

1）加强补偿组织管理。建立一个具有要素整合和利益协调功能的组织管理机构，是旅游生态补偿工作顺利开展的基本保证。为此，有关自然保护区应在所在地方政府的统一领导下，发挥保护管理部门在旅游生态补偿方面的组织和引导作用，在明确补偿所涉及旅游开发和经营者、旅游者、相关管理部门、社区居民、NGO和其他社会公众等利益相关主体权、责、利关系的基础上，对自然保护区旅游生态补偿工作进行统一安排和协调管理，推动各种利益主体积极参与补偿实践并实现各尽其责、各行其能、协同行动，确保各种补偿政策和措施的实施到位，在此过程中促进自然保护区旅游背景下各相关主体利益关系的协调，实现自然保护区旅游生态环境维护与改善的长远目标。

2）完善补偿监督与保障机制。按照相关主体权、责、利统一的要求，依法制定一套合理可行的监督管理制度，对于建立规范化、制度化的旅游生态补偿机制有重大意义。在已发展旅游业的自然保护区现有资源保护与环境管理体制的基础上，将旅游生态补偿工作纳入自然保护区所在地方政府管理体制、政策和法规体系中，是促进自然保护区旅游生态补偿规范化、制度化构建的根本要求和必然选择。为解决旅游生态补偿过程中的部门利益纷争、执行监督不力等现实问题，应由地方政府牵头，林业、农业、水利、土地、环保、旅游等部门共同组成自然保护区生态补偿（含旅游生态补偿）管理委员会，通过明确各部门的权责关系与协调机制，对旅游生态补偿工作进行监督管理；同时，在自然保护区现有资源环境保护政策的基础上，制定专门的自然保护区旅游生态补偿管理办法，在对补偿范围、主体、对象、方式、标准等做出明确规定的同时，通过建立严格的补偿责任制度，实现自然保护区旅游生态补偿工作的规范化和制度化；另外，应争取将旅游生态补偿制度纳入地方保护法规和其他相关法律体系中，形成自然保护区旅游生态补偿的长效保障机制。

3）建立合理的补偿评估机制。建立合理的补偿评估机制是自然保护区旅游生态补偿工作不可或缺的重要环节。为确保补偿绩效评估结果成为评价自然保护区旅游生态补偿制度和政策的重要依据，从科学把握补偿机制运作的客观情况和现实效果的要求出发，可考虑以自然保护区生态系统服务价值评估、生态维护与建设过程中的投入和机会成本补偿等为主要依据，参考自然保护区生态环保设施的建设情况及旅游者对景观的评价情况等，建立自然保护区旅游生态补偿综合效应评估指标体系，从补偿制度建立和政策实施的效益性（生态环境效益、社会经济效益、社区发展效益）、有效性（目标有效性、政策有效性、资金有效性）和导向性（观念意识导向、产业发展导向、社会行动导向）等不同方（层）面分别展开评价。同时，积极启动绿色 GDP（gross domestic product，国内生产总值）国民经济核算，将旅游生态补偿工作评估结果纳入自然保护区生态环境建设评价体系乃至经济社会发展评价体系，增加补偿评估结果指标在自然保护区地方政府和相关管理部门行政考核中的比重，推动管理者自觉主动地实施旅游生态补偿政策。同时，应将评估结果及时反馈到自然保护区旅游生态补偿运行体系当中，以此作为优化补偿政策路径和运作方式、调整补偿实施标准、完善补偿组织管理制度及补偿监督与保障工作等的客观依据。

7.2　自然保护区旅游生态补偿标准核算方法

按照受偿对象的属性，自然保护区旅游生态补偿主要涉及对保护区自然生态环境的补偿和对人的补偿两大方面。根据“受益者付费、破坏者赔（补）偿、保护者受益”的生态补偿基本原则，自然保护区旅游发展过程中的生态和经济利益获得者，以及自身决策或行为对旅游生态资源与环境造成损耗或破坏的相关方（包括旅游开发者和经营者及旅游者并通常涉及地方政府、保护管理部门等利益相关者），应作为旅游生态补偿主体，对因自然保护区旅游开发利用和旅游生态保护而利益受损的相对方进行补偿。按照旅游开发利用对自然保护区生态环境及利益关系格局所产生影响的视角，旅游生态补偿应以针对自然保护区自然生态环境的物质层面补偿和针对人（因旅游开发利用及旅游生态环境保护而形成损失性境遇的利益主体）的价值层面补偿为基本内容。

在《旅游生态补偿》一书中，杨桂华等（2015）以正、负外部性视角下的旅游生态补偿标准确立依据和内容为基础，以生态补偿标准核算方面常用的生态效益法、成本法等为参照，分别建立了针对旅游地自然环境与旅游生态保护和建设者、旅游地社区居民等对象的旅游生态补偿标准核算模型。本书认为，基于旅游生态补偿实施目的和内容要求确立的这些补偿标准核算模型，对于旅游背景下的自然保护区同样具有较强适用性，能作为自然保护区旅游生态补偿标准制定和实施的合理依据。为此，本书主要以构建的有关核算模型为参照，提出面向不同受偿对象的自然保护区旅游生态补偿标准核算方法。

7.2.1 对自然生态环境的旅游生态补偿标准核算方法

从补偿目标层次来看，对自然生态环境的旅游生态补偿是体现旅游生态资源开发利用者、保护管理者等有关主体与自然生态环境之间权利-义务关系的物质层面补偿。从实施效果来看，该方面的旅游生态补偿标准应符合自然保护区生态系统健康维护及游憩服务功能发展的需要，并与生态系统的自然特性与生态属性相匹配。同时，应能通过实施补偿活动，持续维持和增强自然生态环境对旅游发展系统的支撑能力。

以生态系统服务价值评估为依据来确立自然生态环境补偿标准，是国内外许多研究者的一种重要思路，但许多研究表明，生态系统服务价值估算结果与现实生态保护需求和补偿能力之间往往存在较大差距（谭秋成，2009；谢剑斌等，2008），按生态服务功能价值估算而确立的补偿标准一般只能作为补偿的理论上限值而参考。

从正外部性视角的旅游生态补偿标准核算内容考虑，针对自然生态环境的旅游生态补偿标准，理论上可将自然保护区生态系统提供的游憩服务功能价值作为核算依据，但由于生态系统游憩服务功能转化或置换过程的复杂性及其价值核算方法的不足，以此进行补偿标准核算的现实可行性较低。为此，可借鉴中国生态补偿机制与政策研究课题组（2007）对生态系统服务价值与直接效益之间的研究成果，以及一些学者针对有关自然资源生态补偿标准的计算方法（易艳，2011；

李芬等，2010），从生态效益的经济角度考虑并分析旅游生态补偿标准应用的现实可能性。具体来说，可将自然保护区自然生态环境因旅游开发利用活动影响造成的服务功能价值下降量作为补偿标准确立的依据；换言之，即根据维持自然保护区生态系统服务价值不变所耗费的成本（费用）进行该方面补偿标准的核算。

在旅游发展背景下，维持自然保护区生态系统服务价值不变的成本（费用）主要包括两个方面：一是旅游开发利用行为造成的生态环境损耗或破坏成本；二是为维护自然保护区生态系统服务价值而产生的各项支出。为此，针对自然保护区自然生态环境的补偿标准模型可确定为

$$P_{自} = a\sum_{i=1}^{n} D_i + b\sum_{i=1}^{m} C_j \tag{7-1}$$

式中，$P_{自}$为维持自然保护区自然生态环境服务价值不变的补偿标准；D_i为旅游开发利用活动导致的林木、草地、水体等自然保护区生态系统构成要素的单项损耗（破坏）按市场价值法折算的经济损失（i=1，2，…，n）；a 为与生态系统总服务价值有关的调整系数，若损耗（破坏）面积较大、程度较高，则生态系统总服务价值损失多于各项损失相加，此时 a 大于 1；C_j 为维持自然保护区生态系统服务价值进行保护性投入而耗费的单项成本（j=1，2，…，m），包括巡护管理、生态监测、生态科研、动植物保护、生态修复、污染治理等费用；b 是保护投入成本的调整系数（b≥1，随着旅游者增多，自然保护区生态系统服务价值保护的压力及成本将会增大，这种情况下可根据实际游客量与自然保护区合理接待量的比值来确定 b 值）。

需要指出的是，式（7-1）中的模型建立主要以自然保护区生态系统服务价值维护为出发点，总体体现的是正外部性视角的旅游生态补偿标准；但实践中一般从标准核算的现实可行性考虑，基于旅游开发利用对生态系统服务功能的损坏及其价值弥补的成本要求而进行补偿标准核算。这同时也体现了解决旅游开发利用的负外部性问题、实现旅游开发外部成本内部化的需要。

7.2.2　对人的旅游生态补偿标准核算方法

根据旅游生态补偿关系域的基本构成（张一群和杨桂华，2012），对人的补偿主要包括对因旅游发展而遭受生态和经济利益损失的社区居民、旅游生态保护和建设者等主体的补偿，其体现的是补偿主体与受偿对象等利益主体之间围绕自然保护区生态资源开发利用与环境保护的权利-义务关系，属于价值层面补偿。按照旅游生态补偿实施的基本目的，该方面的补偿标准应能达到促进不同主体基于自然保护区旅游开发利用的生态和经济利益关系协调的要求，使各类旅游生态保护

主体获得提供旅游发展所需生态环境效益的直接或间接动力。

1. 对旅游生态保护和建设者的补偿标准

以生态保护及建设投入的成本核算为依据确定生态补偿标准的方法，可以直接补偿生态系统服务功能提供者因保护环境所遭受的经济损失（李晓光等，2009b）。这在大量相关研究与实践中已获得认可。

从正外部性视角出发，在旅游发展背景下，对自然保护区旅游生态保护和建设者（包括自然保护区生态保护管理部门、旅游企业生态保护工作者、非政府环保组织和生态保护主义者，以及主动实施旅游生态保护行为的社区居民等）的补偿，实质为对这些主体在自然保护区旅游生态保护过程中所付出的资本、劳动等相关要素的价值补偿，也是促进旅游生态保护行为外部效益内部化的基本要求；同时，其补偿标准应能体现有关保护和建设行为与自然保护区生态系统服务价值量变化的对应关系。实践中，可将这些主体在旅游生态环境保护、修复和建设方面的直接投入成本（费用）作为基本衡量依据，通常按费用分析法计算，公式为

$$P_{\text{保投}} = \sum C(C = C_m + C_r + C_p + C_f + C_a + \cdots) \tag{7-2}$$

式中，$P_{\text{保投}}$ 为对旅游生态保护和建设者直接投入成本的旅游生态补偿额；C 为旅游生态保护和建设者的成本投入；C_m 为巡护监测费用；C_r 为生态修复费用；C_p 为生态污染治理费用；C_f 为生态环保设施建设成本；C_a 为生态保护宣传、科研等的投入；等等。要注意的是，式（7-2）中旅游生态保护和建设者的各项成本投入与式（7-1）中的 C_j 有重叠性，在具体实践中应避免重复计算。

需要指出的是，一些参与自然保护区生态保护和建设的主体在现实中可通过有关项目经营或政府补贴等途径获得相应收益；另外，对于自然保护区生态保护管理部门和其他相关部门而言，许多生态保护和建设行为属于其工作职责范围，其生态保护和建设费用一般也有固定来源（如财政拨款），因而对这些生态保护和建设者的实际补偿额，应根据如下公式计算：

$$P_{\text{保实}} = C_{\text{需/已投}} - F_{\text{保护}} \tag{7-3}$$

式中，$P_{\text{保实}}$ 为对通过保护行为可获得相关收益或者有固定保护经费来源的生态保护和建设者的实际补偿额；$C_{\text{需/已投}}$ 为旅游生态保护和建设工作需要投入或已投入的成本；$F_{\text{保护}}$ 为生态保护和建设者所获得的相关收益或生态保护工作经费。

对于以纯义务性、公益性行为而参与旅游生态保护和建设的主体，尽管以直接投入成本作为补偿标准可弥补其相关行为的成本付出，却不能使其额外受益，以激励其更积极的旅游生态保护行为，因此，依据成本法计算的补偿标准

［式（7-2）］适宜作为对此类对象所实施旅游生态补偿标准的下限。实践中，有关部门或企业可制定旅游生态保护奖励制度和措施，作为其成本补偿额之外的配套补偿方式。

2. 对自然保护区社区居民的补偿标准

依据社区居民的主动或被动保护行为而实施制度化的价值支付行为，有助于催生居民保护旅游生态环境的内在动力（陈海鹰和杨桂华，2015）。基于社区生态权益保障及发展建设目标而实施相应的补偿措施，是旅游生态补偿的基本内涵要点之一（刘敏等，2013）。

在国内相关区域已开展的生态补偿实践中，对社区居民的补偿多体现在退耕还林/草/湿补助等方面，其标准基本上采用“一刀切”的政策（孙新章等，2006），导致补偿额度与居民实际利益损失大多不符而产生矛盾。已有研究方面，章锦河等（2005）以旅游者与当地居民的生态足迹效率之差来构建自然保护区居民生态补偿合理标准的测度模型，易艳（2011）提出以旅游开发前后居民经济利益的变化为基准来确定对其补偿额度的思路等，对旅游发展背景下针对社区居民的生态补偿标准研究与实践均有良好的参考价值。

本书认为，基于正、负外部性相结合的角度审视，以自然保护区社区居民为对象的旅游生态补偿，其标准的确立主要应考虑如下 3 种损失性境遇（并非所有补偿项目都会同时基于这 3 种情况）：一是旅游开发利用和旅游生态环境建设导致当地居民生计遭受的直接利益损失，如退耕（牧）还林（草）、易地搬迁、限制自主接待经营、景观性野生动物侵扰等；二是旅游开发利用和旅游生态保护活动使社区居民丧失的发展机会成本；三是社区居民作为旅游生态环境维护者，在主动实施生态保护和建设过程中的直接投入成本。其中，前两者主要表征的是负外部性视角的旅游生态补偿标准（但在第二种情况中，若丧失的发展机会为社区居民主动放弃，则应视为具有正外部性的行为），后者则反映了正外部性视角的补偿标准核算要求。

针对上述第一种社区居民损失性境遇，可建立如下补偿标准模型：

$$P_{居直}=e\left(\sum_{i=1}^{n}L_i-\sum_{j=1}^{m}B_j\right) \tag{7-4}$$

式中，$P_{居直}$ 为当地居民因旅游开发利用和旅游生态环境建设而遭受直接利益损失的补偿额度；L_i 为旅游发展前居民利用自然保护区生态资源带来的第 i 项收益（i=1，2，…，n）；B_j 为旅游发展后旅游企业或相关部门安排居民参与旅游经营

服务等带来的第 j 项收益（j=1，2，…，m）；e 为根据地区物价、旅游发展效益变化等情况而确定的补偿调整系数（$e \geqslant 1$）。若出现旅游发展后社区居民依托当地生态资源参与旅游发展的收益高于旅游发展前其利用同样资源带来的收益，则 $P_{居直}$ 取值为零。

针对社区居民因旅游或其他产业开发和经营而丧失的发展机会成本（如上述第二种居民损失性境遇）的补偿标准，国内外研究中较常用的一种计算方法如下：

$$P = (R_0 - R)N \tag{7-5}$$

式中，P 为对居民所丧失发展机会成本的补偿额；R_0 为参照地区的人均可支配收入；R 为受偿区域人均可支配收入；N 为受偿区域总人口数。

现实中，旅游生态补偿标准实施所涉及的通常并非均质化区域。一方面，受旅游资源分类管理和旅游项目性质等的影响，处于自然保护区不同地理区位的社区，其生存环境、生产条件、与旅游项目发展的互动关系等多有差异，在旅游背景下的发展机会变化情况也不尽相同；另一方面，旅游开发对不同区域土地的改变方式与规模不同，也是社区居民基于旅游发展的机会成本呈现明显空间异质性的重要原因（蒋依依，2014）。鉴于此，若采取“一刀切”式旅游生态补偿标准，不仅会忽视当地居民因旅游发展而损失的机会成本差异，也难以体现补偿政策的有效针对性，达不到提高补偿资金使用效率、促进不同社区居民协同保护旅游生态环境等目标。因此，从提高补偿政策有效性、体现更高程度社会公平的原则出发，可对式（7-5）进行修正，建立体现补偿对象空间分异特征的社区居民因旅游发展而丧失机会成本的补偿标准模型，修正后的公式为

$$P_{居机} = \sum_{i=1}^{n} k_i (R_0 - R) N_i \tag{7-6}$$

式中，$P_{居机}$ 为修正后社区居民所丧失发展机会成本的补偿额；R_0 为参照地区（如本省或本市）的人均可支配收入；R 为该自然保护区人均可支配收入；N_i 为按地理区位划分的自然保护区第 i 类社区人口数（i=1，2，…，n）；k_i 则为根据因地理区位不同而导致生存环境、生产条件、与旅游项目发展的互动关系等的差异情况来确定的补偿空间分异系数（若该类社区人均可支配收入低于所在自然保护区平均水平，则 k 值应大于 1；反之则应小于 1）。

针对社区居民主动实施旅游生态环境保护和建设行为的直接投入成本（上述第三种居民损失性境遇）的补偿标准，可参照式（7-2）和式（7-3）计算。

作为生态补偿的新兴研究领域，旅游生态补偿研究理论和方法体系仍处于探索构建阶段。标准的确立是旅游生态补偿机制构建的核心问题之一，对补偿实施效果与补偿机制可行性有直接影响。本书基于内化旅游开发外部成本和旅游生态

保护外部效益的要求，分别从正、负外部性角度审视和分析旅游生态补偿标准的类别构成，能为补偿标准核算提供系统化的分析视角；同时，借助生态补偿领域应用较广的生态效益法、成本法等，建立针对自然生态环境、旅游生态保护和建设者、自然保护区社区居民等不同受偿对象的旅游生态补偿标准核算模型，也有助于丰富旅游生态补偿标准研究方法体系，并为相关区域旅游生态补偿标准的制定提供多元参考依据。实践中，可根据相关主体在旅游开发和旅游生态保护背景下的损失性境遇（含主动保护行为产生的成本付出）及其所涉及外部性问题的性质界定，以上述正、负外部性视角的旅游生态补偿标准核算内容为依据并选择适宜的方法模型进行补偿标准的核算。

虽然旅游生态补偿标准确立所依据的旅游背景下有关主体生态和经济利益的获取情况或损失性境遇均可作为相关外部性问题的表征，但基于旅游开发利用和旅游生态保护的外部性问题错综复杂，如何从合理的外部性视角审视并对其准确量化，是补偿标准核算过程中需要克服的难题（蒋依依等，2013）。在核算方法方面，虽然生态效益法、成本法等常用方法对于特定语境下的旅游生态补偿标准确立通常具有良好的适宜性，但其适用范围和程度等也常存在局限性，因此，综合运用多种方法进行核算应成为旅游生态补偿标准研究的发展趋势。同时，旅游生态补偿标准核算涉及不同主体间复杂的生态和经济利益关系，其影响因素多样且往往具有时空变化性，因此需要从系统化、动态化等多重视角进行有关分析。本书仅从理性层面对旅游生态补偿标准核算依据、内容与方法等问题进行探讨，有关核算模型尚待在不同类型旅游地实证研究中进行检验和修正。此外，从旅游生态补偿标准确立的客观性、可行性角度来看，现实中仍有诸多值得进一步关注和研究的问题。

1）对旅游生态补偿这一特殊的生态补偿领域来说，其补偿标准核算的基本依据并非自然保护区生态系统的全部生态服务功能价值，而是通过其相关生态服务功能转化或置换而产生的、可直接被旅游开发和经营者、旅游者等利用的游憩服务功能价值。有学者进一步指出，基于生态服务价值的旅游生态补偿标准，应是由旅游开发所造成的游憩价值增加与其他价值减少的差额（刘敏等，2013）。尽管生态系统服务价值理论和方法近年来逐步得到发展和完善，但人们对生态系统游憩服务功能的转化或置换方式、过程等相关问题缺乏必要的关注，其游憩服务功能价值核算方法在旅游生态保护及生态补偿实践中更未得到充分研究和应用，从而制约了旅游生态补偿标准核算方法研究的进一步发展。虽然在实践中，可基于旅游开发利用对所在地域范围内生态系统服务功能的损耗（坏）及其价值弥补的成本要求，按市场价值法进行针对自然生态环境的旅游生态补偿标准核算，但对于独立于经济系统之外的非市场价值或空间流动性和异地实现性较显著的生态系统服务功能价值，现有的市场价值法等核算方法往往难以发挥作用。这是有关研究者今后应深入思考和解决的问题。

2）自然保护区生态服务提供者的补偿对象和生态服务价值利用者的补偿主体，是旅游生态补偿关系域中最主要的利益相关方。虽然自然保护区生态系统游憩服务功能价值、旅游生态保护投入和机会成本、相关主体的生态和经济利益损失等应作为旅游生态补偿标准核算的基本依据，但现实中，补偿对象在其损失性境遇之外的相关受偿需求、补偿主体的支付能力及意愿等，往往构成补偿标准制定与实施的重要影响因素。此外，补偿主体和受偿对象等利益相关者在旅游生态补偿实施过程中的博弈行为及结果，通常也会影响补偿标准的确立及调整。因而，根据上述有关模型确立的补偿标准与补偿主体愿意或实际支付的补偿额度之间可能存在差距。为此，除了以上述基于正、负外部性视角确定的补偿标准构成内容为依据，还应结合补偿主体的支付意愿、经济承受力，以及受偿对象的现实和发展需求等正、负外部性视角之外的因素，建立多方主体参与协商的机制，确定符合自然保护区经济社会状况及补偿主体和对象自身情况的旅游生态补偿合理标准，使有关补偿活动既能实现对旅游生态破坏行为的控制，又能激励旅游生态保护行为；既能弥补受偿对象的成本或利益损失，又不超出补偿主体的承受能力范围。

3）旅游生态补偿标准核算的依据、内容和方法等往往受补偿区域旅游开发效应、土地利用性质、地方物价水平等的时间变化，以及不同地段自然和社会经济条件的空间差异等因素影响，但在现有相关实践中，基于上述因素的时空差异性而确定旅游生态补偿标准的案例十分鲜见。Wünscher 等（2008）通过选取提供的生态服务、毁林风险及提供生态服务的成本 3 个指标来研究生态补偿效益，结果表明按照成本的空间差异来配置补偿资金，补偿效益会大大提高。赵翠薇和王世杰（2010）基于国内外相关实践经验的对比分析结果也显示，不考虑区域差异或在较大范围确定统一生态补偿标准，容易导致补偿不足或过度补偿问题。本书虽然针对社区居民等对象的旅游生态补偿标准核算模型构建也考虑了某些要素的时空分异性，但仍属于初步研究尝试。今后应寻求多种定性与定量分析方法结合的途径，进一步加强旅游生态补偿标准影响因素的时空差异性研究。

7.3　自然保护区旅游生态补偿制度与政策建议

7.3.1　建立补偿管理制度体系

建立多层级管理制度体系，是旅游生态补偿工作实现规范化、科学化发展的重要保证。从国内自然保护区现有相关实践来看，西双版纳自然保护区、玉龙雪山自然保护区和三亚珊瑚礁自然保护区及普达措国家公园、四川九寨沟景区等地已在自然保护区或其所在区域层面初步建立了旅游生态补偿实施和管理工作机制，但在补偿资金收取、使用和管理方面大多缺乏严格规范的制度安排，也尚未在行政管理层面建立起应有的多层级垂直监管体系。

为加强自然保护区旅游生态补偿的有序管理，实现补偿工作对自然保护区建设和发展事业的有力推动，可考虑从宏观管理层面出发，以国内现有行政管理体制为依托，以自然保护区所在省级行政区域为空间尺度，建立自然保护区旅游生态补偿三级管理制度体系，具体如下。

1）省级层面。以旅游生态补偿可涉及的省级林草、环保、自然资源、海洋、农业农村、水利等资源管理部门及财政主管部门，作为全省（自治区、直辖市）范围内自然保护区旅游生态补偿工作的监督管理主体，负责全省（自治区、直辖市）自然保护区补偿工作实施、补偿资金收取、使用和管理等的指导和督查工作，通过直接检查或委托自然保护区所在地方政府相关主管部门等方式，对各自然保护区旅游生态补偿及相关工作进行检查督促。

2）地市级层面。由省（自治区、直辖市）内各地、州、市林草、环保、自然资源、海洋、农业农村、水利等部门及财政部门负责本行政区内各自然保护区旅游生态补偿工作实施、补偿资金收取、使用和管理工作。

3）自然保护区层面。自然保护区保护管理单位负责与旅游开发和经营企业等主体的旅游生态补偿协议签订工作，并承担自然保护区范围内的补偿资金使用项目申报、补偿项目实施与管理等相关事项；其他职能部门则根据其在自然保护区范围内的行政管理权责划分，承担与旅游生态补偿工作有关的管理事务。

由于国内自然保护区旅游生态补偿制度建立与实践工作仍处于探索阶段，目前各地均缺乏以正式法定文件形式制定颁布的自然保护区旅游生态补偿实施管理办法。本书认为，在自然保护区旅游生态补偿必要性及相关依据已得到充分明确的基础上，以国家及各级行政区域涉及自然保护区生态保护和建设方面的法律法规、政策规章等为依据，可以上述旅游生态补偿多级管理制度体系的建立为基础，在已开展或即将开展旅游业的有关自然保护区，尽快制定出台切合地方经济社会发展状况及生态保护和建设需求的旅游生态补偿管理办法，提出有关补偿资金收取、使用和管理等方面的政策性规定，以此作为相关自然保护区旅游生态补偿实践工作开展的政策依据。同时，以该补偿管理办法为指导，制定符合自然保护区所在地实际的旅游生态补偿实施细则，推进自然保护区旅游生态补偿工作的顺利实施。

7.3.2 补偿资金管理政策建议

调查研究表明，国内已发展旅游业的许多自然保护区目前尚未建立起稳定的旅游生态补偿资金渠道；在已开展旅游生态补偿实践的自然保护区中，用于生态保护和建设的补偿资金投入金额或比例也多未实现常态化、稳定化；对补偿资金使用过程的监督管理制度构建不足，资金使用效果评估机制建设滞后；等等。这些都是目前急需解决的问题。因此，应以国内外自然保护地相关实践经验，以及对西双版纳自然保护区、玉龙雪山自然保护区和三亚珊瑚礁自然保护区等典型案例地旅游生态补偿路径的分析为借鉴和参考，考虑自然保护区旅游项目开发和经营状况，以及相关主体的补偿能力、需求和意愿等，建立起合理可行的自然保护区旅游生态补偿资金收取、使用和管理政策。在制度建设层面，该政策可对自然保护区旅游生态补偿机制建立提供有力支撑，并可成为促进自然保护区旅游管理和生态保护工作机制优化完善的重要推力；在实践工作层面，该政策规定将为有关自然保护区旅游生态补偿活动的开展提供明确指导，有利于解决自然保护区已有补偿实践中面临的一些现实障碍，推动补偿工作的顺利实施。

1\. 补偿资金收取建议

旅游生态补偿资金收取涉及收取对象、范围、方式和标准等方面。基于“受益者付费、破坏者赔偿、保护者受益”的生态补偿实践原则，自然保护区旅游生态补偿资金收取对象应包括自然保护区范围内通过旅游资源开发利用和旅游产品使（享）用而受益并可能导致自然保护区生态资源损耗和环境破坏的单位和个人，具体包括旅游项目开发和经营者（包括当地和外来个体旅游经营户）、旅游者这两类主体。上述有关案例地旅游生态补偿利益相关者的认知调查结果，也充分反映了这些主体作为自然保护区旅游生态补偿责任主体并缴纳相应补偿费用的必要性。

从补偿资金收取范围角度来说，对自然保护区的土地、景观等资源进行营利性开发利用的旅游项目（含建设期和运营期旅游项目），其项目开发和经营收入应当成为补偿资金的主要来源；但应当指出的是，旅游项目开发和经营收入中已包含旅游者为享用自然保护区生态系统游憩服务功能而支出的经济费用，因此不应对旅游项目开发和经营者收取补偿资金后，再向旅游者重复收取该项费用。

旅游项目包括观赏游览、旅游交通、餐饮、住宿、购物、娱乐等多种类型。从当前国内有关自然保护地的实践来看，门票、旅游交通（含索道）等项目经营收入是较为固定的旅游生态补偿资金来源渠道，除此之外的旅游企业其他经营项目收入也逐渐成为自然保护地旅游生态补偿资金的组成部分。由于经营项目类型和性质不同，其经营收入（益）获取的方式也存在较大差异，如门票、旅游交通（含索道）属于有固定收入标准的经营项目，而餐饮、住宿、购物、娱乐等类型的旅游项目，其经营收入标准往往难以固定化。另外，旅游项目经营主体从其性质来看，可分为财务公开型旅游企业（上市公司等）、财务非公开型旅游企业及个体旅游经营户等，在实践中，对这些不同类型的旅游项目和经营主体的补偿资金收取，应根据项目特征和主体性质差异，考虑项目开发和经营所形成的生态经济利益获取情况、受偿对象的损失性境遇，以及有关补偿主体的经济承受力、支付意愿等因素，在多方主体参与协商的基础上，选择切合实际的补偿资金收取方式和标准。具体建议如下。

1）对于门票、交通（含索道）等有固定收入标准的自然保护区旅游经营项目，可根据其项目性质特征（项目经营规模、自然资源占用、生态环境影响等）、经营效益状况等，在划定的收取下限的基础上，按其固定收入标准（如票面价格）的一定比例收取旅游生态补偿资金。

2）对于旅游企业经营的无固定收入标准的旅游项目［除门票、交通（含索道）等外］，其经营单位财务数据向社会公开的（如上市公司），应按旅游项目经营收益（净利润）的一定比例来收取旅游生态补偿资金；其经营单位财务数据不向社会公开的，可按旅游项目年纳税营业额的一定比例收取补偿资金。

3）对于经营收入标准难以衡量的个体经营旅游项目（如餐饮、住宿、娱乐、照相、租衣等项目），可根据经营项目规模、资源占用和环境影响等情况并适当考虑所在区域经济发展水平，按其纳税营业额高低实行定额收取。

需要指出的是，在自然保护区范围内，旅游生态补偿属于市场化补偿途径，其补偿资金应当作为自然保护区现有财政转移支付、地方政府补贴等公共生态补偿资金（包括森林生态效益补助、退耕补助、野生动物肇事补偿等）的重要补充。因此，依托旅游项目发展效益向旅游开发和经营者、旅游者等补偿主体收取的旅游生态补偿资金额度，原则上应根据自然保护区在现有公共生态补偿不足情况下的资金需求量来确定，以弥补其生态保护和社区建设等方面资金的不足。

2. 补偿资金使用建议

旅游生态补偿资金使用涵盖资金使用范围和对象、补偿工作实施内容、资金拨付方式等方面。根据生态补偿的基本内涵和原则，结合自然保护区旅游开发和经营、管理和消费等行为形成的各种损失性境遇情况，应将以下3类主体确定为自然保护区旅游生态补偿对象：自然保护区自然生态系统、因旅游发展而遭受权利或利益损失的集体和个人，以及通过非自身职责范围的行为客观上为旅游生态环境保护做出贡献的集体和个人。但具体实践中，对有关补偿对象及补偿资金使用范围或侧重点的选择，应基于自然保护区生态系统服务功能特征、社区分布（如自然保护区与社区完全重叠、部分重叠、不重叠等）及其对旅游生态保护贡献情况、旅游生态保护的外部力量参与程度等方面的差异来确定。

在自然保护区旅游发展背景下，根据不同补偿对象的现实状况和发展需求来确定补偿工作实施内容，是提高旅游生态补偿资金使用效率的基本要求。具体可从以下方面着手。

1）自然生态补偿方面。有关补偿责任主体应根据自然保护区的生态保护、科学研究、科普教育等基本功能要求尝试以下做法：一方面，以旅游生态补偿资金为支持，开展护林防火、生态监测、野生动物保护、生态修复、环保设施建设等生态保护和建设活动，这是对自然生态系统实施补偿的直接方式和基本内容要求；另一方面，可投入补偿资金或企业经营收入，开展生态保护科研项目、建设科普宣教设施并开展相关教育培训活动。尽管这些活动对生态系统保护起到的是间接作用，但其对自然保护区资源环境可持续发展的长远效益不可低估。

2）社区生态补偿方面。有关补偿责任主体应根据自然保护区范围内的社区分布（集体土地、林地等）情况及旅游项目开发经营对居民造成的损失性境遇，考虑社区经济社会发展现状和需求特征，有针对性地实施直接或间接补偿方式。对于因旅游开发和经营导致直接利益和发展机会成本损失的居民，应实施直接补偿（发放经济补偿金或生活资料）和间接补偿（安置就业、特许经营、捐资助学、教育培训、公共设施建设等）相结合的方式，以保障居民的基本权益并培育社区的自我发展机能；对于未因旅游发展而遭受利益或成本损失的居民，可不进行直接经济补偿，但应从促进自然保护区旅游业与社区协调互动发展的角度考虑，通过适宜的间接补偿方式（如利用补偿资金设立社区发展项目基金等，帮助社区进行生产条件建设和社会福利事业发展等）带动社区经济社会发展。值得注意的是，在针对社区居民的旅游生态补偿资金使用方面，应克服单一的直接经济补偿这一输血式补偿手段自身的弊端（对社区自身发展能力培育作用有限，有时甚至会增强居民自身固有的依赖性；同时部分居民利益至上的态度往往导致补偿金发放成为缺乏理性的利益博弈过程)，尽可能从加强社区居民自身发展机能培育的角度出发，将补偿资金用于更多必要的造血式补偿活动，如开展生产和服务技能培训、引导社区居民参与旅游项目经营管理、帮助社区进行生产条件建设等，努力从经济、政治、心理、制度等不同层面推动社区自我发展机制的形成，以此增强社区居民实施旅游生态保护和建设的内生动力。笔者及研究合作者针对玉龙雪山自然保护区、西双版纳自然保护区、三亚珊瑚礁自然保护区、东寨港自然保护区、铜鼓岭自然保护区等案例地的旅游生态补偿调查分析结果，也充分体现了将补偿资金用于这些方面工作的重要性。

明确补偿实施主体及补偿资金拨付方式也是自然保护区旅游生态补偿资金使用的必要内容。针对上述有关案例地的调查表明，除保护管理部门外，在自然保护区从事旅游项目开发和经营的旅游企业，以及自然保护区所在地旅游管理部门等，也常成为旅游生态补偿工作的实施主体。因此，在具体补偿实践中，对于旅游生态补偿资金的使用分配，应从相关实施主体在旅游背景下的生态保护职责与所承担的生态保护工作量方面进行合理衡量，以实现各补偿实施主体权、责、利的公平对等。从补偿资金拨付方式来看，应包括直接提出资金使用申请、通过项目申报或每年按固定金额拨付等。在自然保护区旅游生态补偿具体实施过程中，应结合不同补偿工作的性质及其对资金需求情况的差异来采取相应的资金拨付方式。例如，对于与旅游生态环境保护和建设相关的自然保护区常规型生态环保工作（如巡护执法、日常监测、管理支出等)，可由补偿资金管理部门每年按固定金额划拨生态环保基础费用来满足其需求；对于因偶然事件（如突发性自然灾害）而急需补偿资金的，可由补偿实施主体向相关部门直接提出资金使用申请；对于资金需求量达到一定规模且属于非常规、非偶发性的生态保护和建设事项，则可通过项目申请方式使用旅游生态补偿资金，由补偿资金管理部门根据项目建设需求、建设条件和方案等，审核并拨付相应资金以支持补偿项目实施。

3. 补偿资金管理建议

旅游生态补偿资金管理主要是指对补偿资金使用过程和效果的监督管理和评估等，涉及补偿资金使用管理部门的权责划分、监管机制构建等内容。在国外国家公园等自然保护地旅游生态补偿相关实践中，补偿资金管理的常用做法是将其纳入国家（如美国）或地方财政统一管理，实行收支两条线的管理方式。这种管理方式可有效杜绝补偿资金使用管理过程中的腐败现象。从国内现有相关实践来看，一些自然保护区（如西双版纳自然保护区、玉龙雪山自然保护区等）已初步建立起旅游生态补偿资金收取和使用的两条线管理方式，但调查显示，这些自然保护区在地方政府层面和补偿实施主体（保护管理部门、景区管理部门、旅游企业等）层面均未形成规范化、稳定化、透明化的补偿资金使用管理制度，而其他一些自然保护区旅游生态补偿资金使用监管机制不足的情况更为突出，这在一定程度上影响了相关主体实施补偿工作的积极性及补偿资金使用的效率。

建立和实行规范化的收支两条线管理制度，是加强自然保护区旅游生态补偿资金管理的必然要求。为此应做到以下几点：其一，旅游生态补偿资金属行政事业性收费，应纳入自然保护区所在地方政府非税收入管理，所征收的补偿资金要全额上缴自然保护区同级财政，划入同级国库并严格按照国家非税收入资金预算管理规定实施管理；其二，补偿资金收取依据、范围、标准等要按有关规定向社会公示，并自觉接受价格部门、财政部门、审计部门等部门的监督检查；其三，自然保护区所在地方政府财政部门应严格按财务会计制度，开展补偿资金的核算、管理和拨付工作，并会同审计部门对补偿资金的使用情况进行监督和审查（包括补偿资金使用项目的论证评估和审定工作）；其四，自然保护区生态保护管理单位应承担自然保护区范围内补偿资金使用项目的统一申报（向地方财政部门）及项目实施和管理工作。

同时，可考虑在上述自然保护区旅游生态补偿多级管理制度体系的基础上，设立相应级别的旅游生态补偿基金（或在区域生态补偿基金框架内设立），由各级财政部门和保护管理部门牵头，通过企业缴纳、财政拨款、社会捐助等方式，建立面向政府、市场和社会的补偿资金多元化筹集机制，以此作为自然保护区自然环境和社区生态补偿资金的重要基础。旅游生态补偿基金的使用，应在省（自治区、直辖市）、地市等各级财政部门和保护管理部门等的管理和监督下，实行专项管理、分账核算，根据有关自然保护区旅游生态补偿对象的现实状况和发展需求，为自然保护区的生态保护、科学研究、科普教育、社区发展等事业提供资金支持。

此外，还应建立合理的补偿资金使用效果评估机制。补偿效果评估是衡量生态补偿机制可行性的重要基础，也是促进补偿资金使用效率提升的重要推力，尤其体现在通过项目形式进行的补偿资金使用方面。从现实情况看，缺乏相应的补偿资金使用过程和效果的监控和评估机制，是国内已开展旅游生态补偿实践的自然保护区存在的共同问题。作为自然保护区旅游生态补偿政策制度的重要环节，补偿资金使用效果评估机制建立应包括以下几个方面的内容。首先，应由自然保护区旅游生态补偿项目实施单位提出项目建设方案，再由保护管理部门会同地方财政、审计等部门进行项目的评估和审定（自然保护区保护管理单位直接申报和实施的补偿项目，由其上级主管部门会同地方财政、审计等部门进行项目评估和审定）。其次，对于补偿项目实施情况及资金使用效果，除了承担单位要按有关规定做好项目的绩效评价工作（如报送项目执行情况及有关财务、效益报表），保护管理部门应按照“跟踪问效”的原则，会同地方财政、审计等部门并邀请相关业务管理单位开展定期和不定期的检查工作，按照国家《建设项目（工程）竣工验收办法》及其实施细则等有关文件规定、项目承担单位与保护管理部门签订的补偿协议等，对项目实施效果进行评估；对于补偿项目资金使用情况、评估结果等，有关部门应及时向社会公开，并以此作为下年度补偿项目资金安排的重要依据。此外，还应建立社会参与评估的合理机制，广泛吸收旅游企业、社区居民、游客及相关社会组织代表参与补偿项目的检查和评估，形成多方社会力量支持自然保护区旅游生态补偿工作的格局。

参考文献

巴克利，2004．生态旅游案例研究[M]．杨桂华，张志勇，徐永红，译．天津：南开大学出版社．

保继刚，2003．旅游规划案例[M]．广州：广东旅游出版社．

保继刚，孙九霞，2006．社区参与旅游发展的中西差异[J]．地理学报，61（4）：401-413．

庇古，1971．福利经济学（上册）[M]．金镝，译．台北：台湾银行经济研究室．

博登海默，2004．法理学法律哲学与法律方法[M]．邓正来，译．北京：中国政法大学出版社．

蔡海生，肖复明，张学玲，2010．基于生态足迹变化的鄱阳湖自然保护区生态补偿定量分析[J]．长江流域资源与环境，19（6）：623-627．

蔡守秋，2005．环境公平与环境民主：三论环境资源法学的基本理念[J]．河海大学学报（哲学社会科学版），7（3）：12-17，39．

蔡为民，张磊，刘沁萍，等，2016．天津古海岸与湿地国家级自然保护区生态补偿标准及关键技术研究[J]．湿地科学，14（2）：137-144．

曹文，李德荃，秦婷婷，2014．森林生态旅游业发展的利益协调机制[J]．中国人口·资源与环境，24（8）：100-108．

陈昌曙，2000．哲学视野中的可持续发展[M]．北京：中国社会科学出版社．

陈传明，2011．福建武夷山国家级自然保护区生态补偿机制研究[J]．地理科学（5）：594-599．

陈传明，2012．闽西梅花山国家级自然保护区的生态补偿机制：基于当地社区居民的意愿调查[J]．林业科学（4）：127-132．

陈海鹰，何琳思，李鹏，等，2018．旅游生态补偿视域下的自然保护区利益关系结构分析：以三亚珊瑚礁国家级自然保护区为例[J]．资源与生态学报（英文版），9（2）：164-173．

陈海鹰，杨桂华，2015．社区旅游生态补偿贡献度及意愿研究：玉龙雪山案例[J]．旅游学刊，30（8）：53-65．

陈海鹰，杨桂华，曾小红，等，2017．旅游生态补偿标准：类别构成及核算模型[J]．旅游科学，31（4）：15-31．

陈泉生，2000．可持续发展与法律变革：21 世纪法制研究[M]．北京：法律出版社．

陈祥有，2014．我国生态补偿资金的财政绩效评估[M]．中南财经政法大学学报（3）：66-71．

陈瑛，2002．“西部开发”话公正[J]．道德与文明（5）：18-20．

董锁成，张文中，方创琳，1999．资源、环境与经济作用机制和规律探讨[J]．资源科学，21（4）：15-21．

段锦，李玉辉，2010．云南石林世界遗产地生态资产评估与补偿研究[J]．资源科学，32（4）：752-760．

方躬勇，李健，马莉，2003．中国自然保护区生态旅游开发对策[J]．东北林业大学学报，31（4）：56-57．

方怀龙，玉宝，张东方，等，2012．林业自然保护区生态旅游利益相关者的利益矛盾起因及对策[J]．西北林学院学报，27（4）：252-257．

冯俊，2009．环境资源价值核算与管理研究[D]．广州：华南理工大学．

冯艳芬，王芳，杨木壮，2009．生态补偿标准研究[J]．地理与地理信息科学，25（4）：84-88．

付健，2007．我国生态补偿制度若干问题探析：以广西桂林阳朔大榕树风景区群体纠纷为例[J]．学术论坛（10）：158-161．

付俊文，赵红，2006．利益相关者理论综述[J]．首都经济贸易大学学报（2）：16-21．

付意成，张春玲，阮本清，等，2012．生态补偿实现机理探讨[J]．中国农学通报，28（32）：209-214．

郭辉军，施本植，2013．自然保护区生态补偿机制研究[J]．经济问题探索（8）：135-142．

郭来喜，1997．中国生态旅游：可持续发展的基石[J]．地理科学进展，16（4）：1-10．

韩锋，王昌海，赵正，等，2015．农户对自然保护区综合影响的认知研究：以陕西省国家级自然保护区为例[J]．资源科学，37（1）：102-111．

何承耕，2007．多时空尺度视野下的生态补偿理论与应用研究[D]．福州：福建师范大学．

胡国建，陈传明，郭连超，等，2018．生态补偿对自然保护区农户生计资本影响分析：以福建闽江源国家级自然保护区为例[J]. 生态经济，34（8）：145-149，155.
胡欢，章锦河，刘泽华，等，2017. 国家公园游客旅游生态补偿支付意愿及影响因素研究：以黄山风景区为例[J]. 长江流域资源与环境，26（12）：2012-2022.
黄寰，2010. 论自然保护区生态补偿及实施路径[J]. 社会科学研究（1）：108-113.
黄润源，2009. 生态补偿法律制度研究[D]. 上海：华东政法大学.
黄润源，2011. 论我国自然保护区生态补偿法律制度的完善路径[J]. 学术论坛（12）：181-185.
黄圣霞，巫国富，2011. 基于博弈的生态旅游资源开发与利益补偿研究[J]. 安徽农业科学（22）：13830-13831，13834.
黄秀娟，2006. IPA 分析与福建省入境旅游市场开发[J]. 福建师范大学学报（哲学社会科学版）（5）：18-22.
《环境科学大辞典》编委会，1991. 环境科学大辞典[M]. 北京：中国环境科学出版社.
黄鹰西，杨亚娜，杨桂华，2014. 中外旅游生态补偿实践对比研究[J]. 生态经济（学术版）（1）：280-283.
籍婧，崔寒，罗琦，2006. 生态补偿机制及其对相关利益主体的影响[J]. 环境保护科学，32（5）：52-55.
纪骏杰，1997. 环境正义：环境社会学的规范性关怀[C]//台湾第一届环境价值观与环境教育学术研讨会论文汇编. 台南：成功大学台湾文化研究中心，71-93.
姜宏瑶，2010. 中国湿地生态补偿机制研究[D]. 北京：北京林业大学.
蒋姮，2008. 自然保护地参与式生态补偿机制研究[D]. 北京：中国政法大学.
蒋姮，2009. 重塑自然保护区生态旅游补偿渠道[J]. 环境经济（Z1）：47-50.
蒋依依，2014. 旅游地生态补偿空间选择研究：以云南省玉龙县为例[J]. 旅游学刊，29（11）：95-103.
蒋依依，2017. 旅游生态补偿理论与实践：以云南省玉龙纳西族自治县为例[M]. 北京：旅游教育出版社.
蒋依依，宋子千，张敏，2013. 旅游地生态补偿研究进展与展望[J]. 资源科学，35（11）：2194-2201.
蒋依依，王仰麟，成升魁，2009. 旅游景观生态系统格局：概念与空间单元[J]. 生态学报，29（2）：910-915.
科斯，1991. 社会成本问题[M]//陈昕，1994. 财产权利与制度变迁. 上海：上海三联书店.
孔凡斌，2010a. 建立和完善我国生态环境补偿财政机制研究[J]. 经济地理，30（8）：1360-1366.
孔凡斌，2010b. 中国生态补偿机制：理论、实践与政策设计[M]. 北京：中国环境科学出版社.
赖力，黄贤金，刘伟良，2008. 生态补偿理论、方法研究进展[J]. 生态学报，28（6）：2870-2877.
兰德尔，1989. 资源经济学：从经济角度对自然资源和环境对策的探讨[M]. 施以飞，译. 北京：商务印书馆.
雷鸣，方至，廖柏寒，等，2001. 自然保护区生态旅游与生态环境保护[J]. 湖南农业大学学报（社会科学版），2（3）：70-72.
李柏青，吴楚材，吴章文，2009. 中国森林公园的发展方向[J]. 生态学报（5）：2749-2756.
李芬，李文华，甄霖，等，2010. 森林生态系统补偿标准的方法探讨：以海南省为例[J]. 自然资源学报，25（5）：735-745.
李芬，朱夫静，翟永洪，等，2017. 基于生态保护成本的三江源区生态补偿资金估算[J]. 环境科学研究，30（1）：91-100.
李国平，郭勇，刘大为，2015. 自然保护区管理效率评价研究：以牛背梁国家级自然保护区为例[J]. 旅游学刊，30（3）：76-85.
李国平，李潇，汪海洲，2013. 国家重点生态功能区转移支付的生态补偿效果分析[J]. 当代经济科学，35（5）：58-64.
李国平，李潇，萧代基，2013. 生态补偿的理论标准与测算方法探讨[J]. 经济学家（2）：42-49.
李建华，2009. 森林旅游生态补偿的生态伦理学思考[J]. 商业经济（10）：111-113.
李金昌，1994. 环境价值越来越大[J]. 国际技术经济研究学报（2）：29-35.
李静，黄远水，2010. 都市自然遗产旅游资源的生态补偿机制研究[J]. 乐山师范学院学报，25（12）：57-61.
李丽娟，2012. 构建我国森林旅游生态补偿机制初探[J]. 西北林学院学报，27（2）：238-241.

李如生，2005．美国国家公园与中国风景名胜区比较研究[D]．北京：北京林业大学．

李淑霞，周志国，2010．森林碳汇市场的运行机制研究[J]．北京林业大学学报（社会科学版）(2)：88-93．

李文华，2008．生态系统服务功能价值评估的理论、方法与应用[M]．北京：中国人民大学出版社．

李向明，2011．自然旅游资源价值的来源、构成及其实现途径[M]．林业科学，47（10）：160-166．

李晓光，苗鸿，郑华，等，2009a．机会成本法在确定生态补偿标准中的应用：以海南中部山区为例[J]．生态学报，29（9）：4875-4883．

李晓光，苗鸿，郑华，等，2009b．生态补偿标准确定的主要方法及其应用[J]．生态学报，29（8）：4431-4440．

李星群，2011．自然保护区生态旅游主要利益相关者利益诉求研究：以广西大明山国家级自然保护区为例[J]．生态经济（10）：141-146，160．

李亚娟，胡静，张渭，2010．浅析生态补偿机制在旅游业中的应用[J]．中国人口·资源与环境（s2）：222-225．

李云驹，许建初，潘剑君，2011．松华坝流域生态补偿标准和效率研究[J]．资源科学，33（12）：2370-2375．

李云燕，2011．我国自然保护区生态补偿机制的构建方法与实施途径研究[J]．生态环境学报，20（12）：1957-1965．

栗明，陈吉利，吴萍，2011．从生态中心主义回归现代人类中心主义：社区参与生态补偿法律制度构建的环境伦理观基础[J]．广西社会科学（11）：87-90．

林岚，2002．自然保护区生态旅游保护性开发研究：以永泰藤山省级自然保护区为例[D]．福州：福建师范大学．

刘鸿雁，2001．加拿大国家公园的建设与管理及其对中国的启示[J]．生态学杂志，20（6）：50-55．

刘静，苗鸿，郑华，等，2009．卧龙自然保护区与当地社区关系模式探讨[J]．生态学报，29（1）：259-271．

刘菊，傅斌，逯亚峰，等，2016．山区生态补偿保护成本的空间差异研究[J]．中国人口·资源与环境，26（11）：62-68．

刘丽，2010．我国国家生态补偿机制研究[D]．青岛：青岛大学．

刘敏，刘春凤，胡中州，2013．旅游生态补偿：内涵探讨与科学问题[J]．旅游学刊，28（2）：52-59．

刘甜甜，2013．中国自然保护区养生旅游评价指标体系构建及其应用研究[D]．哈尔滨：东北林业大学．

刘晓莉，2016．我国草原生态补偿法律制度反思[J]．东北师大学报（哲学社会科学版）(4)：85-92．

刘洋，吕一河，陈利项，2005．自然保护区生态旅游影响评价：进展与启示[J]．自然资源学报，20（5）：771-779．

刘玉龙，2007．生态补偿与流域生态共建共享[M]．北京：中国水利水电出版社．

刘增林，2003．神奇而美丽的西双版纳[J]．中国民族（5）：46-49．

卢佳欢，陈焱，朱梦旗，2018．扎龙自然保护区游客的生态补偿支付意愿研究[J]．生态经济，34（7）：208-214．

陆丹丹，陈思源，2017．旅游地居民对生态补偿态度测量研究：以广西漓江流域为例[J]．生态经济，33（4）：154-159．

罗尔斯，2009．正义论[M]．何怀宏，何包钢，廖申白，译．北京：中国社会科学出版社．

罗勇兵，王连勇，2009．国外国家公园建设与管理对中国国家公园的启示：以新西兰亚伯塔斯曼国家公园为例[J]．管理观察（17）：36-37．

马爱慧，蔡银莺，张安录，2011．耕地生态补偿实践与研究进展[J]．生态学报，31（8）：2321-2330．

马国勇，陈红，2014．基于利益相关者理论的生态补偿机制研究[J]．生态经济，30（4）：33-36．

马建忠，杨桂华，2009．新西兰的国家公园[J]．世界环境（1）：76-77．

马勇，胡孝平，2010a．鄂西生态文化旅游圈生态补偿模式创新对策研究[J]．湖北社会科学，（10）：73-76．

马勇，胡孝平，2010b．神农架旅游生态补偿实施系统构建[J]．人文地理，25（6）：120-124．

麦克尼利，米勒，瑞德，等，1992．保护世界的生物多样性[M]//中国科学院生物多样性委员会．生物多样性译丛（一）．北京：中国科学技术出版社．

麦克尼利，薛达元，等，1991．保护世界的生物多样性[M]．薛达元，等译．北京：中国环境科学出版社．

毛锋，曾香，2006．生态补偿的机理与准则[J]．生态学报，26（11）：3841-3846．

米姗姗，阎友兵，2007．试论生态旅游与生态补偿机制的构建[J]．企业家天地半月刊（理论版）(1)：18-19．

闵庆文，甄霖，杨光梅，2007．自然保护区生态补偿研究与实践进展[J]．生态与农村环境学报，23（1）：81-84．

莫延芬，2010．生态旅游中的社区利益补偿机制研究：以大山包国家级自然保护区为例[J]．重庆理工大学学报（社会科学版）（12）：49-53，58．

欧阳志云，郑华，岳平，2013．建立我国生态补偿机制的思路与措施[J]．生态学报，33（3）：686-692．

潘华丽，2013．环境税背景下旅游经济与旅游生态环境效应研究[D]．济南：山东师范大学．

钱者东，郭辰，吴儒华，等，2016．中国自然保护区经济投入特征与问题分析[J]．生态与农村环境学报，32（1）：35-40．

秦艳红，康慕谊，2007．国内外生态补偿现状及其完善措施[J]．自然资源学报，22（4）：557-567．

任诗君，2011．我国自然保护区生态补偿制度研究[D]．昆明：昆明理工大学．

任勇，冯东方，俞海，等，2008．中国生态补偿理论与政策框架设计[M]．北京：中国环境科学出版社．

萨础日娜，2010．我国生态补偿机制问题探析[J]．中国环境管理（3）：35-38．

萨缪尔森，诺德豪斯，1999．经济学[M]．萧琛，译．北京：华夏出版社．

申开丽，王晓艺，张盈盈，等，2018．生态屏障地区的生态补偿绩效评估研究[J]．生态经济，34（6）：199-204．

沈满洪，陆菁，2004．论生态保护补偿机制[J]．浙江学刊（4）：217-220．

沈满洪，谢慧明，2009．公共物品问题及其解决思路：公共物品理论文献综述[J]．浙江大学学报（人文社会科学版），39（6）：133-144．

沈庆仲，郭贤明，罗爱东，等，2016．西双版纳热带雨林国家公园自然观察手册（北线）[Z]．科技成果 2016-08-19．

石强，高文举，2007．国内旅游生态环境研究进展及趋势[J]．旅游学刊，22（8）：86-91．

时少华，孙业红，2017．遗产地旅游发展利益网络治理研究：基于指数随机图模型、以农业文化遗产地云南哈尼梯田为例[J]．经济管理，39（2）：147-162．

宋子斌，安应民，郑佩，2006．旅游目的地形象之 IPA 分析：以西安居民对海南旅游目的地形象感知为例[J]．旅游学刊，21（10）：26 -32．

宿丽霞，郭旭升，王兆华，等，2012．水源保护区生态补偿机制运行的影响因素：以北京市密云水库为例[J]．技术经济，31（11）：75-79．

孙博，段伟，丁慧敏，等，2017．基于选择实验法的湿地保护区农户生态补偿偏好分析：以陕西汉中朱鹮国家级自然保护区周边社区为例[J]．资源科学，39（9）：1792-1800．

孙九霞，吴丽蓉，2013．龙脊梯田社区旅游发展中的利益关系研究[J]．旅游论坛，6（6）：28-34，44．

孙琨，钟林生，2014．青藏地区草原旅游生态负效益评价及其补偿研究[J]．长江流域资源与环境，23（9）：1322-1329．

孙力，2007．解构与反思：中国生态补偿法律制度探析[J]．理论探讨（2）：148-151．

孙新章，谢高地，张其仔，等，2006．中国生态补偿的实践及其政策取向[J]．资源科学，28（4）：25-30．

谭红杨，朱永杰，2007．自然保护区生态旅游利益相关者结构分析[J]．北京林业大学学报（社会科学版），6（3）：45-49．

谭秋成，2009．关于生态补偿标准和机制[J]．中国人口・资源与环境，19（6）：1-6．

陶然，徐志刚，徐晋涛，2004．退耕还林、粮食政策与可持续发展[J]．中国社会科学（6）：25-38．

佟玉权，王辉，2009．环境与生态旅游[M]．北京：中国环境科学出版社．

童华军，姚佳明，吕燕，等，2010．关于自然保护区生态补偿的思考：以浙江清凉峰自然保护区为例[J]．法制与经济（6）：33-34．

涂志刚，陈晓慧，吴瑞，2015．海南省红树林自然保护区红树林资源现状[J]．海洋开发与管理（10）：90-92．

万军，张惠远，王金南，等，2005．中国生态补偿政策评估与框架初探[J]．环境科学研究，18（2）：1-8．

汪安佑，2007．对科斯定理的修正[J]．生态经济（学术版）（1）：163-165．

汪运波，肖建红，2014．基于生态足迹成分法的海岛型旅游目的地生态补偿标准研究[J]．中国人口・资源与环境，24（8）：149-155．

王蓓蓓，王燕，葛颜祥，等，2009．流域生态补偿模式及其选择研究[J]．山东农业大学学报（社会科学版）（1）：

45-50.
王德凡，2018．基于区域生态补偿机制的横向转移支付制度理论与对策研究[J]．华东经济管理，32（1）：62-68．
王君，李锦宏，2017．中国自然保护区生态补偿机制构建与反思：基于各方利益主体的博弈视角[J]．林业经济问题，37（2）：39-44．
王蕾，苏杨，崔国发，2011．自然保护区生态补偿定量方案研究：基于“虚拟地”计算方法[J]．自然资源学报，26（1）：34-47．
王亮，2011．基于生态足迹变化的盐城丹顶鹤自然保护区生态补偿定量研究[J]．水土保持研究（3）：272-275．
王权典，2010．基于主体功能区划自然保护区生态补偿机制之构建与完善[J]．华南农业大学学报（社会科学版）（1）：122-129．
王维艳，2015．乡村社区参与景区利益分配的法理逻辑及实现路径：基于现行法律制度框架视角[J]．旅游学刊，30（8）：44-52．
王一超，郝海广，张惠远，等，2016．自然保护区农户参与生态补偿的意愿及其影响因素[J]．生态与农村环境学报，32（6）：895-900．
王永生，2010．取之有道 用得其所：国外国家公园经费来源与使用[J]．西部资源（1）：51-53．
王昱，2009．区域生态补偿的基础理论与实践问题研究[D]．长春：东北师范大学．
王兆峰，腾飞，2012．西部民族地区旅游利益相关者冲突及协调机制研究[J]．江西社会科学（1）：196-201．
王作全，王佐龙，张立，等，2005．三江源区生物多样性保护与生态补偿法律制度之构建[J]．青海社会科学（6）：138-143．
文红，李建华，2007．森林旅游生态补偿的理论思考[J]．湖南林业科技，34（6）：73-75．
吴菲菲，葛颜祥，王蓓蓓，2009．旅游业对上游产业生态补偿机制的研究[J]．农业现代化研究，30（6）：683-687．
吴伟光，赵明水，刘微，等，2006．基于SWOT分析构建天目山国家级自然保护区管理策略[J]．浙江林学院学报，23（1）：13-18．
吴秀荣，2013．GDP之痛与幸福指数的提升[J]．陕西行政学院学报，27（2）：117-122．
吴耀宇，2011．浅论盐城海滨湿地自然保护区旅游生态补偿机制的构建[J]．特区经济（2）：167-168．
吴志才，2005．旅游生态环境问题的经济学分析和对策初探[J]．经济地理，25（3）：411-413．
吴志才，陈淑莲，郑钟强，2016．社会网络视角下的旅游规划决策研究：以潮州古城为例[J]．旅游学刊，31（12）：76-84．
吴钟解，王道儒，叶翠信，等，2012．三亚珊瑚变化趋势及原因分析[J]．海洋环境科学（5）：682-685．
武春友，卢小丽，柳振万，2004．社区生态旅游研究述评[J]．管理学报，1（1）：32-36．
肖建红，王敏，于庆东，等，2016．海岛型旅游目的地生态补偿标准方法体系的构建与应用[J]．生态学报，36（2）：448-462．
谢高地，甄霖，鲁春霞，等，2008．生态系统服务的供给、消费和价值化[J]．资源科学，30（1）：93-99．
谢高地，鲁春霞，成升魁，2001．全球生态系统服务价值评估研究进展[J]．资源科学，23（6）：5-9．
谢剑斌，何承耕，钟全林，2008．对生态补偿概念及两个研究层面的反思[J]．亚热带资源与环境学报，3（2）：57-64．
谢丽佳，郭英之，2010．基于IPA评价的会展旅游特征感知实证研究：以上海为例[J]．旅游学刊，25（3）46-54．
熊鹰，王克林，蓝万炼，等，2004．洞庭湖区湿地恢复的生态补偿效应评估[J]．地理学报，59（5）：772-780．
徐大伟，李斌，2015．基于倾向值匹配法的区域生态补偿绩效评估研究[J]．中国人口·资源与环境，25（3）：34-42．
杨秉煌，2000．都市发展下的正义问题：台北市信义区的三个个案研究[D]．台北：台湾大学．
杨芳，2013．基于社区参与的洞庭湖湿地生态补偿机制研究[J]．湖南社会科学（2）：172-175．
杨光梅，李文华，闵庆文，2006a．生态系统服务价值评估研究进展：国外学者观点[J]．生态学报，26（1）：205-212
杨光梅，闵庆文，李文华，等，2006b．基于CVM方法分析牧民对禁牧政策的受偿意愿：以锡林郭勒草原为例[J]．生态环境，15（4）：747-751．

杨桂华，牛红卫，蒙睿，等，2007．新西兰国家公园绿色管理经验及对云南的启迪[J]．林业资源管理（6）：96-104．
杨桂华，等，2015．旅游生态补偿[M]．北京：科学出版社．
杨桂华，陶犁，2010．旅游资源与开发[M]．云南：云南大学出版社．
杨桂华，张一群，2012a．旅游生态不正义及其纠正[J]．思想战线，38（3）：112-115．
杨桂华，张一群，2012b．自然遗产地旅游开发造血式生态补偿研究[J]．旅游学刊，27（5）：8-9．
杨向阳，明庆忠，2008．基于DPSIR模型的生态补偿机理分析[J]．西南林学院学报，28（4）：118-121．
杨小杰，2014．四川省生态旅游补偿额度研究[J]．西南民族大学学报（人文社会科学版）（11）：139-142．
杨欣，蔡银莺，2012．农田生态补偿方式的选择及市场运作：基于武汉市383户农户问卷的实证研究[J]．长江流域资源与环境，21（5）：591-596．
杨一容，2009．基于制度短板的生态旅游资源补偿机制研究[D]．厦门：厦门大学．
杨主泉，2015．基于游客支付意愿的旅游生态补偿研究：以桂林市阳朔县为例[J]．学术论坛（5）：64-69．
杨主泉，张志明，王丽娜，2015．社区居民对旅游生态补偿的感知研究：以阳朔县为例[J]．湖北农业科学，54（23）：6062-6069．
姚顺波，2005．林业补助与林木补偿制度研究：兼评森林生态效益研究的误区[J]．林业科学，41（6）：85-88．
易艳，2011．森林旅游资源开发中的外部环境成本补偿机制研究[J]．旅游论坛，4（2）：37-40．
银晓丹，2018．水环境污染治理的生态补偿法律制度的完善[J]．辽宁大学学报（哲学社会科学版），46（3）：113-118．
于爱水，2005．我国自然保护区生态旅游研究进展[J]．国土与自然资源研究（4）：68-71．
于法稳，2017．中国农业绿色转型发展的生态补偿政策研究[J]．生态经济，33（3）：14-18，23．
于连生，2004．自然资源价值论及其应用[M]．北京：化学工业出版社．
余谋昌，2014．环境伦理与生态文明[J]．南京林业大学学报（人文社会科学版）（1）：1-23．
余勇，田金霞，2011．基于IPA分析的旅游目的地形象感知研究：以武陵源风景名胜区为例[J]．资源开发与市场，27（12）：1128-1131．
俞海，任勇，2008．中国生态补偿：概念、问题类型与政策路径选择[J]．中国软科学（6）：7-15．
喻庆国，2007．云南元阳哈尼梯田湿地生态旅游生态补偿机制探讨[J]．安徽农业科学，35（25）：7902-7908．
曾先峰，2014．资源环境产权缺陷与矿区生态补偿机制缺失：影响机理分析[J]．干旱区资源与环境，28（5）：47-52．
曾小红，陈海鹰，张慧坚，2017．农户接受农业生态补偿方式的偏好及影响因素：基于海南省16个自然村的调查[J]．福建农业学报，32（9）：1026-1033．
张斌，2009．环境正义理论与实践研究[D]．长沙：湖南师范大学．
张长元，1999．环境公平释义[J]．中南工学院学报，13（3）：55-59．
张诚谦，1987．论可更新资源的有偿利用[J]．农业现代化研究（5）：22-24．
张广瑞，1999．生态旅游的理论与实践[J]．旅游学刊，4（1）：51-55．
张红梅，2013．保护地发展需要一针“强心剂”：保护地旅游项目生态补偿政策现状分析与实践探索[N]．中国绿色时报，2013-11-25（4）．
张红梅，2013．将机制“传动轴”带入保护地发展轨道[N]．中国绿色时报，2013-12-03（4）．
张继伟，杨志峰，黄歆宇，2009．基于环境风险分析的海洋自然保护区生态补偿研究[J]．生态经济（4）：177-181．
张建萍，2001．生态旅游理论与实践[M]．北京：中国旅游出版社．
张建萍，2003．生态旅游与当地居民利益：肯尼亚生态旅游成功经验分析[J]．旅游学刊，18（1）：60-63．
张金泉，2006．国家公园运作的经济学分析[D]．成都：四川大学．
张理英，薛跃规，2007．生态旅游开发中生态补偿机制初探：阳朔龙颈河案例研究[J]．桂林旅游高等专科学校学报（2）：231-234．
张五常，2000．经济解释[M]．北京：商务印书馆．
张象枢，魏国印，李克国，1994．环境经济学[M]．北京：中国环境科学出版社．

张雅丽，黄建昌，2008．生态正义刍议[J]．社会科学论坛（学术研究卷）(3)：42-44．

张燕，庞标丹，马越，2011．我国农业生态补偿法律制度之探讨[J]．华中农业大学学报（社会科学版）(4)：67-72．

张一群，2015．云南保护地旅游生态补偿研究[D]．昆明：云南大学．

张一群，2016．国家公园旅游生态补偿：以云南为例[M]．北京：科学出版社．

张一群，孙俊明，唐跃军，等，2012．普达措国家公园社区生态补偿调查研究[J]．林业经济问题，32（4)：301-307，332．

张一群，杨桂华，2012．对旅游生态补偿内涵的思考[J]．生态学杂志，31（2)：477-482．

张志强，徐仲民，程国栋，2001．生态系统服务与自然资本价值评估[J]．生态学报，21（11)：1918-1926．

章锦河，张捷，梁玥琳，等，2005．九寨沟旅游生态足迹与生态补偿分析[J]．自然资源学报，20（5)：735-744．

赵翠薇，王世杰，2010．生态补偿效益、标准：国际经验及对我国的启示[J]．地理研究，29（4)：597-606．

甄霖，闵庆文，李文华，等，2006．海南省自然保护区生态补偿机制初探[J]．资源科学，28（6)：10-19．

郑秉文，1992．外部性的内在化问题[J]．管理世界（5)：189-198．

郑海霞，张陆彪，2006．流域生态服务补偿定量标准研究[J]．环境保护（1A)：42-46．

郑敏，张伟，2008．山地旅游资源生态补偿机制构建[J]．安徽农业科学，36（11)：4629-4630．

中国生态补偿机制与政策研究课题组，2007．中国生态补偿机制与政策研究[M]．北京：科学出版社．

钟栎娜，董晓莉，邵隽，2012．基于 IPA 分析的中国旅游景区网站发展研究[J]．旅游学刊，27（3)：60-68．

钟林生，王婧，2011．我国保护地生态旅游发展现状调查分析[J]．生态学报，31（24)：7450-7457．

周敬玫，黄德林，2007．自然保护区生态补偿的理论与实践探析[J]．理论月刊（12)：92-94．

周天驹，1998．自然保护区的旅游功能开发初探：兼河南省自然保护区评价[J]．河南大学学报（自然科学版)，28（2)：73-78．

左冰，保继刚，2008．从“社区参与”走向“社区增权”：西方“旅游增权”理论研究述评[J]．旅游学刊，23（4)：58-63．

ANDRIOTIS K. 2005, Community groups' perceptions of and preferences to tourism development: evidence from Crete[J]. Jounal of Hospitality and Tourism research, 29(1):67-90.

ANSOFF L, 1965. Corporate strategy[M]. New York: McGraw-Hill.

ARCHABALD K. NAUGHTON-TREVES L, 2001. Tourism revenue-sharing around national parks in Western Uganda: early efforts to identify and reward local communities[J]. Environmental conservation, 28(2): 135-149.

AZIZ A A, PHINN S, DARGUSCH P, 2015. Investigating the decline of ecosystem services in a production mangrove forest using Landsat and object-based image analysis[J]. Estuarine, Coastal and shelf science, 164(10): 353-366.

BAKHAT M, ROSSELLO J, 2013. Evaluating a seasonal fuel tax in a mass tourism destination:a case study for the Balearic Islands[J]. Energy economics, 38: 12-18.

BALOGLU S, LOVE C, 2003. Association meeting planners' perceived performance of Las Vegas:an importance-performance analysis[J]. Journal of convention & exhibition management, 5(1): 13-27.

BANSAL S P, JASWINDER K, 2013. Ecotourism for community development: A stakeholder's perspective in Great Himalayan National Park[J]. Creating a sustainable ecology using dechnology-drvien solutions, 2(2): 31-40.

BEEDELL D C, REHMAN T, 1999. Explaining farmers' conservation behaviour：Why do farmers behave the way they do?[J]. Journal of environmental management, 57(3): 165-176.

BEHRENFELD S M, 2003. Evaluating monitoring practices of community-based ecotourism projects[D]. San Jose City:San Jose State University.

BENNETT D E, GOSNELL H, 2015. Integrating multiple perspectives on payments for ecosystem services through a social–ecological systems framework[J]. Ecological economics, 116:172-181.

BRAMWELL B, SHARMAN A, 1999. Collaboration in local tourism policymaking[J]. Annals of tourism research, 26(2):

392-415.

BROCH S W, STRANGE N, JACOBSEN J B, et al., 2013. Farmers' willingness to provide ecosystem services and effects of their spatial distribution[J]. Ecological economics, 92: 78-86.

BROWN M A, CLARKSON B D, BARTON B J, et al., 2014. Implementing ecological compensation in New Zealand: Stakeholder perspectives and a way forward[J]. Journal of the royal society of New Zealand, 44(1): 34-47.

BUCHANAN J M, 1965. An economic theory of clubs. Economica, 32 (125): 1-14.

BURNS G L, HOWARD P, 2003. When wildlife tourism goes wrong:a case study of stakeholder and management issues regarding Dingoeson Fraser Island, Australia[J]. Tourism management, 24(6):699-712.

CABRAL P, LEVREL H, VIARD F, et al., 2016. Ecosystem services assessment and compensation costs for installing seaweed farms[J]. Marine policy, 71: 157-165.

CALVET-MIR L, CORBERA E, MARTIN A, et al., 2015. Payments for ecosystem services in the tropics: a closer look at effectiveness and equity[J]. Current opinion in environmental sustainability, 14: 150-162.

CHU R K S, CHOI T, 2000. An importance-performance analysis of hotel selection factors in the Hong Kong hotel industry: a comparison of business and leisure travelers[J]. Tourism management, 21 (4): 363-377.

CLARKSON, MAX B E, 1995. A stakeholder framework for analyzing and evaluating corporate social performance[J]. Academy of management review, 20(1): 92-117.

CLEMENTS T, JOHN A, NIELSEN K, et al., 2010. Payments for biodiversity conservation in the context of weak Institutions: Comparison of three programs from Cambodia[J]. Ecological economics, 69(6):1283-1291.

CLEVO W, CLEM T, 2004. Attitudes to entry fees to national parks: Results and policy implications from a Queensland case study[J]. Economic analysis and policy, 34(1):79-102.

COSTANZA R, ARGE R D, GROOT R D, et al., 1997. The value of the world's ecosystem services and natural capital[J]. Nature (386): 253-260.

CRANFORD M, MOURATO S, 2011. Community conservation and a two-stage approach to payments for ecosystem services[J]. Ecological economics, 71(15):89-98.

CUPERUS R, BAKERMANS M, DEHAESH A, et al., 2001. Ecological compensation in Dutch highway planning[J]. Environmental management, 27(1):75-89.

DAILY G, 1997. Nature's services: societal dependence on natural ecosystems[M]. Washington D. C.: Island Press.

DIETSCHI S, HOLDEREGGER R, SCHMIDT S G, et al., 2007. Agri-environment incentive payments and plant species richness under different management intensities in mountain meadows of Switzerland[J]. Acta oecologica, 31(2): 216-222.

DONNELLY D M, NELSON L J, 1986. Net economic value of deer hunting in Idaho[J]. Resource bulletin (7):4-11 .

DOUGLAS A, LUBBE B A, 2005. Identifying value conflicts between stakeholders in corporate travel management by applying the soft value management model: A survey in South Africa[J]. Tourism management, 27(2006): 1130-1140.

DUELLIP, OBRISTM K, 2003. Regional biodiversity in an agricultural landscape: the contribution of seminatural habitats[J]. Basic and applied ecology, 4(2):129-138.

FARLEY J, COSTANZA R, 2010. Payments for ecosystem services: from local to global[J]. Ecological economics, 69(11): 2060-2068.

FREEMAN R E, 1984. Strategic management:a stakeholder approach[M]. Englewood Cliffs:Prentice Hall.

GAGO A , LABANDEIRA X, PICOS F, et al., 2009. Specific and general taxation of tourism activities: evidence from Spain[J]. Tourism management, 30 (3):381-392.

GALBRAITH S M, HALL T E, TAVÁREZ H S, et al., 2017. Local ecological knowledge reveals effects of policy-driven land use and cover change on beekeepers in Costa Rica[J]. Land use policy, 69: 112-122.

GROOT R S, 1992. Functions of nature[M]. Groningen: Wolters-Noordhoff.

HAIR J F, BLACK W C, ANDERSON P E, et al., 2009. Multivariate Data Analysis[M]. Upper Saddle River, NJ: Prentice Hall.

HAROLD L, PIOCH S, SPIELER R, 2012. Compensatory mitigation in marine ecosystems: which indicators for assessing the "no net loss" goal of ecosystem services and ecological functions?[J]. Marine policy, 35(6): 1202-1210.

HEAD J G, SHOUP C S, 1969. Public goods, private goods, and ambiguous goods[J]. The economic journal, 79 (315):567-572.

HERZOG F, DREIER S, HOFER G, et al., 2005. Effect of ecological compensation areas on floristic and breeding bird diversity in Swiss agricultural landscapes[J]. Agriculture, Ecosystems & environment, 108 (3):189-204.

HINCH T, BUTLER R, 1996. Indigenous tourism: a common ground for discussion[C]//BUTLER R, HINCH T, Tourism and Indigenous Peoples. London: International Thomson Business Press: 3-19.

HUDSON S, MILLER G A, 2005. The responsible marketing of tourism: the case of Canadian Mountain Holidays[J]. Tourism management, 26:133-142.

JAMAL T B, GETZ D, 1995. Collaboration theory and eommunity tourism Planning[J]. Annals of tourism researeh, 22(1): 186-204.

JOHNSON N, WHITE A, PERROT-MAITRE D, 2001. Developing markets for water services from forests:issues and lessons for innovators[M]. Washington DC: Forest Trends.

JURADO E N, TEJADA M T, GARCÍA F A, et al., 2012. Carrying capacity assessment for tourist destinations. Methodology for the creation of synthetic indicators applied in a coastal area[J]. Tourism management, 33(6): 1337-1346.

KARIN J, MARTIN D, FRANK W, 2002. An ecological-economic modelling procedure to design compensation payments for the efficient spatio-temporal allocation of species protection measures[J]. Ecological economics, 41(1): 37-49.

KENNETH M. CHOMITZ, KEITH ALGER, TIMOTHY S. THOMAS, et al, 2005. Opportunity costs of conservation in a biodiversity hostspot: the case of southern Bahia[J]. Envrionment and development economics, 2(10): 293-312.

KING Y, WAN P, 2012. The social, economic and environmental impacts of casino gaming in Macao: the community leader perspective[J]. Journal of sustainable tourism, 20(5) ： 737-755.

LANDELL-MILLS N, PORRAS I T, 2002. Silver bullet or fools' gold? a global review of markets for forest environmental services and their impact on the poor[R]. London: the International Institute for Environment and Development, 1-272.

LINDBERG K, ENRIQUEZ J, SPROULE K, 1996. Ecotourism questioned: case studies from Belize[J]. Annals of tourism research, 23(3): 543-562.

LOCATELLI B, ROJAS V, SALINAS Z, 2008. Impacts of payments for environmental services on local development in northern Costa Rica: a fuzzy multicriteria analysis[J]. Forest policy and economics (10): 275-285.

LOGAR I, VAN DEN BERGH J C J M, 2012. Respondent uncertainty in contingent valuation of preventing beach erosion: an analysis with a polychotomous choice question[J]. Journal of environmental management, 113:184-193.

MACBETH J. 1996. Dissonance and paradox in tourism planning: people first?[J]. ANZALS leisure research series 3: 2-19.

MACMILLAN D C, HARLEY D, MORRISON R, 1998. Cost-effectiveness analysis of woodland ecosystem restoration[J]. Ecological economics, 27(3): 313-324.

MANKIW N G, 2003. Principles of economics[M]. Beijing: Peking University Press.

MÄNTYMAA E, JUUTINEN A, TYRVÄINEN L, et al, 2018. Participation and compensation claims in voluntary forest landscape conservation: The case of the Ruka-Kuusamo tourism area, Finland[J]. Journal of Forest Economics, 33: 14-24.

MARSHALL A, 1920. Prineiples of economics[M]. London: Macmillan.

MARTHA H, 1994. Paying the Price of Ecotourism[J]. Americas, 46(6):40-47.

MARTILLA J A, JAMES I C, 1977. Importance-performance analysis[J]. Journal of marketing, 41(1): 77-79.

MASSACHUSETTS INSTITUTE OF TECHNOLOGY, 1970. Man's Impact on the Global Environment[M]. Cambridge: MIT Press.

MATTHEW C, SUSANA M, 2011. Community conservation and a two-stage approach to payment for ecosystem services[J]. Ecological economics, 71:89-98.

MCDERMOTT M, MAHANTY S, SCHRECKENBERG K, 2012. Examining equity: a multidimensional framework for assessing equity in payments for ecosystem services[J]. Environmental science & policy, 33(11): 416-427.

MICHAEL T, BENNETT, 2008. China's sloping land conversion program: institutional innovation or business as usual?[J]. Ecological economics, 65(4):699-711.

MITCHEL R K, AGLE B R, WOOD D J, 1997. Toward a Theory of Stakeholder identification and Salience:Defining the Principle of Who and What Really Counts[J]. The Academy of management review, 22(4):853-886.

MORAN D, MCVITTIE A, ALLCROFT D J, et al., 2007. Quantifying public preferences for agri-environmental policy in Scotland: a comparison of methods[J]. Ecological economics, 63(1): 42-53.

MORRIS J, GOWING D J G, MILLS J, et al., 2000. Reconciling agricultural economic and environmental objectives:the case of recreating wetlands in the Fenland area of eastern England[J]. Agriculture, ecosystems & environment 79(2-3): 245-257.

MURPHY P E. 1985. Tourism: A Community Approach[M]. New York: Methuen Inc, 1985: 98-117.

NGECE K, 2002. Community based ecotourism: What can the people of East Africa learn from success stories elsewhere?[EB/OL]. (2002-12-30)[2019-05-18]. www. cbnrm. net/pdf/nicholas_kn_001_ecotourismpaper. pdf.

OKAZAKI E, 2008. A community based tourism model: its concept and use[J]. Journal of sustainable tourism, 16(5): 511-529.

OSTROM E, WALKER J GARDNER R, 1992. Covenants with and without a sword:Self-governance is possible[J]. American political science review, 86(2): 404-417.

PAGIOLA S, ARCENAS A, PLATAIS G, 2005. Can payments for environmental services help reduce poverty? an exploration of the issues and theevidence to date from latin America[J]. World development, 33(2): 237-253.

PAGIOLA S, LANDELL-MILLS N, BISHOP J, 2002. Making market-based mechanisms work for forests and people [C]// PAGIOLA S, BISHOP J, LANDELL-MILLS N. Selling forest environmental services:market-based mechanisms for conservation and development. London: Earthscan :261-290.

PAGIOLA S, PLATAIS G, 2007. Payments for environmental services: from theory to practice[M]. Washington: World Bank.

PAGIOLA S, RAMÍREZ E, GOBBI J, et al., 2007. Paying for the environmental services of silvopastoral practices in nicaragua[J]. Ecological economics, 64(2): 374-385.

PASCOE S, DOSHI A, THEBAUD O, et al., 2014. Estimating the potential impact of entry fees for marine parks on dive tourism in South East Asia[J]. Marine policy, 47:147-152.

PASCUAL U, MURADIAN R, RODRIAGUEZ L C, et al., 2010. Exploring the links between equity and efficiency in payments for environmental services: a conceptual approach[J]. Ecological economics, 69(6): 1237-1244.

PERROT-MAITRE. D, DAVIS P, 2001. Case studies: developing markets for water services from forests[J]. Washington D.C.: Forest Trends.

PHAM T T, CAMPBELL B M, GARNETT S, 2014. Lessons for pro-poor payments for environmental services: an analysis of projects in vietnam[J]. Asia Pacific journal of public administration, 31(2):117-133.

PLANTINGA A J, CONSERVATION ALIG R, CHENG H, 2001. The supply of land for conservation uses: evidence from the reservation reserve programme[J]. Resource, conservation and recycling (31):199-215.

PRETTY J, 1995. The many interpretations of participation[J]. Focus, 16:4-5.

RANJITH B, CLEM T, 2002. Willingness to pay for comservation of the Asian elephant in Sri Lanka: a contingent valuation study[J]. Economics, ecology and the environment, 67(5): 1-42.

REED M S, GRAVE A, DANDY N, et al., 2009. Who's in and why?: a typology of stakeholder analysis methods for natural resource management[J]. Journal of environmental management, 90(5): 1933-1949.

REY-MAQUIEIRA J, LOZANO J, GOMEZ C M, 2009. Quality standards versus taxation in a dynamic environmental model of a tourism economy[J]. Environmental modelling & software, 24(12):1483-1490.

RUBEC C D A, HANSON A, 2009. Wetland mitigation and compensation: Canadian experience[J]. Wetlands ecology and management, 17(1): 3-14.

RYAN C, 2002. Equity, management, powersharing and sustainability: Issues of the new tourism[J]. Tourism management, 23(1): 17-26.

SALAFSKY N, CAULEY H, BALACHANDER G, et al., 2001. A systematic test of an enterprise strategy for community-based biodiversity conservation[J]. Conservation biology, 15 (6):1585-1595.

SCHOMERS S, MATZDORF B, 2013. Payments for ecosystem services: a review and comparison of developing and industrialized countries[J]. Ecosystem services, 6: 16-30.

SIERRA R, RUSSMAN E, 2006. On the efficiency of environmental service payments: a forest conservation assessment in the Osa Peninsula, Costa Rica[J]. Ecological economics, 59 (1): 131-141.

SIMMONS D G, 1994. Community participation in tourism planning[J]. Tourism management, 15(2):98-108.

SIRIVONGS K, TSUCHIYA T, 2012. Relationship between local residents' perceptions, attitudes and participation towards national protected areas: a case study of Phou Khao Khouay National Protected Area, central Lao PDR[J]. Forest policy and economics, 21:92-100.

SPROULE K W, 1996. Community-based ecotourism development: identifying partners in the process[C]//MALKE-ZADEH E. Bulletin seriesyale school of forestry and environmental studies, Number 99. New Haven CT: Yale University: 233-250.

STRONZA A, 2002. Revealing the true promise of community-based ecotourism: the case of Posada Amazonas[Z]. Paper for sustainable development and management of ecotourism in the Americas Preparatory Conference for the International Year of Ecotourism.

U. S. G. A. O, 1983. Siting of hazardous waste landfills and their correlation with racial and economic status of surrounding communities[R]. Washington D C: General Accounting Office.

VAN SICKLE K, EAGLES P F J, 1998. Budgets, pricing policies and user fees in Canadian parks' tourism[J]. Tourism management, 19 (3): 225-235.

WATTAGE P, MARDLE S, 2005. Stakeholder preferences towards conserration versus development for a wetland in SriLanka[J]. Journal of envirormental managanent, 77 (2):122-132.

WILLIS K G, BENSON J F, 1989. Recreational value of forest[J]. Forestry, 62(2): 93-110.

WOOD M E, 1998. Making the global challenge of community participation in ecotourism: case studies & lessons from Ecuador[R]. Washington D C: The Nature Conservancy: 1-35.

WUNDER S, 2005. Payments for environmental services: Some nuts and bolts[R]. CIFOR Occasional Paper, 42: 3-8.

WÜNSCHER T, ENGEL S, 2012. International payments for biodiversity services: review and evaluation of conservation targeting approaches[J]. Biological conservation, 152: 222-230.

WÜNSCHER T, ENGEL S, WUNDER S, 2008. Spatial targeting of payments for environmental services: a tool for boosting conservation benefits[J]. Ecological economics, 65(4): 822-833.

ZABEL A, ROE B, 2009. Optimal design of pro-conservation incentives[J]. Ecological economics, 69(1): 126-134.

ZBINDEN S, LEE D R, 2005. Paying for environmental services: an analysis of participation in Costa Ricacs PSA program[J]. World development, 33(2): 255-272.